多元文化背景下的民族国家建构

Nation - state building in the context of multiculture

张 寅 著

云南出版集团
云南人民出版社

图书在版编目（CIP）数据

多元文化背景下的民族国家建构 / 张寅著. ——昆明：云南人民出版社，2014.12
ISBN 978-7-222-12855-2

Ⅰ. ①多… Ⅱ. ①张… Ⅲ. ①民族国家-研究 Ⅳ. ①D032

中国版本图书馆 CIP 数据核字（2015）第 003857 号

责任编辑：朱海涛
责任校对：黄　灿
责任印制：杨　立

书　名	**多元文化背景下的民族国家建构**
作　者	张　寅　著
出　版	云南出版集团　云南人民出版社
发　行	云南人民出版社
社　址	昆明市环城西路 609 号
邮　编	650034
网　址	http://ynpress.yunshow.com
E-mail	ynrms@sina.com
开　本	889×1194　1/32
印　张	9.625
字　数	200 千
版　次	2015 年 1 月第 1 版　第 1 次印刷
印　刷	云南国浩印刷有限公司
书　号	ISBN　978-7-222-12855-2
定　价	48.00 元

序

近几年来，政治学理论关于民主、平等、公平、正义、认同理论的研究成果迭出。谈认同理论就离不开民族国家这一主题，民族国家作为当今世界最基本的国家形态、世界体系的基本单元，其建构问题一直是政治学、民族学、民族政治学研究的热点问题，对民族国家的研究无论在理论、实践中都有重要意义。对民族国家建构的研究，尤其从政治科学的角度，并综合理论和实践进行分析的研究，仍然是当前民族国家研究的一个薄弱环节。关于民族国家建构的研究，国内外学者的研究无论在广度上还是深度上都取得了一定的成果，但是，现有的研究成果，几乎都是从历史学、民族学的视角进行考察的，探寻民族国家的发展历程和分析其发展模式，或者从民族主义的视角来进行宏观考察，从多元文化主义这一角度来分析民族国家建构的研究成果则不多见。

民族国家建构是一个漫长的历史过程，不可能一蹴而就，也不可能一劳永逸。虽然有学者预言21世纪将是族群不复存在的时代，民族国家也终将被终结，取而代之的将是全球化背景下的公民社会。然而，随着冷战结束带来的国际形势突变，全球性的第三次民族主义浪潮和宗教复兴运动掀起了新的高潮。从苏联、南斯拉夫的解体，及各国民族分裂势力引发的各类族群矛盾和暴力恐怖案件可以看出，民族国家建构问题对当今世界的影响也许比历史上任何一个时期都更加深入。在当前多元文化的社会背景下，民族国家建构是一个极具挑战性的主题，不仅关系到如何保持一个国家的稳定与统一，也关系到如何建立一个公平正义的社会。就如作者所指出的："族群和文化多元化的社会现实决定了民族国家建构必然是一个长期的过程，在建构的过程中将会不可避免地遇到各种困难，如果不通过民主的族群整合方式而采取强制同化的措施，不承认和尊重族群差异就会引发国家权力合法性危机。"

作为西方普世主义的自由主义，其始终是与民族主义、帝国主义联系在一起的，自由主义学者一直致力于把少数族群整合进主体民族之中，这一族际整合过程被视为经济高速发展和国家政治一体化所必需的。在这一价值判断之下，他们普遍认为族群的利益诉求是可以忽视的，企图通过民族同质性来保证政治统治的合法性，他们的主张彰显"不平等"与"同质化"，认为族群意识会受市场、阶级等因素的影响而渐渐淡化，最终具有血缘、政治特征的族群共同体将会被整合进国家或国际框架之中。基于自由主义理论基础上的族群政策，试图通过宪政制度、公民身份等措施来构建国家认同，但由于忽视了族群文化、族群平等，这些政策都遭到了少数族群不同程度的抵制，成效可谓喜忧参半。

多元文化已经成为世界上大多数国家社会发展的必然趋势，文化的多样性与公民身份之间的张力，使得各国认识到了差异公民身份的重要性。国家政权的合法性问题是世界上多族群国家在维护国家统一、稳定时要妥善解决的根本性问题。多元文化主义是自西方自由主义、保守主义、社群主义之后出现的一种新思潮，主要是以寻求多族群共存为主要内容的政治思想和政策实践。为了更好地探究民族国家在多元文化的背景下如何保持政治一体与文化多元的和谐，以加拿大作为考察对象是很有针对性的。加拿大作为一个典型的多元文化国家，多元文化主义政治思潮在这个国度得以产生和发展，使得加拿大成为世界上第一个实行多元文化主义政策的国家，并通过立法为属于不同文化身份族群提供了追求平等、差异、生存权等权利，独特的、包容的公民身份。虽然学界对这一政策的评价褒贬不一，但加拿大为了维护国家统一、民族团结所做的努力和尝试是值得我们去研究的，有利于我们更好地理解多元文化主义思想，并为我们国家处理民族国家建构中的各种矛盾提供借鉴。

我认为张寅选择了一个关于民族国家研究中迄今还较少做过系统、深入研究而又难度很大、很有挑战性的课题，体现了青年学者用于探索政治学基础问题和现实中重大问题的勇气，也充分显示了他在这一问题上取得的成绩。《多元文化背景下的民族国家建构》这一著作由云南人民出版社出版，这是张寅在民族政治学研究方面取得的一项令人欣慰的成果。虽然作者在这个领域中还没有发表很多著作，但我相信他的这本著作会引起学界的关注。

可以说，从多元文化主义的视角来分析民族国家建构问题是比较新颖的，通过探讨国家认同与族群认同的内在联系，在理论与实践相结合的基础上，作者分析了民族国家建构如何处理国家认同与族群认同、政治一体与文化多元之间的关系。作者对国外政治学、民族学界的前沿理论和观点理解准确，对民族国家建构问题的阐述比较完整、透彻，抓住了当前国际上研究民族国家建构问题的核心，如“族群认同”、“公民身份”等等；在写作中逻辑清晰，思路开阔，语言流畅，从多元文化主义的视域提出了实现民族一体化的具体主张，所提出的见解独到，并发人深省。但对民族国家研究中一些重要、具体问题的研究不够深入，诚望作者进一步开拓进取，再做新的贡献。

王彩波

2014 年 3 月 13 日

目　录

前言

民族国家作为当今世界最基本的国家形态、世界体系的基本单元，其建构问题一直是政治学、民族政治学研究的主题，无论在理论上、现实中都具有重要意义。特别在当前多元文化的背景下，民族国家建构是一个极具挑战性的主题，不仅关系到如何保持一个国家的稳定与统一，也关系到如何建立一个公平正义的社会。多元文化背景下的民族国家建构问题是世界上任何一个民族国家都面临的根本性问题，它指的是现代民族国家在族群文化多元的背景下为了实现民族一体化这个目标，如何在民主的政治理念指导下，通过一系列族群政策、措施和制度安排来促进国家的整合，最终实现国家政治、经济、文化上一体化的过程。

在民族国家建构的过程中，具体的族群政策经历了一个由不平等到平等、由不民主到民主的发展过程，经历了从种族歧视政策、民族同化政策到多元文化主义政策的变化。在族群和文化多元的情况下，只有符合时代要求的族群政策才能实现民族一体化这个建构目标。民族国家建构必须处理好文化多元与政治一体、族群认同与国家认同之间的关系，西方学者总结了传统自由主义理论关于协调国家与族群关系主张的各种弊端，从而提出了多元文化主义这一政治理念。多元文化主义主张一种“异中求同”的方式来协调国家和族群之间的关系，从实现社会正义的角度，强调以一种民主、平等的方法来处理族群问题，这种政治理念满足了现代民主国家实现民族一体化的要求，是一种人类时代进步的表现。

多元文化主义在对文化与族群多样性社会现实分析的基础上，论证了少数族群权利的正当性，也就是表明了多元文化主义对处理族群与文化多样性的倾向与原则，即多元文化主义具有正义性、平等性、差异性、包容性等特征。由于民族国家建构与族群自我发展之间存在着内在的张力，多元文化主义认为只有在保持文化多元的基础上，通过一种民主、包容的族群政策给予少数族群差异的公民身份，才能协调好由民族国家建构引发的族群矛盾与冲突。多元文化主义所主张的这种差异公民身份也就是要给予少数族群特殊的权利，具体来说要求给予少数族群自治的权利、建立起协商民主为基础的特殊代表制、提出了多元族群权与补偿措施、提倡多元文化的公民教育，希望通过这些具体措施来协调好国家一体化和族群自我发展之间的矛盾，同时通过满足少数族群的正当权利要求，来改变目前不平等的社会现实，企图解决群体权利与社会公正这个政治哲学研究的难题。

为了协调民族国家建构中国家和族群之间的矛盾，在多元文化主义政治思想的影响下，加拿大成为第一个实行多元文化主义政策的国家。只有通过具体的政治实践的考察，我们才能衡量多元文化主义对民族国家处理族群和文化多元问题所具有的价值，加拿大作为一个文化多元的多族群国家，也是第一个实行多元文化主义政策的国家无疑是最合适的研究对象。就目前来说加拿大多元文化主义政策总体上是成功的，所以，在族群和文化多元的背景下，只有通过民主的、平等的族群政策，才能在维护国家权力合法性的基础上实现民族一体化的建构目标，协调好国家和族群之间的矛盾，处理好国家认同与族群认同之间的关系、文化多元与政治一体之间的关系。通过加拿大民族国家建构的实践我们可以看到多元文化主义对维护国家统一、政治稳定、促进族群融合所起的积极作用，同时多元文化主义引发的负面效果同样值得我们深思。通过对多元文化主义理论和实践层面的分析，可以更清楚地认识到多元文化主义的利弊，即对于民族国家建构而言多元文化主义究竟能否促进国家一体化，从而可以超越学者们在理论上对多元文化主义的纷争，并为其他国家的民族一体化提供更为完善的理论和政策方面的指导。

多元文化主义针对族群之间文化上的差异，要求自由社会应该正视少数族群与主流族群之间的差异，给予少数族群差异的权利以保证其平等的地位，并且要承认和尊重其文化上的差异，希望通过这种差异的公民身份来强化国家认同。国家认同的重要性就在于它是国家统治合法性的基础、协调国家和族群关系的关键因素、民族国家构建的核心问题。这种希望通过肯定“差异性”来促进和谐地进行民族国家建构、实现社会正义的“异中求和”政治理念，其合理性和先进性值得我们肯定，但多元文化主义也有明显的缺陷，这就是它在一定程度上忽视了“统一性”，即忽视了共同文化这种文化纽带在民族国家建构中的重要。而国家认同的强化离不开差异的公民身份这种政治纽带，也不能离开共同的民族文化这种文化纽带，二者是缺一不可的。

所以，在研究民族国家建构的价值理念和路径选择时，从多元文化主义理论的角度加以分析，探讨如何民主、平等的协调族群认同与国家认同、文化多元和国家一体的关系，对于各民族国家处理国内族群矛盾和冲突，保持国家的政治稳定和领土完整，最终实现民族国家建构的一体化目标具有积极的作用。从理论上说，必须要协调好族群认同与国家认同之间的关系，文化多元与政治一体之间的关系，这就需要族群政策从民族主义取向向国家主义取向的转变，发挥公民社会在协调国家与民族之间关系中的作用，承认族群的特殊权利以实现社会的真正平等，强化国家认同以应对国家权力合法性的弱化，发挥国家的主导作用对民族主义加以利用，通过公民教育强化公民身份的政治纽带作用。具体来说，民族国家必须采取多元一体的格局来作为族群整合的路径，通过建构多族群国家国家民族的形成、巩固多族群国家的民主政治制度、提高多族群国家的经济发展水平、促进多族群国家统一文化的产生来实现。

因此，通过研究多元文化主义对族群和文化多元背景下民族国家建构问题的探讨，可以对其他民族国家在民族建构过程中保持国家统一与政治稳定、实现国家一体化提出有益的理论指导。多元文化主义的启示就是在民族国家建构过程中，需要把文化多样性与政治一体化、族群认同与国家认同之间的关系协调好，把“文化多元”与“政治一体”二者结合起来，既尊重多元文化又兼顾政治上的统一。对于中国来说，可以为如何协调国家与族群之间的关系提供有益借鉴，能进一步完善和丰富我国少数民族区域自治政策与“一国两制”基本国策，最终实现国家政治、经济、文化一体化的建构目标。总之，需要采取国家主义的价值取向充分满足族群的诉求，并发挥国家的主导作用来强化国家认同，把多元一体的格局作为族群整合的路径，协调好文化多元与政治一体之间的关系，不仅是实现建立一个公平正义社会的需要，也是实现民族国家建构一体化目标的要求。

Abstract

Title: Nation - state building in the context of multiculture

Nation - state as the basic shape of State in the world, and the basic unit of the world system nowadays, the Nation - state building is the key subject of political science and ethnic politics, which is of great significance not only in theory, but also in reality. Especially in the current context of cultural pluralism, the Nation - state building is a challenging topic, not only related to how to maintain a country's stability and unity, but also to how to establish a fair and just society. Nation - state building in the context of multiculture is the fundamental problem, that a Nation - state anywhere in the world has confronted with. The Nation - state building refers to modern Nation - state in the context of ethnic and cultural diversity, in order to achieve the goal of national integration, how to promote national integration under the political ideas of democracy, and through a series of ethnic policies, measures and institutional arrangements, which ultimately to realize the political, economic, and cultural integration process in a polyethnic State.

In the process of Nation - state building, the specific ethnic policies have undergone a process of inequality to equality, undemocratic to democratic, through the change from racial discrimination policy, assimilation policy to Multiculturalism policy. In the circumstances of ethno - cultural diversity, only the ethnic policy requirements of the times could achieve the goal of ethnic integration. Nation – state building must deal with the relationship between cultural pluralism and political integration, and the relationship between ethnic identity and national identity. Western scholars proposed a political philosophy called Multiculturalism through the summary of various disadvantages of coordination of the relations between State and ethnic groups of traditional Liberalism. Multiculturalism has brought up a political idea called " Seeking Harmony through Difference ", which provides a new choice for the Nation – state to achieve social justice and to coordinate the contradiction between State and ethnic groups, emphasizes to deal with the ethnic issues in a democracy and equal way. These political ideology has satisfied the requirement of national integration of modern democratic countries, and also displayed the progress of human era.

Multiculturalism has analyzed the social reality of cultural and ethnic diversity, based on which Multiculturalism has demonstrated the legitimacy of minority rights that shows the principles and the tendency in dealing with ethnic and cultural diversity of Multiculturalism, also shows justice, equality, difference, tolerance and other characteristics of multiculturalism. Because there is an inherent tension between Nation – state building and the self – development of ethnic groups, Multiculturalism considers that only on the basis of maintaining cultural diversity, through a democratic, inclusive ethnic policies which allowed different citizenship could coordinate the ethnic contradiction and conflict caused by Nation – state building. These different citizenship advocated by Multiculturalism is to give minority groups special rights. Specifically, its request to give minority groups autonomy rights, to establish special representation based on consultative democracy, to set up polyethnic rights and compensation measures, and to implement the multicultural civic education. Multiculturalists hope that through these specific measures by meeting the legitimate claims of ethnic minorities and changing the current social reality of inequality could coordinate the contradiction among national integration and self - development of ethnic groups, and solve the difficult problem of community rights and social justice of political philosophy.

In order to coordinate the contradiction between State and ethnic groups in the process of Nation - state building, Canada became the first country to implement multiculturalism policies under the influence of political ideology of multiculturalism. Only through the study of specific political practice, we can measure the value of Multiculturalism to deal with the problem of ethnic and cultural diversity. Canada as a polyethnic country, also the first to implement the Multiculturalism policy is undoubtedly the most appropriate object to study. For now, Canadian Multiculturalism policy is successful in general. Therefore, in the context of ethnic and cultural diversity, in order to maintennace the legitimacy of State power, only through democratic and equal ethnic policies could achieve the objective of national integration, coordinate the contradiction between State and ethnic groups, deal with the relationship between national identity and ethnic identity, cultural pluralism and political integration. Through the practice of Multiculturalism in the Nation - state building of Canada, we can see the positive effects that to maintain national unity and political stability, to promote ethnic harmony, at the same time, the nagetive effects caused by Multiculturalism also worth consideration. Through the analysis of Multiculturalism in theory and in practice, can be more clear to the pros and cons that is whether Multiculturalism could promote national integration for the purpose of Nation – state building. Thus, we can go beyond the theoretical disputes on Multiculturalism, and provide more complete national integration theory and policy guidance to other countries.

For the cultural differences between ethnic groups, a free society should regard the difference between the majority and the minority as normal, in order to give the minority different rights to ensure their equal status, and to recognize and respect their cultural differences, wishing to strengthen national identity through these different citizenship. The importance of national identity is that it is the foundation of national legitimacy, the key factor to coordinate the relations between State and ethnic group, and the core issue of Nation – state building. These political ideology hopes to enforce Nation – state building and social justice in a harmonious way by admitting the "difference", we must acknowledge its rationality and advancement, but Multiculturalism also has obvious defects that it ignores the "unity" to some extent, which means neglecting the significance of common culture as a cultural band in Nation – state building. To enhance National identity, different citizenship as a political band cannot be abandoned, a common national culture is also needed, both are indispensable.

Therefore, form a theoretical point of Multiculturalism to analyze the value and path of Nation – state building, to explore a democratic and equal way to coordinate relations between ethnic identity and national identity, also the relations between cultural pluralism and political integration, which could play a positive role for each Nation – state to handle the ethnic conflict and to maintain the political stability and territorial integrity, and eventually to achieve the goal of integration. In theory, we must coordinate the relations between ethnic identity and national identity, cultural pluralism and political integration, which requires ethnic policies changing from the nationalist orientation to the national orientation; enhancing the effectiveness of civil society to coordinate the relations between State and ethnic group; admitting the special rights of ethnic groups in order to achieve true social equality; strengthening national identity in response to the weakening of the legitimacy of State power; playing a leading role of State to make use of nationalism; strengthening the role of citizenship which is a political band through civic education. Specifically, Nation – state must take the pattern to achieve the goal of Nation – state building which called the integrated framework that could keep a harmonious relation between plural cultures and political unity to integrate ethnic groups, through the formation of a nation; consolidation of democratic political system; improvement of economic development; generation of common cultural in any polyethnic State.

As a result, a useful theoretical guidance can be found for other Nation – state to maintain national unity and political stability, to achieve national integration, by studying the research made by Multiculturalism of Nation – state building in the context of ethnic and culture diversity. The enlightenment of Multiculturalism is that in the process of Nation – state building, we must coordinate the relations between cultural diversity and political integration, ethnic identity and national identity by putting "cultural diversity" and "political integration" together, respecting for cultural pluralism and take into account both the political unification. For China, these could provide a useful reference for China to coordinate the relations between Nation – state and ethnic group, could further improve and enrich the ethnic regional automony and the basic national policy of "one nation two systems", and realize the Nation – state building target finally that political, economic and cultural integration. In short, we need to adopt Nationalistic orientation to fully meet the demands of ethnic groups, and let State play a leading role to strengthen national identity, take the integrated framework that could keep a harmonious relation between plural cultures and political unity. Coordinate the relationship between cultural pluralism and political integration is not only the need to achieve a fair and just society, but also the request to achieve the integration goals of Nation – state building.

绪 论

一、研究的缘起与研究意义

1. 研究的缘起

民族国家建构问题一直是政治学、民族政治学研究的主题，也是世界上任何一个民族国家都面临的根本性问题，因此对民族国家建构问题的研究在理论上和现实中都具有重要意义。特别在当前多元文化的背景下，民族国家建构是一个极具挑战性的主题，不仅关系到如何保持一个国家的稳定与统一，也关系到如何建立一个公平正义的社会。对于国家问题的研究可以追溯到古希腊时期，只不过古希腊时期的“国家”是一种特殊的形态，它是自由公民自治的城邦。民族国家起源于 17 世纪的西欧，是绝对主义国家之后国家形态演进的又一产物。民族国家出现之后迅速扩展并成为当今世界最基本的国家形态，不仅是世界体系中的基本单元，也是国际关系的基本主体。“到目前为止，民族国家仍然是唯一得到国际承认的政治组织结构。”①但由于世界上的民族国家建立时期所处历史背景的不同，使得各民族国家具有不同的特点，由此学者们对民族国家的认识也是千差万别，民族国家建构的研究首先必须要对民族国家本身有一个清晰明确的认识。

族群和文化多元化的社会现实决定了民族国家建构必然是一个长期的过程，在建构的过程中将会不可避免地遇到各种困

---

① ［英］安东尼·史密斯著，龚维斌、良警宇译：《全球化时代的民族与民族主义》［M］，中央编译出版社 2002 年版，第 122 页。

难，如果不通过民主的族群整合方式而采取强制同化的措施，不承认和尊重族群差异就会引发国家权力合法性危机。所以，民族国家建构必须处理好族群认同与国家认同之间的关系，否则国家认同的削弱会对国家权力合法性造成根本性影响，它往往是一个民族国家解体的重要原因，如苏联的解体、南斯拉夫的分裂都为我们提供了有力证明。当代国家认同危机的出现可以由多种因素引发，如全球化对国家主权的冲击、极端民族主义的影响、族群认同与国家认同产生矛盾等等，在各种因素中族群认同与国家认同之间的矛盾成为决定性的矛盾、也是最难处理的矛盾，能否协调好二者的关系是民族国家维护稳定和统一需要解决的一个长期课题。因此，探讨如何协调好文化多元与政治一体之间的关系，不仅是建立一个公平正义社会的需要，也是民族国家建构一体化目标的保证。

现代民族国家为了协调好族群认同与国家认同之间的关系，从而实现民族一体化这一目标，在其建构中对族群的整合是通过相应的族群政策来实现的。多元文化背景下的民族国家建构指的就是民族国家在族群文化多元的背景下，为了实现民族一体化的目标，如何通过一系列族群政策、措施和制度安排来促进国家的整合，最终实现国家政治、经济、文化上的一体化。从历史上看这种族群政策经历了一个由不民主至民主的发展过程，当代民主国家会制定一系列民主的族群政策来进行民族国家建构，以促进族群整合为目的族群政策主要可以分为两种价值取向，即“国家主义”的价值取向和“民族主义”的价值取向①，任何一种价值取向的族群政策都是为了能处理好民族国家建构中族群与国家的关系，具体来说就是国家认同与族群认同

① 关于族群政策的价值取向问题，参见周平：《民族政策的价值取向及我国民族政策价值取向的调整》[J]，《学术探索》2002 年第 6 期。

之间的关系、文化多元与政治一体之间的关系。由于国家一体化与族群自我发展之间存在内在张力，民族国家建构成败的关键就在于如何协调好二者之间的矛盾，如何通过一种民主的方式既让族群保持和发展其多元文化，又能维持民族国家的统一和稳定；使他们在保持族群认同的同时，又可以建构出高层次的国家认同。

西方学者总结了传统自由主义理论关于协调国家与族群关系主张的各种弊端，从而提出了多元文化主义这一政治理念。由于族群认同与国家认同之间的关系是动态的，与民族国家对待族群的态度、现实中族群政策的成效，以及各族群对民族国家的归属感和认同感息息相关。作为反对民族一元同化而出现的多元文化主义为协调族群认同与国家认同之间的关系提出了新的主张，以一种“异中求和”理念来对待族群之间的差异，主张通过民主的方式来协调文化多元和政治一体的关系，从而为民族国家协调国家与族群之间的矛盾提供了一种新选择。多元文化主义主张差异的平等，要求赋予少数族群以平等的权力，希望通过差异的公民身份这一政治纽带来建构国家认同。所以，在研究民族国家建构的价值理念和路径选择时，从多元文化主义理论的角度加以分析，探讨如何民主、平等地协调族群认同与国家认同、文化多元和国家一体的关系，对于各民族国家处理国内族群矛盾和冲突，保持国家的政治稳定和领土完整，最终实现民族国家建构的一体化目标具有积极作用。

社会科学所研究的对象是现实的事物，是以对事物发展的客观规律进行观察和分析，而不是以研究哲学中的伦理价值观或基于某种信仰之上乌托邦式的理论。政治学作为一种以人类政治活动为研究对象的学科，它是一门实践性的科学，任何一种政治理论都是以人类的政治生活为出发点，并以关怀它为目标，正如亚里士多德所言："政治学不是知识而是实践。"[①] 所以对多元文化主义理论关于民族国家建构观点的研究，仅仅从理论上进行分析显然不足。多元文化主义作为一种处理民族国家内族群与国家矛盾的理论，从多元文化主义产生开始就引起了很大争议，有的学者支持、有的学者反对。因此只有从多元文化主义理论及其实践两方面来考察，才能全面把握多元文化主义的内涵，汲取多元文化主义理论关于民族国家建构的有益之处。在实践考察中选取加拿大为研究对象，这是因为加拿大多元文化主义政策以多元文化主义理论为基础，在民族国家建构中对协调族群认同与国家认同的关系、文化多元与政治一体的关系，提供了宝贵的理论成果和实践经验。

加拿大作为一个以移民构成的多族群国家，其族群政策经过不断的探索和发展，1971 年联邦政府正式宣布实行多元文化主义政策，成为世界上第一个实行多元文化主义政策的国家，也是世界上第一个法律上规定了实行多元文化主义政策的国家。加拿大的多元文化主义政策不仅取得了成功，而且在以后的 30 多年中多元文化主义政策得到了不断的完善和发展。澳大利亚、新加坡、马来西亚、北欧一些国家也以加拿大为典范在自己国家推行了切合自己国情的多元文化主义政策。所以，加拿大的多元文化主义政策是一种协调民族国家建构中各种族群矛盾，推进各族群平等，推动国家一体化的有效措施。加拿大多元文化主义政策让我们看到了多元文化主义关于民族国家建构理论的优点与不足，中国的民族国家建构十分有必要借鉴其他民族国家建构中积累的理论成果和实践经验，对我国协调族群认同

① ［古希腊］亚里士多德，苗力田译：《尼各马科伦理学》［M］，中国社会科学出版社 1999 年版，第 4 页。

与国家认同之间的关系，进一步促进族群平等、完善我国的民族区域制度、促进我国的“一体多元”格局，最终实现国家现代化、民主化、一体化十分有借鉴意义。

2. 研究的意义

理论意义：民族国家建构问题始终是政治学、民族学、民族政治学研究的热点问题。目前学术界并没有对民族国家形成全面的、一致的认识，对民族国家的界定千差万别、歧义丛生，诸如近代民族国家、现代民族国家，民族国家与多民族国家等等。要对民族国家建构进行全面、深入的研究就必须对民族国家的概念做出清晰的界定。民族国家建构过程中如何处理好国家认同与族群认同的关系、文化多元与政治一体的关系一直是哲学、政治学、民族学、民族政治学研究的核心问题，也是研究中最难解决的难题之一，学者们在不同时期从不同角度对此问题进行了探讨，但至今都没有形成一致看法，这是由于各国历史背景与具体条件不同、学者们知识背景与价值观不同造成的，所以民族国家如何建构目前依然是政治学研究的热点问题。多元文化主义作为一种政治理论自产生以来，就以探讨处理民族国家建构中国家认同与族群认同的关系、文化多元与政治一体的关系为目的，所以从多元文化主义角度来研究民族国家建构十分有意义。本研究的理论意义在于从理论上清晰地界定民族国家的定义及其内涵，总结了学者们关于民族国家建构的主张，进一步探讨了国家认同对于民族国家建构的重要性；并从对多元文化主义理论与实践的考察来探讨民族国家建构中如何处理国家认同与族群认同的关系、文化多元与政治一体的关系，最后对民族国家建构过程中保持国家统一与政治稳定、实现国家一体化提出有益的理论指导。

现实意义：民族国家作为目前最普遍的国家形态，随着全球化进程虽然出现了欧盟等超国家国际组织，但并没有出现“世界公民”及“民族国家的终结”这些学者们预计的后民族国家时代。民族国家依然是当今世界最基本的国家形态、国家主权的所有者、世界体系中的基本单元、国际关系的基本主体。所以，研究民族国家建构问题非常有现实意义，民族国家在今后历史中仍然会长期存在。每一个民族国家都处于文化多元的背景下，民族国家为了建构出处于核心地位、起核心作用的国家认同，需要思考如何协调国家认同与族群认同的关系，如何在多元文化的基础上保持国家政治一体，这是每一个国家在现代化与全球化过程中都必须面对的现实问题。多元文化主义的出现为我们协调民族国家建构中国家与族群关系提供了一种新选择，多元文化主义自产生以来就遭到了不少人的反对，但通过加拿大的实践我们可以看到多元文化主义以一种“异中求和”的民主理念对维护国家统一、政治稳定、促进族群融合所起的积极作用，同时多元文化主义引发的负面效果同样值得我们研究。我国的民族国家建构也是一个长期的过程，中华民族“多元一体”格局的形成不可能是一劳永逸的，必须适时地对族群政策进行调整，才能协调好国家认同与族群认同、多元文化与国家一体的关系。通过分析加拿大民族国家建构的现状，可以为中国协调国家与族群之间的关系提供有益借鉴，能进一步完善和丰富我国少数民族区域自治政策与一国两制基本国策，最终实现国家政治、经济、文化一体化的建构目标。

二、国内外研究综述

最早关于民族国家的研究可以追溯到 15 世纪，马基雅维利、布丹、霍布斯等人在其著作中探讨了国家理论，认为国家作为一种政治共同体拥有独立的利益、最高的权力，为近代国家主权观念、后现代国家理论的出现奠定了基础，并且为民族国家的出现提供了理论支持。学者们对民族国家的研究主要集中以探讨欧洲民族国家的形成为主，从民族学、人类学来分析人种和国家的分布问题；从历史学角度来分析民族国家的形成问题；从哲学、政治学的角度来分析国家建设、民主化与现代化问题。这个时期对国家问题的研究更多是对经济发展、制度建设方面的思考，由于当时族群意识没有觉醒，国家对社会的控制也比较强，所以族群和国家之间的关系比较和谐，二者矛盾和冲突的一面并没有引起学者们太多关注。

直到20世纪开始，在民族国家一体化过程中为了把族群整合起来，许多西方国家推行了一系列强制同化的族群政策，同时族群意识在各种因素刺激下开始觉醒，少数族群不仅对国家的强制同化不满，而且要求国家给予他们平等的承认，并要求获得更多公平的权利。学者们意识到族群问题在国家发展中变得越来越重要，开始从国家角度来研究文化平等问题，比如维科、柏林在其著作中就提出了多元论的观点，认为每一种文化都有存在的价值；美国黑人学者杜依波斯为了黑人能获得平等的权利，写作了散文《黑人的灵魂》；弗雷泽、露西·本尼迪克特从文化人类学的角度研究了族群文化对民族国家的影响，代表作为《金枝》、《菊与刀》等。20世纪50年代之后，随着第二次世界大战的结束，世界范围内成立了许多新兴民族国家，民族主义在其中起了主导性作用，同时随着经济的全球化，这个时期对民族国家的研究主要是以全球化、民族主义视角来进行，特别是在80年代冷战结束后全球范围内分裂性极端民族主义盛行，全球化和现代化进一步深化，从这两个角度来研究民族国家的著作犹如雨后春笋般出现，各种新理论也随之产生，如社群主义理论与多元文化主义理论，以及认同理论、全球治理等后现代理论。

所以，对民族国家的研究，特别是对民族国家建构的研究多半与民族主义有关，民族主义是目前民族国家研究的主要视角与理论依据。从学科上来说，对民族国家、民族国家建构的研究一直是民族学、社会学、政治学、哲学研究的核心问题，这就决定了需要以跨学科的方式来分析民族国家建构问题，这样才能全面、深入地研究这个问题。如安东尼·史密斯在《民族主义：理论、意识形态与历史》、《全球化时代的民族与民族主义》等著作中就从族群这个概念入手，在分析了族群与民族差别的基础上认为民族是建构出来的，在全球化的时代由于族群与民族国家之间的张力，国家很容易出现统治的合法性危机，所以面对族群和文化的多样性，民族国家建构就显得十分重要。厄内斯特·盖尔纳的《民族主义》、本尼迪克特·安德森的《想象的共同体》、霍布斯鲍姆的《民族与民族主义》都属于这类研究的代表作。国内学者对民族国家的研究起步较晚，比较有代表性的著作有宁骚的《民族与国家——民族关系与民族政策的国际比较》，郭少川的《民族国家与国际秩序》，刘鸿武等编著的《从部族社会到民族国家》，以及徐讯的《民族主义》，关凯的《族群政治》，周星、周平的《民族政治学》，马戎的《民族社会学》等著作中都稍有涉及，这些著作都对民族国家做出了各种各样的界定，阐释了民族国家的形成和其建构过程，但著作中很少以民族国家为研究的主题，对民族国家问题的分析都比较宏观。此问题研究成果更多的出现于马戎、郝时远、马德普、陈楗越、徐勇、杨雪冬、周平等学者所发表的论文中，如《“回归国家”与现代国家的建构》、《民族国家与国家建构：一个理论综述》、《多民族国家与民主之间的张力》、《民族国家与国族建设》、《对民族国家的再认识》等等，这些文章对民族国家的研究各有新意，有一定的理论价值，但由于字数限制对民族国家的分析不够深入，没有形成一套系统的理论，也很少提出关于民族国家建构的建设性主张。当然也有很多学者从国际政治以及全球化理论的角度来研究民族国家，主要把民族国家视为国际政治中的主体来研究国家间关系问题、主权和人权问题、全球化与民族国家问题等，比如沃勒斯坦、温特、摩根索、福山、俞可平、王逸舟等人的著作和论文。

民族国家研究中的一个核心问题就是民族国家建构问题，就是围绕民族一体化这个目标而提出相应的理念、制度、政策等等，涉及协调族群与国家之间的关系，这是国家发展问题的一个重要方面。因此，对民族国家建构问题的研究，基本上散见于民族学、社会学、政治学的著作和论文中，比较有代表性的有菲利克斯·格罗斯的《公民与国家——民族、部族和族属身份》，格罗斯从国家的演化史出发，区别了公民国家、部族国家等国家形态的优缺点，认为公民身份在民族国家建构中具有重要作用，同时对如何处理族群多元文化提出了自己的见解。塞缪尔·亨廷顿的《文明的冲突与世界秩序的重建》，《我们是谁？——美国国家特性面临的挑战》分别从国家间和国家内两个不同的角度分析了人类文化差异所带来的相互区别、相互冲突与矛盾，对民族国家的发展有自己独到见解。在安东尼·吉登斯的《民族国家与暴力》、《第三条道路》、《现代性的后果》等著作中，吉登斯从国家中心主义出发，用历史和理论相结合的方法研究了民族国家的形成历程，认为在现代化进程中，民族国家这一国家形态的出现不仅是一个民主化的过程、也是一个权力集中化并对社会渗透更深的过程，通过以欧洲国家为例分析了国家与社会的关系、公民社会、福利国家问题，及在全球化背景下民族国家的存亡问题，相似研究成果还有查尔斯·蒂利、马克斯·韦伯、特纳、马歇尔等人的著作和论文。上面提到的很多研究民族主义的经典著作中，对民族国家建构问题都有所涉及，但对民族国家建构问题形成系统理论、具体政治主张的还是集中在西方社群主义者、多元文化主义者的研究成果中，代表人物有威尔·金里卡、查尔斯·泰勒、哈贝马斯、沃尔泽、弗雷泽、艾丽斯·杨、格莱泽、戴维·米勒等人。

在多元文化背景下，民族国家建构最重要的就是要强化国家认同。特别是在冷战结束后，伴随着全球化和民族主义的冲击，许多民族国家分裂开来，极端民族主义对国家认同起到了消解作用，此时国家认同问题成为社会科学研究的热点问题。国家认同是由 National identity 这个英文词组翻译而来，最早是一个心理学的核心概念，后来被运用到了政治学、民族学、社会学领域。谈到国家认同必然会与民族认同、族群认同相联系，这三个概念是难以分割的，以上谈到的国外学者及其著作中都有对“认同问题”的探讨，除了以上学者及著作之外，还有乔纳森·弗里德曼的《文化认同与全球性过程》，阿兰·图海纳的《我们能否共同生存？——既彼此平等又互有差异》，哈贝马斯的《后民族结构》、《包容他者》等，曼纽尔·卡斯特的《认同的力量》等；台湾学者对国家认同的研究比较深入，出版了一些关于国家认同的高水平专著，如葛永光的《文化多元主义与国家整合——兼论中国认同的形成与挑战》、石之瑜的《后现代的国家认同》、孟樊的《后现代的认同政治》、江宜桦的《自由主义、民族主义与国家认同》等，尤其是江宜桦从政治哲学上来分析国家认同问题，分析了民族主义、自由主义、社群主义不同的国家认同理论，最后提出了一种“务实性”国家认同来处理社会公正与群体权利之间的矛盾。国内学者对国家认同问题的研究由于起步晚目前还比较薄弱，有代表性、高质量的著作比较少，仅有张海洋的《中国的多元文化与中国人的认同》、郑晓云的《文化认同论》等少数专著，大量研究主要以学者发表的文章和博、硕士毕业论文为主。如周平、肖滨、庞金友、常士訚等人的论文：《论中国的国家认同建设》、《论从民族认同到国家认同》、《两种公民身份与国家认同的双元结构》等，以及《全球化语境下的国家认同》、《当代中国国际意识的变迁与国家认同的重建》、《从民族认同到国家认同》等水平参差不齐的研究生毕业论文。

这些著作从规范研究、实证研究或中观研究的角度对国家认同问题进行了研究。这些研究的主旨就是面对族群和文化多元的现实，在民族国家建构的过程中如何处理这种多元化来带来的困境，通过怎样一种方式来协调国家和族群之间的矛盾，也就是“多元”与“一体”如何才能和谐发展。学者们的结论各不相同，有的主张坚持国家中立原则，通过强调个人平等的公民身份来弱化族群身份，从而起到自然同化的作用，这是自由主义的主张；有的学者主张要承认族群差异，给予少数族群特殊的群体权利，这就是多元文化主义的主张；有的学者则不同意以上主张，认为只有通过建立彼此之间没有差别、没有族群与民族的“后民族社会”才能彻底解决这个矛盾，才能实现真正的社会公正。尽管结论不同，但学者们达成了逻辑上的一致，这就是面对国家与族群之间的矛盾，在协调国家认同与族群认同关系时必须采取民主的方式，以包容的心态来处理族群差异，这样才能保证国家的稳定与统一。

针对在多元文化背景下，民族国家如何协调族群和国家间的关系问题，西方学者在总结自由主义、社群主义等政治思想基础上提出了更符合时代要求的多元文化主义理论。自 20 世纪 70 年代以来，多元文化主义一直是欧美政治学界的核心学术议题。多元文化主义要求平等地承认文化之间的差异，认为各个族群都有权利保持和发展其族群文化，强调族群文化之间应该相互尊重、平等共存、否定文化霸权。多元文化主义者看到了不同文化群体之间存在潜在的文化冲突，但他们和亨廷顿的观点不同，并不认为文明必将冲突，却主张通过平等地承认和尊重彼此文化的差异，来避免由于文化上的歧视、压制而引起的族群矛盾与冲突。多元文化主义反对以一种价值观来评判其他文化，在反对欧洲中心论、反对文化霸权主义方面，及在民族国家建构中以民主、平等的方式来处理族群文化多元方面提出了建设性主张，得到了很多学者的支持。但多元文化主义本身也有局限性和不足，也引起了学者们的争议和批评。

多元文化主义简单来说，就是一种为了谋求多族群、多文化在一个国家内共存而形成的强调族群平等、社会公正的理念和措施。多元文化主义至少包括三个主题："第一，种族歧视与男性至上主义制度的结束并给予妇女与少数民族公民权（选举权、参与权）；第二，一个新的全面的多元文化，包括迄今仍处于社会边缘的种族文化的形成；第三，一种比较与差异的文化世界观以及实现不同文化之间的相互理解。"①在目前可见的文献中，多元文化主义主要有三种意义：首先，它是对一个国家所处的族群和文化多元化这个事实状态的描述，指的是多元文化社会这样一种状态；其次，作为一种政治思潮出现，要求平等的承认、尊重族群多元文化，是反对文化霸权、协调族群认同和国家认同之间关系的政治理论；最后，作为一种具体的族群政策出现，为的是让少数族群能够平等的参与到政治生活中来，而在多元文化主义的核心价

① Donald H. Roy. *The Reuniting of American*: *Eleven Multiculturalism Dialogues*, New York: Peter lang Publishling, Inc 1996. p217.

值观的指导下制定一系列处理族群文化多样性问题的方针、政策、措施。可见，多元文化主义一开始是一种理论，而后发展成为了一种治国方略。自从1971年加拿大多元文化主义政策推出之后，关于多元文化主义的论著就频频问世，最开始对多元文化主义的研究是以教育学角度进行的，很多学者希望通过多元文化教育来弱化族群意识，从而起到强化国家认同的效果。由于多元文化主义所涵盖的范围很广阔，涉及文学、社会学、心理学、教育学、政治学、文化学、人类学、民族学、艺术和宗教学等学科，而其中文化学、人类学、教育学和民族学对这一问题尤为关注。各个学科和各个领域的学者都从不同角度阐释了多元文化主义，于是多元文化主义就有了不同的内涵。

目前多元文化主义成为西方政治学家、民族学家、社会学家关注的核心问题。正如金里卡所指出的那样，“就多元文化主义与少数群体的权利而导致的哲学争论，直到20世纪80年代中期，还很少有在这个领域内进行研究的政治哲学家或政治理论家。事实上，就上个世纪的绝大多数时间而言，种族问题并不是政治哲学家关注的中心问题。可是到了今天，在数十年的相对忽略之后，文化多元的问题却已经走到了政治理论的前沿。”[①] 加拿大政治哲学家威尔·金里卡无疑是多元文化主义学者中的领军人物，他对多元文化主义的分析形成了一套系统的理论。作为最早关注多元文化主义理论的政治学家之一，他先后出版了《自由主义、社群与文化》、《少数的权利——民族主义多元文化主义和公民》、《多元文化的

① ［加］威尔·金里卡著，刘莘译：《当代政治哲学》［M］，上海三联书店2004年版，第599页。

公民身份——一种自由主义的少数群体权利理论》、《探寻我们的出路——对加拿大族群文化关系问题的反思》等书，被认为是研究多元文化主义理论的经典著作。金里卡在这些著作和相关论文中，从政治哲学的高度论述了自由主义与群体权利是可以兼容的，对自由主义的平等、公平理论进行了补充和完善；为少数人所要求的特殊权利进行了论证，认为给予少数群体差异的公民身份是社会正义的要求，不仅不会分裂国家反而正是由于他们的权利得不到平等的满足，才会导致族群意识的强化和国家的分裂，认为民族主义并不就是有害的；所以他提出要分别给予移民、原住民、无国籍移民不同的特殊权利，通过特殊代表制、族群自治、多元文化权，以协商民主的方式让少数族群融入到政治生活中来，这样他们才能真正获得保存和发展自己文化的权利，获得维护自己族群利益的合法途径。由于多元文化主义以“民族主义”的价值取向为中心，加拿大多元文化主义政策过于强调“分”从而加剧了加拿大“马赛克”的社会现实，面对魁北克以及土著族群的独立要求，金里卡通过反思完善了他的多元文化主义理论体系，最为突出的一点就是认识到“多元”与“一体”是相辅相成的，不能脱离“一体”只强调“多元”，另外在文化多元基础上建构出共同文化也是民族国家建构所必需的。可以说在诸多多元文化主义者中金里卡无疑是理论体系最为完善、影响最大的一位。

比较有代表性的人物和著作还有艾丽丝·马丽恩·杨的《政策与群体差异：对普遍公民身份理想的批判》、《正义与差异政治》，在杨看来普遍的平等并不能保证社会的公正，所以她主张一种差异的公民身份，通过这种差异政治来改变社会中的不平等现象。就如她所说的：“即使是法律规定了群体的平等，但在实际生活中许多群体仍然被视为异者或者其他人。"[①]所以，她认为正义在关注分配之外，更应该关注制度建构的正义与协商的民主，这就需要施行一种差异的政治（politics of difference）。杨认为通过赋予少数群体差异的公民身份，在基本的权利之外根据他们的需要使他们获得特殊的权利，这样才能弥补自由主义个人平等的缺陷，从而实现一种事实上的平等；查尔斯·泰勒的《承认的政治》、《自我的根源——现代认同的形成》，泰勒认为对于承认的需要与要求已经成为多元文化主义政治的中心议题，由于当今人类社会多元化的发展，不同文化之间的差异也会越来越多，所以人类只有通过包容的精神，在承认他人差异的基础上以开放的意愿进行沟通才能避免冲突。[②] 所以，泰勒认为必须要建立一种平等的承认，这种承认是建立在差异基础上的，只有正视差异才能实现平等，泰勒的"承认的政治"理论，为多元文化主义者所主张的差异的身份、或者说身份认同提供了哲学上的论证，起到了有益的完善和补充；类似的著作还有菲利克斯·格罗斯的《公民与国家》，约瑟夫·卡伦斯《文化、公民身份与共同体》，卡伦斯认为在多元文化的基础上，一种统一的民族文化和共同的身份构建同样重要，二者不可偏废。只有构建出统一的民族文化，国家才能从根本上消族群文化间的隔阂，从而在消除族群歧视后实现社会的真正平等；[③] 詹姆斯·塔利的《陌生的多样性——歧义时

① Iris. M. Young. *Justice and the Politics of Difference*, Princeton: Princeton University Press, 1990. p164.

② ［加］查尔斯·泰勒著，董之林、陈燕谷译：《承认的政治》［J］，载汪辉、陈燕谷主编：《文化与公共性》［M］，新知三联书店 2005 年版，第 291—330 页。

③ Joseph H. Carens, *Culture, Citizenship, and Community: A Contextual Exploration of Justice as Evenhandedness*, Oxford University Press, 2000. pp52 - 87.

代的宪政主义》、比丘·帕瑞克的《再思考多元文化主义：文化多样性与政治理论》；内森·格莱泽的《我们都是多元文化主义者》、《肯定性歧视——一种族不平等和公共政策》、金里卡与韦恩·诺曼合编的《多元社会中的公民身份》；以及戴维·米勒的《论民族》、沃特森的《多元文化主义》、耶尔·塔米尔的《自由主义的民族主义》等，除此之外还有大批论文在此就不一一列举。在这些研究中涉及许多政治学的核心问题，如民族国家建构、民族主义、社会公正、公民身份、政治权力合法性、国家认同等。西方学者对多元文化主义的研究现状有这么一个特点：他们的研究还集中在对多元文化主义正义性的争论之上。一方面关于给予少数族群差异的公民身份，是否会与自由主义个人平等原则所冲突，另外一方面关于民族主义的价值取向过分强调少数族群的多元文化，会不会在强化族群认同的同时削弱国家认同，从而使国家权力合法性出现危机，乃至于产生族裔分裂主义。由于多元文化主义无论是理论层面、还是政策层面都是一个新生事物，其有关民族国家建构的理论和主张还有待时间和历史的检验，所以，多元文化主义学者在如何协调多元文化和政治一体的关系方面，并没有提出系统的、有说服力的、普世的主张和看法。

纵观国内学者对多元文化主义的研究现状，从政治学尤其是从民族政治学角度对多元文化主义的研究还处于起步阶段。中国学者从政治学角度对多元文化主义的研究，主要是从研究多元文化主义理论上进行的，这些研究基本上都是对西方学者研究成果的翻译、转述、基本上都是梳理性的，并没有提出自己的主张和见解。如有的学者具体分析了多元文化主义与当代西方自由主义、社群主义的异同，有的学者以专门以阐释金里卡、泰勒或者杨的理论为主。常士訚是国内政治学领域研究多元文化主义的先驱，常士訚的《政治现代性的解构：后现代多元主义政治思想分析》一书对比了多元文化主义与自由主义的区别和联系；《异中求和——当代西方多元文化主义政治思想研究》对西方的多元文化主义政治理论进行较为全面的研究，是国内第一部系统研究多元文化主义的专著。常士訚把多元文化主义看成一种政治思想来分析，研究思路主要是分析威尔·金里卡的多元文化主义理论为主，从其发表的多篇研究威尔·金里卡思想的论文中可以看出，如《西方多元文化主义争论、内在逻辑及其局限》、《多元文化与民族共治——凯米利卡多元文化主义政治思想研究》等。国内其他学者对多元文化主义的研究主要关注这一政治理论引起的争论，涉及多元文化主义的界定、多元文化主义作为一种政治理论的合法性、可行性、缺陷等方面，实际是对西方学者关于多元文化主义政策研究的一种解读。他们的研究在深度和广度上不及常士訚，他们的研究的共同特点是：仅从理论上分析，没有采用实证研究的方法；没有把多元文化主义在西方国家的实践作为考察对象，从而他们研究中的一些观点缺乏说服力。最近由于中国学者对于这一问题的重视程度升温，关于多元文化主义的译作开始大量出现，如查尔斯·泰勒的《承认的政治》；威尔·金里卡的一系列著作，沃特森的《多元文化主义》等。

加拿大是世界上第一个实行多元文化主义政策的国家，因此具有典型意义。在国内，对加拿大的研究从20世纪80年代才开始，阮西湖是第一批开始研究加拿大的国内学者，其研究主要以介绍加拿大的政治、经济、文化等内容为主，视角主要是社会学和民族学的。对加拿大的研究，以阮西湖为代表的学者对加拿大的民族进行了实地考察，写成了《加拿大民族志》一书，可以说是我国最早研究加拿大的权威著作之一，对多元文化政策也进行了研究，引入了多元文化主义这一概念。在此之后，陆续有学者开始对加拿大进行国别研究，比较有代表性的有：以阮西湖为主编的《加拿大与加拿大人》系列论文集，陈林华主编的《加拿大探索》、蓝仁哲的《加拿大文化论》、姜芃主编的《加拿大文明》、宋家珩的《枫叶国度——加拿大的过去与现在》、刘军的《列国志——加拿大》、王丽芝的《加拿大移民史初探》、高鉴国的《加拿大文化与现代化》以及翻译的《加拿大政府与政治》，这些著作从不同角度对加拿大进行了研究，有助于我们了解加拿大的国情以及加拿大社会的发展，在这些著作中也简单介绍了加拿大多元文化主义政策，具有一定的参考价值，但基本是从民族学、历史学、教育学角度来看待和认识多元文化主义的，而且大多仅是对多元文化主义政策的介绍，而深入、系统地进行学理性分析与阐述的却不多见。对于加拿大多元文化政策的研究可以说是非常少，从 20 世纪 90 年代中期才开始关注多元文化主义的问题，起因并不是为了研究加拿大多元文化政策，而是为了分析加拿大魁北克民族主义，而不得不谈到加拿大的族群政策，从而涉及到了多元文化政策方面的研究，如高鉴国的《加拿大多元文化政策评析》、施兴和的《加拿大民族政策的嬗变》等论文。这时候对加拿大多元文化主义政策的研究主要是以分析加拿大族群政策变化为主，介绍了加拿大族群政策变化的过程，从中分析了多元文化主义政策产生的根源，并评价了多元文化主义；此类研究主要以研究对象的描述性为主，研究方法主要是民族学、社会学和教育学的，而且研究的理论性不强，主要是实证性的研究。

三、研究的基本方法、创新和难点

1. 研究的基本方法

历史文献研究法：

历史文献研究法就是一方面以历史背景来考察政治现象，通过对政治现象的分析来把握其本质和规律；另一方面在总结和归纳前人的研究成果的基础上，提出新的观点和看法。本论文首先采用文献研究方法，通过研究国内外学者研究民族国家建构与多元文化主义的理论和文献资料，充分学习和借鉴前人的研究成果，提出了自己对研究主题的新观点。

比较分析法：

比较分析法就是通过不同事物的对比，或者是同一事物不同时期的对比，通过归纳不同特征找出本质规律的方法。论文在充分占有资料的基础上，运用比较分析的方法通过对民族国家建构的不同路径、国家认同与族群认同、民族认同之间的关系进行了比较分析，归纳出影响国家认同的因素；进而分析了为应对由一元文化中心论引发国家认同危机而产生的多元文化主义理论，如何处理多族群性与国家认同之间矛盾的观点，对在民族国家建构中如何处理族群认同与国家认同的关系提出了自己的观点。

实证分析法：

实证分析法，作为经验性研究方法，它能对规范性研究的起到有效的补充。为了全面把握多元文化主义对民族国家建构的启示，即如何协调好族群认同与国家认同之间的关系，论文通过实际考察加拿大这一多族群国家，其多元文化主义政策在实践中对处理多族群国家内族群认同与国家认同矛盾的实际效果。这一分析是通过充分查阅国内外关于加拿大多元文化主义政策的实施、国内民族矛盾情况现状的调查和统计资料来进行的。

跨学科研究：

在当前的社会科学研究中，同一个问题往往被不同学科、从不同的视角进行研究，这就意味着为了能全面把握这一问题我们必须进行跨学科的研究，因而许多交叉学科应运而生，诸如政治社会学、政治心理学、政治经济学、民族政治学等。本论文通过分析多元文化主义理论关于在民族国家建构中如何协调文化多元与国家一体之间的关系，并对加拿大多元文化主义政策的实践加以分析，在总结前人研究的基础上提出了关于在族群与文化多元的情况下，民族国家构建的建设性看法。这一研究的主题是一种跨学科的研究，涉及政治学、民族学、社会学的研究范畴，可以归为交叉学科：民族政治学的研究领域。

2. 研究的难点和创新点

研究的难点：首先，研究中相关概念的界定至今学术界仍没有形成统一的认识，如民族与族群的定义，民族国家与多族群国家的定义，多元文化主义的定义等，这就为本研究带来了一定的困难，在研究之前必须对相应概念做出清晰的、有说服力的、符合学术规范的界定，这样才能为开展进一步的研究奠定理论基础。其次，由于多元文化主义是一个新生事物，国外对多元文化主义的研究正蓬勃发展，而国内对它的研究实际上才刚刚开始起步，关于多元文化主义的专著很少，论文以评论性的居多，要深入地研究存在一定的困难。第三，对多元文化主义在加拿大实践资料的收集存在一定的困难，由于缺乏实际的调研，所收集的资料大部分是二手资料，英文资料消化与吸收比较费力，相关的中文资料比较匮乏。最后，对多元文化主义的评价由于缺乏实地考察，观点上难免会有所偏颇。

创新点：对民族国家的概念做出了清晰的、规范性的界定；

总结了前人关于民族国家建构的研究，在分析民族国家建构与族群自我发展之间矛盾的基础上，论证了国家认同对民族国家建构的重要性，提出了自己关于如何强化国家认同的看法；通过对多元文化主义的理论分析和实证考察，提出了协调族群与国家关系，以及实现社会公平、正义的见解，为民族国家建构通过合理的价值取向来进行族群整合，最终实现民族、政治的一体化，并建立一个公平正义的社会提出有益的建议。

四、研究的基本思路和结构框架

第一章为“族群多样性与多重认同的形成”。本章对论文的核心基本概念、研究的主要视角和理论进行了分析，这就是族群理论和认同理论。由于国内学界对族群和民族的概念使用上存在混淆与争议，就有必要对族群理论的适用性进行界定和说明，分析了族群的特征和族群意识，从而区分了论文中族群、民族之间的联系与差别。并探讨了“认同”这个后现代概念与认同建构的形式，通过分析族群认同、国家认同的内涵及其形成，总结了族群认同与国家认同之间的关系：二者之间既存在一致性，又存在冲突性。

第二章为“民族国家的兴起与民族国家建构”。本章主要从学者们对民族国家纷杂定义的基础上提出了自己的看法，分析了国家形态在发展不同阶段之间的差异、总结了民族国家的本质和特征、提出了自己对民族国家的界定；界定了民族国家建构的含义，分析了民族国家建构的本质与目标；从起源上探讨了民族国家建立的不同路径，由此决定民族国家建构的具体政策也各不相同，这些政策涉及具体的族群政策、国家的结构形式、政治制度的类型；从历史上看，民族国家建构经历了一个从不民主到民主的过程，西方国家先后制定了三种处理族群文化多样性的具体措施：差别与排斥政策、同化主义政策、多元文化主义政策，目的都是实现国家的一体化；最后分析了民族国家建构与族群发展之间的矛盾，在国家与族群的关系中国家认同处于核心地位，与国家统治的合法性息息相关，分析了建构国家认同的方式及理解国家认同的二种理论。

第三章为“多元文化主义理论与民族国家建构”。本章为论文的核心部分，分析了多元文化主义理论关于民族国家建构的主张、分析了多元文化主义理论处理族群认同与国家认同、文化多元和国家一体之间矛盾的观点，多元文化主义主张给予少数族群一种差异的平等权，希望通过差异的公民身份这一政治纽带来建构出统一的国家认同。探讨了多元文化主义理论兴起的理论基础和历史背景，对多元文化主义的含义进行了科学的归纳，分析了多元文化主义论证少数族群权利具有正当性的核心观点，这也体现了多元文化主义处理族群问题的核心价值观；最后总结了多元文化主义关于民族国家建构的主张，这些主张不仅是实现民族一体化的要求，也是建立一个公平正义社会的需要。

第四章为“多元文化主义政策与民族国家建构：加拿大典型案例”。由于学者们对多元文化主义理论在民族国家建构中所起的效果存在争议，所以必须从实践层面对多元文化主义理论加以考察，这样才能认清多元文化主义的优点与缺陷。本章就是对多元文化主义理论的实践考察，选取了世界上最早实行多元文化主义政策、也是最有代表性的国家，分析了加拿大政治制度与加拿大族群构成的关系，分析了加拿大多元文化主义政策产生的原因与基础，归纳出加拿大多元文化主义的特点；最后对加拿大多元文化主义政策对加拿大民族国家建构的正面与负面作用进行了归纳，并评价了加拿大多元文化主义政策的价值。

第五章为“多元文化背景下民族国家建构的理性逻辑与现实路径”：分析了影响民族国家建构的因素，即族群认同与国家认同之间的关系，文化多元与政治一体之间的关系，这就需要族群政策从民族主义取向向国家主义取向的转变，发挥公民社会在协调国家与民族之间关系中的作用，承认族群的特殊权利以实现社会的真正平等，强化国家认同以应对国家权力合法性的弱化，发挥国家的主导作用对民族主义加以利用，通过公民教育强化公民身份的政治纽带作用。具体来说，民族国家必须采取多元一体的格局来作为族群整合的路径，通过建构多族群国家国家民族的形成、巩固多族群国家的民主政治制度、提高多族群国家的经济发展水平、促进多族群国家统一文化的产生来实现。

第一章　族群多样性与多重认同的形成

族群（ethnic group）这个概念及相关理论自20世纪80年代传入中国之后，为我们研究、观察和分析民族国家内族群关系、民族国家层面及其内部政治认同现象提供了一个新的视角、新的工具，具有极大的学术价值。但同时容易与国内社会科学流行的民族概念相混淆，只有在充分理解族群理论的基础上，才能正确地分析多元文化背景下的民族国家构建问题。就如宁骚教授所说的："'民族'这个概念，在现代汉语里使用的范围很广。西方语言用不同词语表达的概念，中文都用'民族'一词表达。"多元文化主义和族群是密切联系在一起的，正是由于文化多元基础上的族群意识的差异引起了人们越来越多的关注。就如安东尼·史密斯所说："如果我们想要理解政治、族群和民族主义之间的关系，我们就需要澄清族群和民族的概念，需要认清族群在国家形成的历史中的重要性。"① 所以，必须对族类群体的各种指称有所区别，才能正确理解论文中与基于族群之上的多元文化主义的相关观点。

认同（identity）社会科学研究的一个基本概念，也是研究的一个视角。具有身份、一致等含义，总的来说认同强调的是一种心理上的归属感。认同不仅是一种内在的心里活动，也受

① ［英］安东尼·史密斯著，涂文娟译：《文化、共同体和领土——关于种族与民族主义的政治学》［J］，《马克思主义与现实》2009年第4期。

到外部环境的影响，这是因为认同是由内外两方面构成的，一个人认同的形成不仅仅是他自己对自己的一种认知，也是其他人对他的一种识别。并且一个人的认同是多层次的，可以认同于家庭、某一族群，乃至国家，这就形成了多重的认同，认同按范围来分可以族群认同、国家认同、民族认同等，按属性来分可以分为文化认同、政治认同等。在文化多元的今天，民族国家都面临着多重的认同这一现实，族群认同与国家认同之间的内在张力是决定当代民族国家建构成败的关键性因素之一。

一、族类群体分类与族群理论

世界上大多数国家都是多族群的国家，由不同的族群(ethnic group)、种族（race）所组成，他们共同组成了一个民族国家（nation - state)，从而形成了一个民族（nation)，有的学者也称之为国族[1]。对人类群体分类强调的因素不同，如文化、血缘、政治、居住地等因素，人群被分为了不同的族类群体。正是由于民族国家内的不同族群的存在，这种族群多元化的发展，进而形成了多元的文化，最终形成了多元的社会。族类群体分类方式，有一个明显的主线：从按种族分类演变到按民族分类，再由按民族分类发展出按族群分类。

1. 族类群体的分类

(1）按种族的分类

种族是把人类群体以体制形态上所具有的不同遗传特征，包括肤色、头发形状和颜色、面容、体格等生理特征的不同来区别的，如把人类群体分为高加索人种、蒙古人种、黑色人种等，这种分类属于生物学、人种学上的分类。种族“常被用来描述人类的各种区别，包括人们特定的肤色、宗教、国籍，甚

① 如我国学者宁骚、马戎以及英国学者安东尼·史密斯等等。

至是整个人种，既有生物学又有社会学的意义。”①

但是，这种区分标准随着西方科学家对世界各地人类研究的扩展，人们发现有一些人类是无法归入以上三个类型的，如加拿大和澳大利亚的原住民；并且由于人类接触的增多，不同的种族之间的异体交配，使得基因和身体特征的差异变得模糊起来，一种拥有纯正基因和血统的种族已经是不存在的。所以，以基因为基础的，认为人类可以区分为少数几个基本人种的观点已经逐渐被抛弃了。大多数人类学家和社会学家都把种族看具有一种社会意义，是一种文化概念而不仅仅是生物概念，“虽然从生物学的意义上谈论种族概念几乎没有什么意义，但是它依然是人们相互区分各自社会类属的重要方式。”② 以生理特征为依据的种族分类方式于是成为种族主义的理论基础。

（2）按民族的分类

按民族对人类群体进行的分类，是最为人们所熟知和最广泛的一种形式。但不同学者对民族的定义是不同的，有的学者干脆不对它做出明确的定义。如吉登斯强调民族的政治层面，“民族指居于拥有明确边界的领土上的集体，此集体隶属于统一的行政机构，其反思监控的源泉既有国内的国家机构又有国外的国家机构”③，他把民族或民族主义看作是现代国家特有的属性。而金里卡在论证多元文化主义时，把民族看作是“组织上或多或少地保持着完整性、占有一定的领土或故土、享有独

① ［美］马丁·N. 麦格著，祖力亚提·司马义译：《族群社会学》［M］（第六版），华夏出版社2007年版，第15页。

② ［美］戴维·波普诺著，李强等译：《社会学》［M］（第十一版），中国人民大学出版社2007年版，第223页。

③ ［英］安东尼·吉登斯，胡宗泽等译：《民族—国家与暴力》［M］，三联书店1998年版，第141页。

特的语言和文化的历史共同体"[①]，他把民族看成是可以和"人民"、"文化"概念互换使用的一个概念，突出的是民族的文化层面。因此，蒂利把民族描述为"政治词典中最令人迷惑和最有倾向性的术语之一"。[②]

总的来说，对民族的定义可以分为强调的"主观"因素，如感受、感情、习俗等等，如本尼迪克特·安德森就把民族定义为想象的共同体；以及强调民族的"客观"因素，如习惯、领土、语言等，如斯大林对民族的定义。安东尼·史密斯对民族的界定可以说是目前学术界最权威的，他认为上述的定义虽然突出了民族概念的一些重要特征，但是还有缺陷，必须跨越这种"主观—客观"的谱系标准。他认为应该把民族定义为："一群占有共同的领土、拥有共同的历史、共同的神话、共同的公共文化、生活在同一经济体系中，有着同样的法律上的权利和义务，而且拥有自己名称的人群。"[③]

可见，与种族分类强调族类的血缘、基因不同，按民族来对族类群体的分类强调的是文化、心里以及政治层面。按史密斯的标准不同的种族可以形成同一个民族，比如美利坚民族。反过来说，一个种族也可能形成不同的民族，比如亚美人种经过不断的演化形成了中华民族、日本民族、朝鲜民族等。[④]

① ［加］威尔·金里卡著，马莉、张昌耀译：《多元文化的公民身份——一种自由主义的少数群体权利理论》［M］，中央民族大学出版社 2009 年版，第 14 页。

② Charles Tilly. *The Formation of National States in Western Europe*. Princeton: Princeton University Press, 1975. p6.

③ Anthony. D. Smith. *National Identity*. Reno, Nevada: University of Nevada Press, 1991. p14.

④ 宁骚著：《民族与国家》［M］，北京大学出版社 1995 年版，第 54—55 页。

（3）按族群的分类

族群是个相对较新的术语，格莱泽认为直到20世纪60年代之后族群才出现在了英语词典里。早期用来描述族类的词汇主要是种族或是民族，族群的出现为人们提供了一个新的视角来分析文化多样性问题。最早对族群做出研究的是马克斯·韦伯，韦伯早就指出族群应该是“具有主观上相信自己拥有共同祖先的诸人们群体，而他们之所以相信各自拥有共同祖先是因为共同体成员的外貌特征、习俗上的相似，或二者皆有的相似性；或者是各自对殖民和移民的回忆，这种主观的信念对群体建构的传播十分重要，无论是否在客观上存在血缘关系”。[①] 根据安东尼·史密斯对族群特征的总结，我们可以把族群归纳为一群意识到自己拥有与其他群体不同的历史记忆、不同的神话和祖先、不同的共享文化与居住地的人类共同体。[②] 安东尼的标准是比较客观的、合理的，族群并不是专指社会中的少数群体、弱势群体。马戎的观点更为直白，“在西方文献中，‘民族’通常表示政治实体，‘族群’则更强调带有其他非政治性差异（如语言、宗教和文化习俗等）的群体”。[③]

在涉及移民的情况下，学者们在族群的基础上提出了族裔这个术语。族裔这个概念是介于种族与族群之间的一个用法，更为强调的是人类共同体中拥有共同祖先、故乡或出生地的一群人，它是指由生物和文化为共同纽带而联结成的社会群体。族裔一词的使用通常是指移民，如亚裔、法裔、墨西哥裔等。

① 叶江：《当代西方“族群”理论探析》[J]，《华东师范大学学报》2005年9月。

② Anthony. D. Smith. *National Identity*. Reno, Nevada: University of Nevada Press, 1991. pp20 – 21.

③ 马戎编著：《民族社会学——社会学的族群关系研究》[M]，北京大学出版社2004年版，第27页。

一般而言，共同的祖先、共同的乡土观念、共同的语言和信仰、体态特征构成了族裔的核心要素，居于这些要素之上的某种相同的认同成为界定族裔最为关键的因素。

2. 族群的特性及族群意识

对人类群体进行种族区分仅仅在生物学上有其价值，而不同的历史传统、文化特性只有通过族群理论来进行区分才能实现。民族国家层面上的民族，这个民族共同体是一个持续的建构过程，在这一过程中族群分类的文化多样性将会影响民族整合的程度或者说民族建构的进程。由于文化的多元性的存在，人类社会是一个充满差异和矛盾的社会，民族政治学、社会学对民族国家内的多元文化进行研究的一个基本视角就是族群。

(1) 族群的特征

要概括族群的特征，需要把族群与民族的内涵进一步区分开来。虽然族群与民族在范围上有着某种重合，并且可以共享某种集体文化，但二者是有差别的。这些差别表现在：族群通常没有政治目标，只要求平等地承认其文化上的差异性，而民族往往有明确的政治目标，这就是谋求建立一个自己的主权国家，或者是积极地寻求自治；族群在很多情况下没有公共文化，只有某些诸如语言、习惯等共同的文化因素，而共同的公共文化则是民族存亡的关键；族群可能没有固定的居住地，而仅仅是象征性地与其祖地相联系，而民族必然是固定居住在某一地域之上的人类共同体。归纳起来主要有以下几个方面的特性：

第一，共同的历史记忆与文化。组成同一族群的人们必然会有相同的祖先和文化，这是族群的基本特性，强调的是人们所共同拥有的某种共同文化。特别当族群精英发动族群运动时，他们往往会强调这种共同祖先、共同文化的族群起源，来说明自己的族群是在何时、何地形成一个独特的群体，从而强化族群意识。

第二，族群边界的相对性。也就是族群之间相互交流，在交流过程中认识到自己族群与其他族群的差异性，并且其他族群也看到相互之间差异性的过程。族群的边界最重要的是“社会边界”，具有归属性、排他性、可变性等特征。这种边界的可塑性是由于族群的文化特征是随时间变化的，族群的组织形式也并不是固定不变的。自此，认同问题成为研究族群关系与族群矛盾的一个主要视角。

第三，族群的主体想象性。这种族群的特性以族群意识表现出来，一个族群在与其他族群的交往中，主动意识到自我与其他族群的差异，并且当族群成员受到经济、政治等社会不平等待遇时会联想到自己的族群身份。也就是少数族群或弱势群体会主动意识到这种不平等的待遇是与其族群身份有关，优势族群则不会发觉自己得到的较好待遇是与其族群身份有关，而会认为是与自我的选择和努力有关，并不会主动意识到这种优势是通过剥削其他族群的成员而形成的。

第四，族群中心主义或优越感。族群成员会自然而然地由于族群意识而产生某种族群优越感，认为其价值观、习俗等都是优于其他族群的。所以，会导致族群成员以自我族群的标准和价值观去评价其他的族群，他们会认为自己的文化上、习俗上的差异性是正确的、合理的，而其他族群的文化和习俗则被认为是低等的、不合理的、不道德的。这种以某个族群的标准去评价其他族群的文化与价值观，并将其他族群的人视为劣等的群体是一种普遍的习惯。

最后，与生俱来的族群身份。一般来说族群成员的身份或者说是资格是出生的时候就获得的，族群身份这种与生俱来的特征是不容易发生改变的，除非是在特殊的情况下才可能出现放弃其改变的情况。大部分情况下，在族群成员社会化过程中形成的族群身份，人们是无法自由选择的，不仅是自我意识到自己族群身份的过程，也是与其他族群交往中相互差异被他人承认的过程，人们就会自然地划分到不同的族群之中。只有在族群界限不严格，并且有大量不同族群族际通婚的多族群社会中，族群身份的改变才会变得相对容易。

（2）族群意识的产生

族群意识的产生就是族群之间相互交流的一种需求。族群意识对族群来说是十分重要的，“如果没有某种观念和意识以区别‘他们’和‘我们’，族群和种族是不可能存在的。”[①] 虽然族群之间的边界是变动的，但是这些边界总是建立在主观的族群意识之上，并且族群成员不可能脱离其成员所拥有的这种共同意识而独立存在。所以，“人们对于自身所属族群的认同和对于其他族群的认异，就是族群意识的核心内容。”[②] 关于族群意识是如何产生的，学界主要有三种观点：原生论，即认为族群意识是天生的和本能一样与生俱来的；情境论，认为族群意识是一个族群在竞争中为了强化凝聚力获得优势，在一定的情境中对其团体成员的唤醒，突出其成员的族群身份特征；工具论，把族群意识看作是强化族群团结力，强化对民族国家的政治认同的一种工具。

就像亚里士多德所说的“人天生就是政治动物”，必然处在一个的社会关系之中，由一定的人所组成的族群就是现代社会中人类群体最为基本的一种形态。一个人一旦出生必然已经有了族群的印记，在与其他社会成员的交往中，经过社会化的

---

① ［美］马丁·N. 麦格著，祖力亚提·司马义译：《族群社会学》（第六版）［M］，华夏出版社2007年版，第11页。

② 马戎：《试论“族群”意识》［J］，《西北民族研究》2003年第3期。

过程后会唤醒他的族群意识。这种族群意识并不是先天就有的，而是在后天的社会活动中形成的，而且是不断变化的。就如托马斯·埃里克森认为的："族群是经由它与其他族群的关系而确定的……其强调的方面各有不同而随着时间变迁而变化。"[①]这就是说，人们族群意识的强弱与外界环境密切相关，不同的外界因素如国家的族群政策、政治、经济和文化结构的转变，以及不同族群之间关系都会使得族群形成不同的族群意识，并且会起到强化或者弱化这种意识的作用。

在大多数的多族群国家中，族群都是被安排在一个等级制的体系之中的，支配群体凭借其在政治权力上的优势地位，以及对社会资源和经济生产的控制，能够最大程度在攫取社会利益。为了维护其特权，主流族群必然会使用一些属于偏见和歧视范畴的方法来保证他们的特殊权力，并使得族群之间的不平等关系能够长久地持续下去。米尔顿·戈登在此基础上提出了"偏见"（Prejudice）与"歧视"（Discrimination）这两个变量来衡量族群关系。偏见主要体现在人的意识层面，而歧视主要表现在人们对待不同族群成员的行为，以及表现在由多数族群制定的歧视性的法规、政策之中。在各种偏见和歧视的背后，主要有两类动机在起作用：一个就是族群自我的优越感，认为自我族群是优于其他族群的意识；另一个就是由于社会资源的有限性，族群为了自身的存在必然会要求对资源的垄断。族群歧视一般可以分为个人歧视以及制度性歧视，前者通常是个人或者小群体以蓄意的方式实现，而后者是一种组织、制度规范和机构的结果，在其实施过程中是难以察觉、无意识的。

① 马戎编著：《民族社会学——社会学的族群关系研究》[M]，北京大学出版社2004年版，第71页。

族群意识是族群理论的核心内容，族群意识是与当代民族国家内部文化差异和平等的问题密切相关的，而且在族群意识之上形成的族群身份是研究族群与国家关系问题的基本点，也是多元文化主义理论最为关注的一个概念。族群身份不仅是族群间相互区别的标志，而且涉及平等与承认的问题。在一定的社会关系中，文化各异的族群如果受到了国家或者是主流文化的不平等对待，他们就会为保护自己的利益而强化自己的族群意识，这样才能加强本族群成员之间的凝聚力。就像格莱泽所言："在多族群的社会当中，族群之间在交往过程中会成为具有特定经济或政治利益的群体单元，并在这种基础上会形成某种内部的'自身动力'。"① 所以，国家必须平等地承认和尊重各种不同的族群身份，这样才有利于协调好族群与国家之间的关系。

3. 族群理论的适用性

（1）对族群范围的界定

西方学术界自20世纪60年代开始系统把族群作为研究的学术主题。政治学从族群的角度来分析民族国家与少数族群之间的关系问题，社会学研究把族群的流动性、族群的社会分层以及把影响族群变迁的因素作为研究的重点。西方学者们对于族群是拥有共同文化、共同祖先记忆、共同习俗的人类共同体，并且把族群作为一种人类共同体分类的标准是没有分歧的。但关于族群指涉的范围标准确实不同，有的学者起初把族群看作是一个多元社会中的小群体或者次群体，"它们保持的特定的行为特征，在某种程度上使它们区别于社会主流文化或典型文化"。② 可见，麦格等学者对族群的定义强调的是族群是一种次

① Nathan. Glazer and Moynihan. P. Daniel, *Ethnity*: *Theory and Experience*, Cambridge: Harvard University Press, 1975. p7.

② ［美］马丁·N. 麦格著，祖力亚提·司马义译：《族群社会学》［M］（第六版），华夏出版社2007年版，第9页。

级的社会群体，即其少数性和文化上与主流群体的差异性。但是，如果仅仅把族群视为次级社会群体，那么主流群体就成为一个居于族群和民族范畴之间的群体，既不属于族群也不是民族，无疑这种对族群范围的界定是有缺陷的。

随着西方学术界对族群理论研究的深入，学者们开始逐渐改变之前把族群看成是大社会中次级群体、小群体的看法，而把多数族群或主流群体也归入族群的范畴。埃里克森就认为"虽然有关族群性的论述确实倾向于认为它是次民族群体，或这样和那样的少数群体，但是多数群体和主流群体与少数群体一样也具有族群性"①，在沃克·康纳提出族群也可以是一个社会中的主流群体，批评了把族群视为社会中少数群体的观点之后，当代西方学术界主流的族群理论认为族群包括社会中多数群体，也包括少数群体。就如郝时远教授总结的："人类群体结束了血缘关系的氏族组织阶段后，无论是具有社会政治建构特点的部落、族体，还是民族国家模式创造的现代民族，其内部都存在因整合程度不足而保留某些历史文化特征的分支群体。这些属于民族国家层面的民族内部的分支群体，在西方族群研究中一般（并非全部）都被列为族群的范畴。"②

（2）本文中族群理论的应用

"'族群'一词伸缩性很大，既指'文化群体'又指'社会群体'；而且本身含义的多样性，含义的不确定性，内涵与外延的流动性。"③ 所以，在研究中必须就具体问题界定族群的范

① 叶江：《当代西方"族群"理论探析》[J]，《华东师范大学学报》2005年9月。

② 郝时远：《对西方学界对族群释义的辨析》[J]，《广西民族学院学报》2002年7月。

③ 郝时远：《中文语境中的"族群"及其应该泛化的检讨》[J]，《思想战线》2002年第5期。

围，并且要认清所研究问题的语境，合理地使用族群理论，这样才能避免歧义的产生。

本文所研究的多元文化背景下的民族国家建构，是以西方国家为背景进行的研究，特别是以加拿大的多元文化主义为重点分析对象，族群理论是研究的一种重要视角和工具。在多元文化主义理论中，威尔·金里卡把当代民族国家内的族类群体分为“民族群体”（national group）和“族类群体”（ethnic group）两类。这里所谓的“民族群体”是原来拥有领土、实行自治、拥有独特文化的人类共同体，在他们并入更大社会后会要求并实施各种形式的自治和自我管理，实际上指的是加拿大国内的魁北克人、原住民；而“族群”是外来移民，他们在一种松散的联合中希望融入主流社会，并被接受为该社会的成员。并且他认为二者是可以相互转化的，关键在于自治权利的得失。①

虽然这种界定确实是比较新颖，但很大程度上金里卡是为了论述的方便才这样做的。实际上金里卡的这种分类存在缺陷：首先，这种分类无法包含黑人群体，他自己也承认黑人群体是一个特殊的族类，既不是一个民族，也是不一个族群；其次，他之前就得出了移民是不会要求自治权利的结论，那么他所谓的民族与族群也就是无法相互转化了。本文作者认为，在分析多元文化主义对民族国家建构的影响时，族群理论中对族群的界定还是应该采用西方民族学、政治学中大家公认的主流标准。这就是把族群视为居于国家民族层面之下，强调文化上的具有统一性的人类共同体，既包括民族国家内的多数群体，也包括少数群体，是按照这一标准进行的相关论述。

① ［加］威尔·金里卡著，马莉、张昌耀译：《多元文化的公民身份——一种自由主义的少数群体权利理论》［M］，中央民族大学出版社2009年版，第13—37页。

二、族群认同的形成与认同的多重性

"认同"（identity），在西方认同最早是一种哲学范畴，指的是"变化中的同态或差别中的同一问题，例如同一律"。[①]后来认同被弗洛伊德引入心理学中，埃里克森随后使认同成为心理学的一个重要概念。在谈到"认同"一词时，埃里克森认为："认同指的是某个个人与某种独特的价值之间的联系，这种价值是由某种独特的历史孕育出来的，是属于他自己那个群体的……认同的是那个群体一以贯之的内在精神。"[②]时至今日，认同问题已是西方后现代理论的核心概念，并且族群认同、国家认同问题成为政治学、民族学关注的一个重要问题。

1. 认同的含义与建构

（1）认同的含义

认同按照日常用语和学术讨论情形来分，可以指涉三种不同的含义。第一种含义是同一、等同（oneness，sameness）。认同意味着同一是指某种事物与另一时地之另一事物为相同事物的现象。第二种含义是确认、归属（identification，belongingness）。即认识到自己的特殊性，并确认自己属于哪一种属类，不属于另一种属类。第三种含义是赞同、同意（approval，agreement）。指的是一个主体的某一个意见与其他主体的意见相同，这样不同属类的主体出现了偶然性会通。[③]

---

① 张海洋：《中国的多元文化与中国人的认同》［M］，民族出版社2006年版，第39页。

② ［美］哈罗德·伊罗生著，邓伯宸译：《群氓之族：群体认同与政治变迁》［M］，广西师范大学出版社2008年版，第51页。

③ 江宜桦：《自由主义、民族主义与国家认同》［M］，台北：扬智文化事业股份有限公司1998年版，第8—12页。

社会学、政治学范畴中的认同即是上面谈到的第二种含义，是一种自我意识，是个人或一个群体对自我的认识或感觉，通过意识到拥有一种独特的特质来区别彼此，“指涉一个自我产生出的独特印象，并且透过与他人的关系与互动才能显现”。[①] 所以，“在民族学、社会学、政治学中‘认同’一词一般用来表示个体对自己与特定的群体、组织或政治单位之间统一性或一致性的确认”。[②] 这种认同与归属（belonging）有关，即关于和一些人的共同之处，及关于和他者的区别之处。认同是互为主体性的，自我认同的形成不仅依赖自我的意识，也离不开他人对自我的界定，“这个自我认识、自我肯定的过程涉及的不只是自我对一己的主观了解，也掺杂了他人对此一主体之存在的样态是否有同样或类似的认识”。[③]

也就是说自我认同的形成有两个途径，不仅是主体的自我认识和承认，也是他人对自我的界定。这两个貌似相反的辨识途径是相辅相成、缺一不可的。这个非我即彼的认知过程和方式依赖于认同的同一性和特殊性，认同“就是一个人或一个群体的自我认识，它是自我意识的产物：我或我们有什么特别的素质而使得我不同于你，或我们不同于他们”。[④] 亨廷顿总结了认同的特征，首先，无论是个人或是团体都拥有认同。其次，认同是在压力下建构起来的。第三，个人和某些群体是拥有多重认同的。第四，认同是靠自己来定义的，但它是自己和他人

① Peter J. Katzenstein, *The Culture of National Identity*, New York: Columbia University, 1996. p59.

② 周平：《边疆治理视野中的认同问题》[J]，《云南师范大学学报》2009 年 1 月。

③ 江宜桦：《自由主义、民族主义与国家认同》[M]，台北：扬智文化事业股份有限公司 1998 年版，第 13 页。

④ [美] 塞缪尔·亨廷顿著，程克雄译：《我们是谁？——美国国家特性面临的挑战》[M]，新华出版社 2005 年版，第 20 页。

互动的产品。最后，认同的特点是看情况而变的，有时强调同一性，有时强调特殊性来区别他们与别人。

所以，既有不同的群体认同，也有多重的个人认同。认同并非只是个人的现象，也是群体的现象，也就是由个人认同发展成更大的共同认同感。“群体差异是构成认同的前提，群体差异在互动中被感知和比较是引起认同的条件，而任何认同都是通过排他来实现的，这就是认同的‘实质’。”[①] 由于个人归属的不同，从家庭、阶级、族群以及国家，才形成了诸如地域性的、经济的、文化的、政治的、族群的、国家的等多重的认同。随着时间和条件的变化，不同的认同之间的关系是变动的，有时它们是相辅相成的，有时则是彼此冲突的。

（2）认同的建构

虽然对个人和群体而言认同可能有很多种，但所有的认同都是建构的。就像卡洪所指出的“不管如何觉得自我是被发现的，终归是一种建构的结果——永远不会和他人按照独特的方式所做出的判断完全相脱离”。[②] 认同建构所运用的题材非常广泛，可以是历史、记忆、宗教、地理等等。认同构成的因素可以分成主观和客观两大类，主观是指个人或群体认同的意识，客观因素指共同的历史或经验，以及血缘、语言、宗教等。一般来说，认同建构的形式可以分为三种：

合法性认同（legitimizing identity）。合法性认同是透过社会支配性的制度所引起的，目的是合理化他们对社会行动者的支配。由于每一种社会建构过程都会导致不同的结果，合法性认

---

① 郝时远：《美国等西方国家社会裂变中的“认同群体”与 ethnic group》[J]，《世界民族》2002 年第 4 期。

② ［美］曼纽尔·卡斯特著，曹荣湘译：《认同的力量》［M］，社会科学文献出版社 2006 年版，第 5 页。

同会产生市民社会，即产生一套组织和制度，以及一群被结构化和组织化的社会行动者，同时他们再生产出合理化其结构性支配来源的认同。在葛兰西的概念中，“市民社会是由一系列‘机器’所构成的，例如教会、公会、政党、公司、民间社团等等，它们一方面延续了国家的活力，另一方面深深扎根于人民之中。”① 换而言之，就是通过市民社会内部来产生一种支配性、强制性、规范性、无差异性的认同合法化过程。

抵抗性认同（resistance identity）。抵抗性认同由那些其地位和环境被支配性逻辑所贬低或污蔑的行动者产生的认同。他们的认同是在抵抗的过程中建立的，以历史、地理或生物的认同为边界，建构出一种抵抗压迫的抵抗性认同，这种认同被认为是我们社会中最重要的一种认同建构。以族裔民族主义为例，这种民族主义的产生大部分正是由于厌恶和反感各种政治、经济上的不公和被排斥所引起的。所以，抵抗性认同是被排斥者对排斥者的反对，他们的这种认同是一种防御性的认同。

计划性认同（project identity）。计划性认同指社会行动者以他们所获得的文化题材来建构一个新的认同，目的是重新界定他们社会的位置，并且希望借此寻求社会的全面转型的认同。例如，多元文化主义者要求一种差异的公民权利来对待不同的文化，进而挑战传统自由主义的平等公民权和国家中立原则。计划性认同的建构是一种打造不同生活的计划，可能是以被压迫者的认同为基础来建构社会转型的认同。所以，这种认同可能以抗拒性认同为开端，进而在提出一系列规划之后，可能会在社会制度中占据支配性的地位，从而成为合理化其支配地位

① ［美］曼纽尔·卡斯特著，曹荣湘译：《认同的力量》［M］，社会科学文献出版社2006年版，第7页。

的合法性认同。

总之，以上三种认同的出现并没有固定的逻辑顺序，在不同的社会背景中有不同的情况，一般来说是由于合法性认同出现问题，导致产生抵抗性认同，再通过各种计划性认同来重构合法性认同的不断循环的过程。在认同的建构过程中，由于文化的多样性人们必然会形成不同层次的认同，从最根本的以文化为基础的族群认同，到最重要的以政治为基础的国家认同，二者的关系有时是统一的，有时也可能是矛盾的；二者关系是处于不断变动之中，必须要随时加以协调使二者的关系达到和谐状态。族群认同与国家认同之间的张力关系到一个民族国家的存亡问题，这个问题是任何一个政治学者都应该关注的重点问题。

2. 族群认同的内涵及其形成

族群文化的多样性并不一定就意味着会带来实质上的平等和尊重，反而有可能会产生一种人为地强化“差异”的现象。所以，认同所包含的政治意义可能会表现出两种不同的取向：其一是民族国家内的各个族群通过其共有的历史、文化、祖先、地位等因素来形成他们自己的族群认同；其二是民族国家通过各种建构措施，以共同的公民身份以及民族认同建构起共同的国家认同，通过强化对国家的承认感和归属感来消除文化多样性带来的社会差异性。世界上大多数民族国家都是由多个族群所组成，而民族国家内的社会矛盾基本上都是由族群之间的矛盾、族群与国家之间的矛盾造成的。

（1）族群认同定义及其构成要素

族群认同包含认知、情感、行为等过程，是由一组现成的天性与价值组成的，并且主要以四种方式进行，即整合、分离、同化、边缘。一个人一旦出生，就得到了其族群共有的身体特征，诸如肤色、体格等等；并且随着一个人的成长，在社会化的过程中也会逐渐认识和建立起其族群独特的特性。族群成员不仅受到过去的文化、习俗、价值等因素的影响，当前的政治条件也会对族群认同产生很大影响。所以，族群认同与族群成员所处的政治、社会、经济环境密切相关，自我族群认同的形成受到各种内在因素与外在因素的共同影响。我们可以把族群认同定义为“一个人由于客观的血缘连带或主观的认定的族裔身份而对族群产生的一体感”。[①] 构成族群认同的各种要素，它们之间是相互联系，无法分离的。在族群认同形成的过程中，个人自己如何看待自己，以及自己如何被别人看待是认同形成的关键，即个人的归属感和自尊心这两个因素的集合。族群认同的主要特征就是群体性的共同心理感受，这样才能把非我族类的成员分离开来，所以族群认同需要族群成员和外部社会发生关系的时候才会出现。

美国学者英格尔认为族群认同的形成需要两类凝聚性因素，这就是“原发基础的”（primordial）和“利益的”（interest）。原发基础就是指族群共有的文化、血缘、历史等“纯粹的文化”，这些因素使得族群能够成为一个拥有共同文化的群体而凝聚起来，从而当他们的文化和传统受到威胁时，能够通过一种共同的使命感团结起来为了保存和发展其独特的文化传统而斗争。而利益因素指的就是族群成员把族群这个群体看作是保护自己的权利和利益不受外界侵害的保护伞，这种过程主要是由于社会发展的不平衡造成的，主要体现在社会分层以及各种隐形的制度性歧视现象中。在一个国家中政治、经济地位处于劣势的族群，为了让其群体利益和权利得到保障，可以使族群

① 江宜桦：《自由主义、民族主义与国家认同》［M］，台北：扬智文化事业股份有限公司1998年版，第15页。

成员有效地团结起来。“许多研究表明，在今天社会中族群成员的共同实际利益逐渐成为族群冲突中实现社会动员并具有决定性作用的因素。”[①] 在诸多影响族群认同的变量因素中，通过归纳和总结，从本文的角度来分析，以下几个方面对族群认同至关重要：

第一，共同的身体特征。相比较认同的其他东西而言，其他东西都是可以改变的，而身体由于受到基因遗传影响是难以改变的。一个人可以改变自己的名字、自己的宗教信仰、风俗习惯、价值观和伦理道德，但对于他身体的改变却相当困难。虽然当前族群区分主要是以文化为标准，但族群间最直接的差别还是身体特征，比如肤色、体格等等。身体特征对于族群认同来说，比任何一种东西都更为显著，谁是“我们”，谁是“他们”，将一目了然。并且这种身体特征进一步延伸就是共同的故土，表现在族群成员对自己故乡的思念之情中。如哈罗德所认为的“生于斯长于斯的那个大环境，根本就是一群人身体存在的延伸；在形塑这一群人的性格、历史、道德与生活方式上，它是一个无可取代的因素”。[②]

第二，共同的语言。由于文化的多样性，不同的族群一般来说都有语言上的差异，语言是族群相互区别的一个重要依据，依靠语言这种工具人们可以发现自己所属的群体特征，并形成独特的文化与世界观。语言对于一个人认同的形成，发现自己的身份非常重要，就像德国思想家赫尔德就认为不同的语言结构，其认识的模式也不相同，语言在他眼中是文化遗产中的特

---

① 马戎编著：《民族社会学——社会学的族群关系研究》［M］，北京大学出版社2004年版，第471页。

② ［美］哈罗德·伊罗生著，邓伯宸译：《群氓之族：群体认同与政治变迁》［M］，广西师范大学出版社2008年版，第81页。

殊因素，“语言唤醒了族群个别的存在意识，并使这种意识得以持续，同时借此把自己与其他的群体区分开来”。[①] 所以，个人形成族群认同乃至国家认同的时候，语言都是一个不可或缺的必要因素。在当前各族群、民族自我认同和相互关系不断变化的过程中，语言问题也成为文化差异冲突的焦点。

第三，共同的的传统与文化。族群能够形成共同的认同，一般都拥有共同的历史经历，以及拥有相同的过去，这些共同的集体记忆以文化的方式向下传播，满足了群体内个人归属感的需要。这些传统与文化可以让族群成员清楚地认识到，自己同尚存或已逝的人是相连的，这种联系不仅是血缘上的联系，同时也是一种文化上的联系，拥有真实的或想象的共同祖先以及共同的历史传统。由于共同的传统与文化，个人认同与族群认同密不可分，二者都是根植于历史中的。在关系到族群认同形成的各种因素中，共同的传统与文化是最稳定、最深沉的因素。

第四，共同的或者不同的宗教。宗教是影响族群认同的重要因素，而有时这个因素往往是政治学最容易忽视的。正是这种对超自然力量的崇拜，通过传承各种教义、信念才把人们联系成了一个共同体，共同的宗教能把个人与群体联结成一体，不同的宗教则会使得人类群体处于相互敌对的情况之中，信仰同一宗教的族群之间也会发生矛盾和冲突。虽然在现代民主国家宗教与政治已经分离，信仰与崇拜自由也成为个人私人领域的事情，但宗教差异形成的对立依然存在。总之，宗教可以使文化各异的族群和睦相处，整合为一个整体，也可以使得文化

---

① Dell Hymes, “Linguistic Aspect of Comparative political Research”, in R. T Holt and J. E. Turner, *The Methodology of Comparative Research*, New York, 1970. pp 297 - 298.

各异的族群之间形成严重的分隔和对立。

第五，权力关系的变化。影响族群认同的各种因素中，权力关系作为一种外部因素是很关键的，权力关系一旦改变就会使族群自我认知和族群间的关系发生改变，进而会形成不同的族群认同以及不同的国家认同。这种权力关系主要体现在民族国家制定的政治制度对其内部族群之间关系的影响，具体表现在民族国家的国家结构形式及族群政策之上。民族国家采取单一制、还是联邦制的政治结构将会影响到族群之间的权力分配进而会形成不同的族群认同；民族国家采取的族群政策也会对族群认同产生决定性的影响，“由于政策因素所发挥的作用是全国性的和带有强制性的，并有法律和政府为后盾，所以这个因素对于一个国家内部族群关系影响很大”①，民族国家采取的歧视政策、同化政策、多元文化主义政策会使族群形成截然不同的族群认同。

(2) 族群认同产生的方式

对于族群认同的产生，学者们的认识是丰富多彩的，根据不同的研究思路学者们把族群认同的产生分为很多种，以下几种是比较有代表性的：

第一，原生论（primordialist）。原生论把族群的归属看成是族群认同的根基，也就是认为族群认同是人类与生俱来的，根源于人与人之间共同的血缘、历史、文化、共享的信仰等因素。在族群认同的原生论中，生物性特征的遗传以及共享的历史与文化是非常重要的，这两个因素决定了个人对于族群的心里归属感，并且构成了一个族群区别于其他族群的因

① 马戎编著：《民族社会学——社会学的族群关系研究》［M］，北京大学出版社2004年版，第486页。

素，把族群认同看成是一种绝对的客观事实，并且这个事实是难以改变的。族群认同在原生论看来是一种最为基本的认同，而族群是社会的一种基本组织原则，由不同的族群才组成了多元的社会。所以，族群认同理应高于国家认同，族群认同作为一种最根本的人类群体认同模式必须得到国家认同的尊重。

第二，情境论（situational）。情境论认为族群认同是在必需的情境中，由特定的族群成员或者领袖唤起的，强调的是族群认同的多重性。情境论认为族群是个人或者族群建构出来的，并且根据不同的情境可以有不同选择。比如马克斯·韦伯的“社会封闭性”概念就是这种情境论的体现，他认为一个阶级团体为了获得竞争上的优势，可以成立有利于其团体的规则来排除竞争中的他者。所以，族群认同的情景论认为这种认同的形成是个人随社会环境的需要而出现的，是一种人为建构的结果。特别是当一个少数族群成员进入主流社会中后，为了在新的社会生活中得到平等和尊重，并且能在竞争中获得优势，从而强化一个既有的或者建构一个新的族群认同。

第三，工具论（instrumental）。族群认同的工具论主要强调的是族群认同与政治权利之间的关系，把族群认同看成是一种社会工具。工具论把族群认同看成是族群政治领袖或民族国家强化族群团结或国家认同的工具。族群认同的工具论由于把族群认同看作族群在社会中竞争的工具，族群认同成了人们为了在与其他族群的竞争中占据优势，或者是以族群身份获取更多利益而建构出来的一种工具，从而工具论的认同的边界是随时可变的。所以，工具论把族群看成了一个利益集团，把族群认同看成一种工具，通过传统历史与文化因素的整合功能，不仅可以强化族群认同，也可以强化国家认同。

3. 国家认同的形成及其二元结构

国家认同的形成是以族群认同为基础的，族群认同虽然主要是以共同的文化为基础的认同，是一种文化认同，但是族群认同在文化认同的之外，是具有政治性的。这是因为任何族群成员对其群体的认同必然会涉及其个人和群体的利益和权利，要么个人认同于某一群体是为了保护其个人利益或权利免受其他群体或国家的侵害，要么是这个群体通过让他获得更多的利益或使其个人权利能得到更好的实施。安东尼·吉登斯就认为“群体认同也是社会建构的结果，在这一点上它丝毫也不亚于民族认同。所有的族群认同在某些程度上都是运用权力的结果，并且是从多元化的文化资源中创造出来的”。[①]

国家认同，英文为 National identity，由于 nation 有时指国家、有时指民族，所以关于国家认同的考量一直都是一个难题。由于文化多样性的存在，在多元的社会中每个人必然会形成多重的认同，既认同于国家这个政治共同体，也同时认同于各种次级共同体。这就可能产生不同层次的集体认同，在各种不同层次的认同中有两个层次的认同是最为重要的：一个是基于公民身份对国家产生的政治认同，即国家认同；另一个则是基于文化或血缘因素对所属群体产生的文化认同，即族群认同。国家认同是个人或群体认同中最重要、最高级的一种认同形式，而族群认同则是个人自我认同中最根本、也最为稳定的一种认同。

从前面的讨论中我们可以看到“民族”是具有政治属性的，安东尼·史密斯在对民族的定义中就强调了民族的政治契

① ［英］安东尼·吉登斯著，郑戈译：《第三条道路：社会民主主义的复兴》［M］，三联书店2000年版，第137页。

约性，这样会使得很多学者认为民族认同就是对政治共同体的认同，二者是完全一致的。在我们清晰地分析民族的含义之后，我们可以看到把民族认同等同于对政治共同体（国家）的认同这种观点是片面的、错误的。对政治共同体（国家）的认同是国家权力合法化的基础，“民族认同最重要的政治功能就是赋予机构制定的有关法律的权利和义务的合法性，它确定了一个民族特定的价值和特征，反映人们的传统习俗和道德观念”①，虽然民族认同确实可以加强国家权力机构的社会基础，但是民族认同和国家认同毕竟是不同的。如民族国家中的个人或者族群可以认同于国家而不认同于一个民族，或者认同于一个民族而不认同于国家这个政治共同体，前面这种情况例如在铁托时代的前南斯拉夫、西班牙加泰罗尼亚、加拿大魁北克等地就比较典型，而后面一种情况在许多政治动荡的国家很常见，俄罗斯的高加索地区、当前的泰国以及非洲的很多地区。

因此，国家认同是有两个层面，包含着文化、政治两个层面。一个层面可以称为民族认同，即指个人或群体对其共同居住的领土、共同拥有的真实的或虚构的祖先、共同的历史传统和文化的一种依恋和归属感，“因而，国家认同或民族认同是国家认同意味着公民确认自己在文化——心理上归属于哪个国家（民族）、不属于哪个国家（民族），国家（民族）共同体是国家认同的标的或对象，这是公民文化——心理归属的国家（民族）认同，我们称之为‘归属性国家认同’”②。另一个层面则可以称为政治认同或制度认同，即指个人或群体对国家政权所产生的政治性认同，国家政权以及其国家的制度成为公民政

① 马戎：《民族与社会发展》［M］，民族出版社2001年版，第152页。

② 肖滨：《两种公民身份与国家认同的双元结构》［J］，《武汉大学学报》2010年1月。

治认同的对象。这种认同体现为政治体制对各种族群的包容，这种包容“就是指政治共同体对所有的公民都保持开发状态”①，以及公民对国家体制的肯定、支持与赞同，这正是这种政治认同构成了国家政权的合法性来源，可以称之为“赞同性国家认同”。

总之，这两个层面结合起来就是一种广义的国家认同，或称为强势的国家认同。如果只强调对特定的政治、经济制度的认同则只是一种狭义的、弱势的国家认同，就如沃尔泽所言：“政治认同与文化认同都是国家认同的重要层面，他们共同创造了公民对国家忠诚的感情。”② 没有共同文化、共同历史记忆构成的民族认同的支持，一个国家政治体制的稳定、国家的发展都将会缺乏向心力和凝聚力，从而极易受到国内族裔分裂主义的影响以及国外其他国家的文化侵略与分化干涉。所以，国家认同的稳定和有效必须立足于民族认同之上，民族认同这种关乎民族共同体命运的强烈认同，是一个国家政权合法性保持活力的源泉。

三、族群认同与国家认同的内在联系

我们今天所处的是一个剧烈起伏变化的时代，每个人的生活与环境都受到它的影响，所以每人都有多重的认同。由于人们认同多元性的存在，不同层面的认同之间就会有不同的内在联系。其中，族群认同与国家认同的内在联系对于一个民族国家的政治稳定是起决定性影响的因素。在这些多重的认同中，族群认同是最根本、最稳定的一种认同形式，这是因为这种认

① ［德］尤尔根·哈贝马斯著，曹卫东译：《后民族结构》［M］，上海人民出版社2002年版，第86页。

② 江宜桦：《自由主义、民族主义与国家认同》［M］，台北：扬智文化事业股份有限公司1998年版，第90页。

同形成的基础决定的，族群认同是以族群文化为基础的一种群体认同，文化的稳定性与传承性决定了这种认同一旦形成就难以改变；国家认同则是最重要、最高层次的认同形式，当代民主国家是个人权利和利益最有力的保障者，这是族群所不能相比的。

族群认同与国家认同的关系既有和谐的一面也有矛盾的一面，二者是一个具有一致与冲突的矛盾统一体。如果不能正确地处理好族群认同与国家认同之间的内在联系，必然会在民族国家内存在各种不同程度的族群矛盾，这些矛盾将会影响到民族国家的建构，只有正确协调好二者之间的关系民族国家才能稳定地发展。这就意味着在民族国家建构的过程中，除了通过公民身份建构起共同的政治认同之外，必须承认和尊重各异的族群认同，协调好二者的关系；并且需要以共同文化为根基建构起共同的民族认同，这样才能有效地把各族群团结起来。从而通过政治与文化两条纽带的作用来强化民族国家的国家认同。

1．族群认同与国家认同的一致性

（1）族群认同是国家认同的前提和基础

虽然霍布斯鲍姆、盖尔纳等人都认为先有民族国家，然后才由国家创造一种群体认同或强化一种既有的群体认同，这种意识就是我们所说的民族认同，安东尼·史密斯称为“国族认同”①。虽然说国家形成之后可以建构出一种群体认同，但在国家形成之前实际上就存在了一种群体认同了，这就是族群认同。族群认同的形成能把族群成员动员起来进行各种政治活动，随

① Anthony. D. Smith, *National Identity*. Reno, Nevada: University of Nevada Press, 1991. p14.

着各个族群人数的增加，以及族群之间接触的增多，各种族群认同通过不断的融合，可能形成一种范围更大的、局部的族群认同。这些局部的族群认同，会慢慢地由于共同的文化、历史、利益等因素的交叠从而形成一种能覆盖全国的网络。这些族群认同成为国家认同的血肉、筋脉，这种特殊的纽带作用是国家政权主导的政治认同所起不到的，抽离了这些族群认同的话民族认同只会是一具空壳。

国家认同的形成，必然会依赖于一定的族群认同，不然国家认同将会是没有根基的，从而离开族群认同来讨论国家认同只会是弃本逐末，成为一种空谈。这是因为以血缘、文化、历史等因素为基础的族群认同实际上是排他性的，而以地域为基础的国家认同则是包容的。族群认同这种“排他”的特性正是国家认同的提前，否则民族国家是无法形成的。现代国家或者说民族国家最重要的两个因素就是主权与领土，这两个政治层面的因素决定了国家的“范围”，但实际上国家之间分野的最基本决定因素是文化、历史因素，也就是说在族群认同形成之后才会出现国家认同。这就解释了为什么法国与德国等欧洲国家，虽然都是采用民主制与资本主义制度，但还是形成了不同的民族国家。所以，这种共同文化、历史纽带之上的认同是排斥性的，这种认同也是一种更为根本的认同，是国家认同形成的前提条件，比国家认同这种以地域和公民权为基础的政治认同更为核心。特别在一个民族国家的生存受到威胁之时，以共同文化、历史等因素为基础的认同更具有凝聚力和号召力。

（2）族群认同与国家认同拥有共同的命运

在社会发展的过程中，无论个体对族群认同还是对国家认同，都是为了谋求归属于某一共同体从而使其权利和利益得到必要的保障。在这一点上，族群和国家这两个共同体都能起到保障个人权利和利益的作用，但二者的作用却是截然不同的。国家作为一国之内最高的权力组织，只要是现代的民主国家，必然会平等地对待每一个人，保障其权利和利益得到相对公正地对待。吉登斯就认为现代民主国家必然会合法地垄断了暴力机构，所以民主必然是以暴力为后盾的，这样才能强化法律的效用，以及国家对个人的约束力，而这却是族群共同体所不能提供的。

在全球化的背景下，随着“世界普遍交往”局面的出现，人们交往的界限早已超过了民族国家的界限。全球化带来了人们交往的多样性、流动性与各种不确定性，随之而来是多种复杂的矛盾，主要是全球化对国家认同的冲击，以及对民族国家内部族群认同的冲击，造成了人们自我认同发生了变化，出现了个人认同的失落，以及所谓的国家认同危机，所以，全球化经常与“领土民族国家的危机密切相关”。[①] 在这种情况下，国家认同与其所属社会文化的联系被切断了，人们会茫然地不知道自己是谁，缺乏必要的归属感。亨廷顿认为由于这种认同危机的出现，“几乎在每一个地方，人们都在问‘我们是谁?’‘我们属于哪儿’以及‘谁跟我们不是一伙儿?’”。[②] 从民族国家内部来看，吉登斯也认为人们在现代性的生活中，“转换的每一个片段都倾向于变成一种认同危机”。[③]

在应对这种认同危机之时，亨廷顿认为重要的是血缘、信

① 俞可平等著：《全球化与国家主权》［M］，社会科学文献出版社 2004 年版，第 88 页。

② ［美］塞缪尔·亨廷顿著，周琪、刘绯等译：《文明的冲突与世界秩序的重建》［M］，新华出版社 2002 年版，第 129 页。

③ ［英］安东尼·吉登斯著，赵旭东、方文译：《现代性与自我认同》［M］，三联书店 1998 年版，第 174 页。

仰等文化因素，“人们与那些拥有相似祖先、宗教、语言、价值观、体制的人聚集在一起，而疏远在这些方面的不同者。”[①] 但是，全球文化的流行不仅会不断地瓦解民族国家的国家认同，也会吞噬族群认同所依赖的特殊文化与历史传统。为了应对全球化的这种冲击，各个族群为了维护其独特的文化与历史传统，可能主动脱离主流社会的作用，采取一种主动的自我隔离与边缘化，以便能更好地保存其文化避免被同化。族群的这种自我隔离必然会使国家认同受到影响，这个时候族群认同将有可能居于国家认同之上，如果发展到极端的模式，一个族群将会以其具有独特文化为借口，要求从民族国家中独立出去成立一个新的民族国家。可见，“全球化社会关系的发展，既有可能削弱与民族国家相关的民族情感的某些方面，也有可能增强更为地方化的民族主义情绪”。[②] 全球化不仅会对国家认同产生负面的影响，族群认同也一样会受到这种负面的影响。

2. 族群认同与国家认同的冲突性

（1）从国家的角度看，族群认同会对国家一体化起到负面效应

国家的一体化和政治统一，离不开国家认同这一必要条件，国家认同的政治、文化二个层面是缺一不可的。忽视或者缺乏政治、文化的任意一方面都将会对国家认同的合法性造成很大的威胁。

从政治的层面看，国家认同的形成依赖于公民身份，公民身份是与个人权利、议会制度、和法律统治相联系的，正是这

① ［美］塞缪尔·亨廷顿著，周琪、刘绯等译：《文明的冲突与世界秩序的重建》［M］，新华出版社 2002 年版，第 130 页。

② ［英］安东尼·吉登斯著，田禾译：《现代性的后果》［M］，译林出版社 2000 年版，第 57 页。

种政治认同构成了国家政权合法性的基础。由于公民身份的出现，个人形成了新型的政治认同，不仅意味着个人认可了国家政权对他的合法统治，这种统治有利于保障个人利益不受到他人侵害，同时有利于他更好地运用自己的权利；同时这也是民主政治制度的基础，只有通过平等的公民身份，弱化或者放弃自己的族属身份，这样才能使文化各异的族群成员以平等的公民身份参与到民主政治生活中来。菲利克斯·格罗斯就认为公民身份“这样一种认同比部落、血缘的认同要广泛得多，包括了各种起源的人，而不仅仅是相互有血缘关系的人”①，在族群认同仍然存在的情况下，正是由于有了公民身份这种包容性政治纽带的存在，民主制度才能代替各种歧视与隔离制度成为社会公正的基石。

但是，族群认同往往会对公民身份提出挑战，特别在民族国家建构中采取歧视性、同化性政策的时候，族群认同就会与国家认同产生矛盾，这时族群认同有可能发展成为分裂性的族裔民族主义。当然，在国家建构的过程中，国家认同难免会与族群认同发生冲突，这是因为民族国家建构经常是与破坏少数族群的族群认同联系在一起的。威尔·金里卡就认为从国家角度来看，“民族主义的本质就是关于政治运动和政府政策的，而这些运动和政策就是为了积极确保国家——事实上就是那种国家和民族重合的‘民族国家’”。②

从文化的层面看，国家认同的形成虽然离不开民族认同，也必须依赖于形成一种共同的文化，但是民族认同与族群认同

① ［美］菲利克斯·格罗斯著，王建娥、魏强译：《公民与国家》［M］，新华出版社2003年版，第20页。

② ［加］威尔·金里卡著，邓红风译：《少数的权利：民族主义、多元文化主义和公民》［M］，上海世纪出版集团2005年版，第250页。

也可能相互冲突。在国家建构的过程中，虽然说民族认同与族群认同可以共享共同的历史、文化、信仰、命运感等因素，二者有着高度的相似性与同一性。但是，由于民族国家内部各族群差异文化的存在，族群认同与民族认同也有冲突的一面，形形色色的语言、传统和习俗必然会与共同的文化发生冲突。全球化与现代化带来的不一定是同质化，也可能会加剧各种异质性与多元性，在全球化与现代化的过程中国家认同与族群认同发生冲突的几率大大增加。

此外，传统的民族国家建构具有两面性，无论是残酷的、民族主义的一面，还是温和的、民主的自由主义的一面，实际上留给族群的选择：要么同化要么消失，两种选择只会导致同一个结果。从而，“在实际中，它就意味着国家的同质性——而且在国家的边境内，只存在一种语言、文化、历史记忆和爱国情感”，“共同的民族性将发挥至关重要的合法化作用，而且求助于同根同源和共同的特征，将是意识形态动员的主要途径”。[①]

所以，国家认同要求依靠共同的文化建构出民族认同，这必然会要求族群共同体把民族认同放到第一位，要么同意民族认同必须优先于族群认同，要么就必须放弃族群特性，这种要求难免会引发族群和民族国家之间的矛盾和冲突，金里卡就认为世界上大部分的族群冲突就是由于多数族群试图强行同化少数族群而引起的。当然，也存在族群共同体的族群领袖出于某些原因过分强调差异性，号召族群成员把族群认同置于民族认同之上的情况，也就是出现了亨廷顿所谓的国家特性（国民身

① ［英］奇格蒙特·鲍曼著，欧阳景根译：《共同体》［M］，江苏人民出版社 2007 年版，第 105 页。

份）受到了国家层次以下特性或身份的挑战，特别是“一些特别利益集团抬高人种身份、民族身份、性别身份以及其他的国民层次以下的身份，而贬低国民身份”。[①] 在族群文化的多样性与国家共同文化的统一性之间难免出现矛盾，过分强调文化多样性和族群认同必然会影响到国家认同的建构；而忽视族群文化的多样性或者特殊性，国家又会丧失统治的合法性基础。

（2）从族群的角度看，国家认同由于不能满足族群的诉求而产生矛盾

由于族群具有特殊性、差异性等特点，族群多样性必要会带来多样性的诉求，这些诉求不仅涉及族群的文化要求，而且也涉及族群的利益要求。这些多样化的诉求一般来说可以概括为几个方面：要求宪法承认其特殊地位、要求保护其语言和文化的权利、要求得到平等的机会和利益、分享一定的政治权力等等。当族群的各种诉求不能得到充分满足之时，民族国家作为权利和利益的保护者就会失去合法性，保护者就会失去合法性，同时族群成员对族群的认同也会超越对国家的认同，因为族群认同在这种情况下能更有效地维护其利益、并满足其各种诉求。在这个时候，族群认同与国家认同之间的矛盾就出现了，这种利益上的矛盾虽然不及文化上那么根深蒂固，但却是族群认同与国家认同产生矛盾的主要原因，而一般文化层面的冲突也会以利益的方式表现出来。

自由主义信奉的个人主义、中立性原则，往往把族群问题看作是个人私人生活领域的问题，个人的结社、特殊文化等都是个人自由选择的结果，就像个人信仰不同的宗教的一样，国

① ［美］塞缪尔·亨廷顿著，程克雄译：《我们是谁？——美国国家特性面临的挑战》［M］，新华出版社2005年版，第115页。

家是没有必要干涉的，而通过法律平等的保障，以及民主制度足以保证每一个人的平等，所谓的文化上的多元宽容，“本质上是一种制度文化，不是族群文化”。[①] 在这种政治文化的指导之下，虽然法律上规定了个人是自由、平等的，但在各种现实生活中公民身份并不会来带实质上的平等。

一方面，由于国家可能会通过现代化的一致性来达成族群整合的目的，但这种同化手段有可能使少数族群感到遭受了强制同化，从而产生主动隔离自我的态度乃至追求独立。另一方面，少数族群的成员由于其生存或者文化上的差异特征依然会受到各种不平等的对待，各种隐性的制度性歧视是无处不在的，会使族群感受到一种剥夺感。在这种情况下，族群成员会放弃对国家认同的优先选择，转而会把族群认同这种稳定的文化认同放到第一位。所以，当一个族群的成员感到受到歧视之后，为了其个人利益能得到保障，必然会转向族群这个共同体寻求归属感和保护，族群认同就会对国家认同起到消解的作用。

越来越多的人开始意识到，族群问题是不可能轻易解决的，特别是冷战后，族群之间的冲突成了民族国家内部冲突的主要根源。金里卡就认为：“传统的人权标准，根本解决不了与文化少数群体有关的一些最重要的和最有争议的问题。”[②] 少数族群为了保存其特殊的文化必然会诉求各种特殊权利，如自我教育、自我管理，乃至居住地特权、自治等等。这就是金里卡等人所说的差异的政治、特殊权利或差异的公民身份。一旦国家不能给予这些族群制度、法律和政策上的各种倾斜和优惠，难

① 江宜桦：《自由主义、民族主义与国家认同》［M］，台北：扬智文化事业股份有限公司 1998 年版，第 108 页。

② ［加］威尔·金里卡著，马莉、张昌耀译：《多元文化的公民身份——一种自由主义的少数群体权利理论》［M］，中央民族大学出版社 2009 年版，第 6 页。

免就会削弱少数族群对国家的认同，使其产生一种歧视和孤立感，最终将会影响到国家政权的合法性。认同危机一旦出现，会带来很多严重的政治后果，所以，国家必须不断改进其族群政策，以满足各族群不同的文化、政治、利益诉求，这样才能避免国内族群矛盾的产生。

总之，国家认同作为一个民族国家合法性的来源以及凝聚力的表现，对于民族国家建构来说是非常重要的，并且社会共同体的整体利益也只能靠国家这个政治共同体来维护。以赛亚·伯林就指出，“国家至上的要求立足于这样一个事实，即只有国家的存在、目的和历史才让个人得以存在，让个人的所作所为具有意义。”[①] 虽然国家认同是可变的，在不同的人心中国家认同可高可低，可重可轻；在同一个人心中，国家认同在其心中的地位，也会随着时间和条件的不同而产生变化。但是，国家认同是至上性的、第一位的，在一个民族国家之内，只有建立起统一的国家认同才能使得族群共同体的利益得到有效的保障，族群认同才会更有意义，也才能更稳定地持续下去。如果国家认同与族群认同之间的关系能得到很好的协调，不仅族群的利益与权利能得到保障，民族国家也会强大起来。反之，如果二者的关系出现矛盾与冲突，不仅会引发严重的认同危机，民族国家也会面临族裔分裂主义的挑战。如何协调国家认同与族群认同之间的关系问题，不仅是民族国家建构的核心，也是多元文化主义研究的主题。

① ［美］塞缪尔·亨廷顿著，程克雄译：《我们是谁？——美国国家特性面临的挑战》［M］，新华出版社 2005 年版，第 90 页。

第二章 民族国家的兴起与民族国家建构

今天地球上任何一个国家或地区都不可能保持对外的封闭和隔绝状态，民族国家文化多样性问题随着冷战的结束，成为许多民族国家政治生活中的首要问题，关系到民族国家的稳定和统一。这些“文化差异政治”对原来既定的政治生活规则、制度提出了挑战。所以，在民族国家构建中如何处理文化各异的族群关系、满足族群的诉求，成为国内和国际政治研究的热点议题。而且，当代多元文化主义的讨论都是围绕族群与国家之间的关系问题展开的。对多元文化背景下民族国家的研究，首先必须对研究中相关的基本概念做出一个清楚的界定，在理清相关概念的基础上才能避免各种歧义与混乱的产生。

一、民族国家的本质和特征

要分析民族国家建构问题，首要就要弄清楚什么是民族国家。民族国家这个问题已经不是一个新问题，很多学者都从不同角度对这一概念进行了分析。但关于民族国家概念的使用，以及对民族与民族国家之间的关系学界还存在一定的争论。只有在概括不同学科对民族国家概念的界定基础上，从其起源上来深入分析民族国家才能使我们对其有一个清晰的认识。如果要用一句话来概括，那么民族国家就是民族获得了国家的形态，就是拥有了主权的民族共同体。此时，民族与国家就结合成为一体；民族作为一种“想象的共同体”（imagined community）从民族国家建构的角度来说，民族就是用来整合国家内部族群多元化的一种政治建构。

1．现代民族的产生与民族国家的含义

（1）现代民族的产生

民族（nation）一词并不是一来就有的，而是属于一定的历史范畴，它随着历史的进步不断地变化和完善。民族这个概念最初强调的是其内涵中共同的文化、地域因素，之后它内涵中的政治因素随着现代政治的发展变得越来越重要。“在现代世界，人们理解民族问题时的最大困惑，一是民族与国家的关系，二是历史上形成的族裔文化共同体与民族的关系。”[①] 可以说，民族是民族国家凝聚力的所在，民族作为一个政治共同体不仅涉及个人的归属，也关系到民族国家的合法性。民族作为自然与社会发展的产物，传统民族的含义是与共同的历史、神话、文化、地域、经济生活等客观因素相关的，随着人类活动范围的不断扩大、交往程度不断加深，利益关系变得越来越重要。这时民族共同体为了保护和实现其利益，必然会通过政治活动来实现这一目的，所以各种政治诉求、政治运动就产生了，民族这个时候就体现了其政治属性，而民族的政治性也是现代民族的一个主要特征。安东尼·吉登斯就很好地指出了民族的政治属性，他强调了现代意义上的民族与国家这种政治机构之间的内在关系。[②]

从历史上看，民族的形成过程与现代国家建构是密不可分、相互渗透的，以至于“民族”（nation）与“国家”（state）两个词出现了可以交替使用的现象。马克斯·韦伯认为民族这个概念与政治有着密切的关系，有的学者把民族视为人类群体发展的最高阶段，“从人类社会民族现象这一视角来看，‘民族’

① 王建娥：《现代民族国家中的族际政治》［J］，《世界民族》2004年第4期。

② ［英］安东尼·吉登斯著，胡宗泽等译：《民族—国家与暴力》［M］，三联书店1998年版，第140—141页。

是现代人类社会最基本的‘族类共同体’，也是人类‘族类共同体’经历演变发展而形成的，迄今为止的最高形式。”[①] 民族作为一种文化、政治共同体，虽然建立一个民族自己的国家是民族主义主张的要求，现实中民族并不一定就会获得国家的形态，“一个族群或民族是否能够变成一个‘国家’，或维持‘国家’的地位，主要是看它本身具备的权力条件，以及当时的政治环境。”现在对民族一词的使用，往往强调的是民族的政治含义，即“‘全体国民形成一个统一的国族’这一含义上使用民族一词”[②]，某一族群以其本族为主体建立了民族国家，就可以被称为“国族”。所以，“民族是人类共同体依托民族国家而形成的现代形式，一个民族就是一个民族国家的全体居民或全部享有该国家国籍的人的总称。因此，西方学者把现代民族称为政治民族，而把现代国家称为民族国家，将 nation 理解为‘国族’事实上是非常贴切的”[③]，本论文在论述中也是从这个视角来定义民族的。

总之，现代民族强调的是民族的政治属性，即民族与国家之间的关系。就像安德森定义的那样，现代民族“它是一种想象的政治共同体，并且，它是被想象为本质上有限的，同时也是享有主权的共同体”。[④] 如果民族是由民族国家建构出来的人类共同体，那么这个民族就是现代民族。但也有民族先于民族国家产生的情况，这种民族在纳入国家体系之前，可以被称为

① 郝时远：《对西方学界对族群释义的辨析》［J］，《广西民族学院学报》2002年7月。

② 宁骚：《民族与国家》［M］，北京大学出版社1995年版，第14页。

③ 王建娥、陈建樾等著：《族际政治与现代民族国家》［M］，社会科学文献出版社2004年版，第77页。

④ ［美］本尼迪克特·安德森著，吴叡人译：《想象的共同体：民族主义的起源与散步》［M］，上海人民出版社2005年版，第6页。

“前现代民族”，强调的是其文化属性。比如卡尔·多伊奇就把民族分为“文化民族”与“政治民族”①，“文化民族”是以共同的历史与文化为基础形成的历史共同体，可能会自在地先于民族国家产生，也就是所谓的“前现代民族”；而“政治民族”是拥有国家主权的群体，他们共同制定了政治体系与政府功能，从而民族国家成为民族的保护者，成为一个民族生存与发展的基础。当前的主要民族都实现了从“前现代民族”向“现代民族”的转化，但是民族的“文化性”与“政治性”是相互作用的，前者是后者的基础，后者是前者的保障，二者同等重要。所以，在民族与国家的复杂关系中，民族的文化因素与政治因素都不能被简单地忽视或者排除，比如在国家认同问题上，不仅民族的政治因素关系到一个国家权力的合法性，其文化因素也同样有此效能。

（2）国家与民族国家的区别

马基雅维利通常被认为是第一个应用“国家”概念的人。早在1532年《君主论》一书中他就用“国家”一词来指拥有领土的主权政府。萨拜因认为马基雅维利为现代政治学中国家所确定的含义，超过了任何其他的思想家。所以，今天政治学中的“民族国家”这一概念，可以在马基雅维利的言论和学说中找到最初的萌芽。

马克思认为国家是人类社会发展到一定阶段的产物，具体来说它是社会分裂为阶级与阶级矛盾不可调和的产物，在马克思的国家学说中国家是与私有制、阶级密切相关的，而民族和国家的关系在马克思的理论中显然没有阶级和国家的关系重要，因为马克思认为在阶级社会中民族问题也是由不平等问题而引

---

① 王缉恩：《民族与民族主义》[J]，《欧洲》1993年第5期。

发的，不平等现象的出现正是源于阶级和剥削制度的存在。[①] 所以，马克思的国家观是一种阶级国家论，即“国家是社会在一定发展阶段上的产物，国家是表示：这个社会陷入了不可解决的自我矛盾，分裂为不可调和的对立面而又无力摆脱这些对立面。而为了使这些对立面，这些经济利益相互冲突的阶级，不致在无谓的斗争中把自己和社会消灭，就需要有一种表面上驾于社会之上的力量，这种力量应当缓和冲突，把冲突保持在‘秩序’的范围以内；这种从社会中产生但又自居于社会之上并且日益同社会脱离的力量，就是国家”。[②] 在这个基础上，马克思认为国家的本质就是指“国家是哪个阶级的政权，或称哪个阶级的专政。人类有以来的一切国家都是阶级的国家，国家的实质就是阶级专政”。[③] 这一把国家的本质视为统治阶级为了维护其利益而以暴力为后盾的统治工具的主张，与本书论述的民族国家的本质是不同的，民族国家是人类社会国家形态演进到现阶段的产物，这种国家形态突出了国家与民族之间的关系，强调的是民族和国家实现了统一，从而民族获得了国家的外壳，国家获得了民族的特性。

可见，国家的定义有广义与狭义之分。广义的国家指的是，国家作为一种居于社会之上的，拥有独立治理权力的政治共同体，可以笼统地包括希腊时期的城邦、中世纪的封建帝国、近代的民族国家等等。“每一个统治权大致完整，对内足以号令成员、对外足以抵御侵犯的政治实体，即为国家。”[④] 这种定义

① 《马克思恩格斯选集》[M]（第1卷），人民出版社1995年版，第66—74页。

② 《马克思恩格斯选集》[M]（第4卷），人民出版社1995年版，第170页。

③ 王惠岩主编：《政治学原理》[M]，高等教育出版社1999年版，第36页。

④ 江宜桦：《自由主义、民族主义与国家认同》[M]，台北：扬智文化事业股份有限公司1998年版，第6页。

不仅仅指近代才兴起的民族国家，也包括各种前民族国家形式的政治共同体。狭义的国家仅仅指近代才出现的民族国家，民族国家不仅政权具有合法性，并且强调领土和主权的统一性，是当代基本的国家形态。当国家意指民族国家之时，它代表了两个意涵，即“政治独立”与“民族统一”。

虽然古代以及中世纪的西欧有一些政治组织拥有了民族与地域的统一性，但它们缺乏垄断暴力机构的合法性，只有18世纪左右出现的西欧民族国家，以及随后全球范围内模仿西欧模式建立的国家，才是真正的国家。本文所指的国家是1648年《威斯特伐利亚条约》签订之后出现的民族国家这样一种政治实体，已经完全不同于过去的各种城邦、帝国以及当代的部族国家。也有学者认为“国家与民族的这种结合始于18世纪末的法国大革命”①，安东尼·史密斯认为就是在法国大革命时期，资产阶级革命派在《人权与公民权利宣言》中提出了“整个主权的本源在根本上属于民族：任何团体、任何个人都不得行使主权所未明确授予的权力”②，“民族”与“国家”自此获得了空前的统一。可见，政治决定了一个族群的命运，而民族正是其中的关键性政治标志。

民族国家自此成为当今世界各国普遍的国家形式，不仅是国内政治与法的主体，也是国际关系中的基本主体。“到目前为止，民族国家仍然是惟一得到国际承认的政治组织结构”。③与民族国家出现之前的政治组织相比，民族国家作为一种现代

① 叶江：《解读安东尼·D. 史密斯相关著术中的几个关键性术语》［J］，《世界民族》2006年第5期。

② ［英］安东尼·史密斯著，叶江译：《民族主义》［M］，上海人民出版社2006年版，第46页。

③ ［英］安东尼·史密斯著，龚维斌、良警宇译：《全球化时代的民族与民族主义》［M］，中央编译出版社2002年版，第122页。

国家的基本形态，包含了主权、领土、国民等要素，并且合法地垄断了暴力。所以，马克斯·韦伯认为国家“拥有合法使用暴力的权力，包括了一些机构，如武装部队、公务人员或是国家官僚、法院、和警察”。[①] 吉登斯在总结韦伯的定义基础上认为：“民族国家存在于由他民族国家所组成的联合体之中，它是统治的一系列制度模式，它对业已划定边界（国界）的领土实施行政垄断，它的统治靠法律以及对内外部暴力工具的直接控制而得以维护。”[②] 宁骚教授也认为“所谓民族国家，就是建立起统一的中央集权制政府的、具有统一的民族阶级利益以及同质的国民文化的、由本国的统治阶级治理并在法律上代表全体国民的主权国家”。[③]

民族国家（nation - state）是一个由民族和国家组成的复合概念，这个概念由于具有民族的一面，也具有国家的一面，往往会引发关于民族国家到底是“理想的”还是“虚构的”的争论，这是由于族群分布与国家领土的不一致造成的。有学者把民族国家理解为一族一国的形式，即由单一族群构成的国家，但安东尼·史密斯认为事实上这种情况非常少见，只有日本、冰岛等国家符合这一要求，按照这个标准世界上将会没有几个民族国家，史密斯认为能达到这个要求的，在联合国的成员国中的国家不到10%。这种理解明显比较片面，在这个逻辑下民族国家只能是虚构出来的，这种民族主义的建国理想从来也没有实现过，只是一种想象的形式。

---

① ［德］马克斯·韦伯著，冯克利译：《学术与政治》［M］，三联书店1998年版，第63页。

② ［英］安东尼·吉登斯著，胡宗泽等译：《民族—国家与暴力》［M］，三联书店1998年版，第147页。

③ 宁骚：《民族与国家》［M］，北京大学出版社1995年版，第269页。

此外，如果只从主权的视角来强调民族国家的“国家”属性未免又显得过于片面，这样做的话一切主权国家都将是民族国家。事实上，大多数的民族国家都具有族群文化多元的特征，并且以族群文化为界限有着明确的族群划分。而且，民族国家作为一种现代国家形态，是民族与国家相结合的产物，正是由于其民族特征与国家主权二者结合所具有的特殊性才为形成不同的国家提供了可能，民族国家也才能依据彼此之间不同的“特殊性”区别开来。所以，民族国家的存在离不开民族共同的历史与命运感，体现了民族认同对于国家认同的重要性。

民族国家这种由不同族群组成的历史、政治共同体，不仅具有共同的地域、共同的历史、并且能合法地运用强制性的权力，从而形成了族群对国家认同基础上的主权国家。此时，民族获得了国家的形式，国家通过民族性区别彼此，民族与国家在一定程度上产生了重合。一般来说，民族国家正是现代国家的开端，就如吉登斯认为的，现代性“首先是一种现代经济秩序，即资本主义经济秩序的创立”[①]。经济上的现代性才带来了政治的现代性，也就是现代国家的建立，吉登斯认为民族国家的出现就是现代国家的开端。现代国家的概念应该被定义为民族认同意义上具有工业化、民主化特征的政体。当然民族认同、工业化、民主化这三个属性只是一种理想的形式而不是经验性的现实，现实中我们看不到一个完全“现代化”的国家。然而我们可以根据任意国家所具有特征的程度来看它们是否现代。[②]

① ［英］安东尼·吉登斯著，尹宏毅译：《现代性——吉登斯访谈录》［M］，新华出版社 2001 年版，第 21 页。

② Fred W. Riggs, The Minority of Ethnic Identity and Conflict, Inernational Political Science Review, Vol. 19, No. 3, Ethnic Nationalism and the World Systemic Crisis, Sage Publications, Ltd. Jul., 1998. p272.

所以，在理解民族国家之时，我们应该把民族国家作为国家演进过程中的一种形态看待，而不应该把民族片面地理解为“单一民族组成的国家”或者“以一个民族为基础组成的国家”，而应该看到民族国家一般是由多个族群所组成的历史现实。“构成民族国家的本质内容的，是国家的统一性和国民文化的同质性，是国民对主权国家的文化上、政治上的普遍认同。凡是已经具有或者正在具有这一本质内容的现代国家，不管其民族结构如何都属于民族国家。”① 可见，“在民族国家问题上，不论是偏重于民族国家的民族属性还是偏重于民族国家的国家属性的做法，都是过分强调民族国家的字面意义”。② 只有把民族国家放到国家形态演进的历史进程中加以考察，比从字面上或者概念上来理解民族国家的本质更为有效，才能对民族国家形成正确的认识。

2. 民族国家的本质和特征

(1) 民族国家的本质

西方学界普遍认为人类历史上，最早出现的国家形态是古希腊时期的城邦，此后，国家形态发展到了8世纪罗马帝国时期，这个时期的欧洲实际上只有领地的概念，罗马帝国由不同的领地、诸侯国组成。不仅君主统治的领域没有国界，其统治的居民也没有民族之分，国家的权力实际上比较分散从而不够强大，无法辐射到边陲地区，无法形成一种统一的政治经济共同体。到中世纪西罗马帝国灭亡后，基督教成为欧洲一种普世的力量，通过散布欧洲的基督教会把欧洲连接成了一个政教合一的整体，“罗马教皇成为整个西欧社会的无上权威。教皇把

---

① 宁骚：《民族与国家》[M]，北京大学出版社1995年版，第269页。

② 周平：《对民族国家的再认识》[J]，《政治学研究》2009年第4期。

这些大小邦国联结成为一统的基督教世界。”① 这个时期由于没有形成统一的政治格局，也就无法形成统一的共同体认同，国家无法对其全部领土范围进行统治，只知边陲而无国界，吉登斯就把这个时期以及这之前的国家形态称为传统国家。

随着资本主义商品经济的形成和发展，以及在此基础上行成了市民阶层等社会力量，它们出于自身发展和现实利益的需要，13 世纪开始要求改变封建割据下的分裂割据，并希望形成一个统一的市场。通过宗教改革摆脱了罗马教廷的控制，而且加强了中央集权，建立了拥有主权的国家，这一系列政治、经济、文化方面的整合塑造出了一个新的民族共同体，并形成了民族国家最早的雏形，也就是吉登斯所谓的绝对主义国家。这种国家基本具备了民族国家的基本制度框架，不仅统一了国内的经济市场，实现了一定程度的经济整合；而且通过文艺复兴运动，人民获得了理性主义的精神，为共同的文化以及价值观的形成提供了基础，达到了文化整合效果。君主专制政体于是成为西欧普遍的政治体制，绝对主义国家也成为当时主要的国家形态。

经过绝对主义国家阶段，国内的政治、经济、文化的整合达到了一定的高度，促使了一种新的民族共同体的形成，由于绝对主义国家并不能代表这个共同体的利益，二者之间必然会发生摩擦和冲突，这时为了调和民族和绝对主义国家之间的矛盾，“一种以实现国家与民族的统一为目的的制度框架被创造出来了”。② 伴随着政治集权化与经济一体化等因素的进一步发展、同时资本主义经济加剧了社会关系的变化、并且战争也强

---

① 李宏图：《西欧近代民族主义思潮研究——从启蒙运动到拿破仑时代》[M]，上海社会科学出版社 1997 年版，第 249 页。

② 周平：《民族国家与国族建设》[J]，《政治学研究》2010 年第 3 期。

化了人们的民族意识、边界意识，当强制、资本与战争因素交织在一起的时候，就如查尔斯·蒂利认为的那样，近代欧洲民族国家就产生了。最终，“民族与国家的二元关系通过民族与国家融合的方式得到了协调，形成了一种以民族对国家的认同为基础的国家形态”[①]，这种全新的国家形式，就是我们所说的民族国家。当然，民族国家并不就是人类国家形态发展的终极目标，诸如吉登斯、哈贝马斯等学者就提出了后民族国家、全球公民社会等政治理想，企图取代民族国家而实现全人类的统一；并且现实中欧洲联盟这种超国家共同体已经出现，为人类国家形态的发展提供了有益的尝试。

从民族国家的本质上看，民族国家就是以民族对国家的认同为基础的主权国家，“认同”和“主权”这两个因素是其存在的根本要素。在民族国家的形成过程中，围绕认同与主权这两个要素，民族主义发挥了极大的作用。民族主义作为“一种为某一群体争取和维护自治、统一和认同的意识形态运动，该群体的部分成员认为有必要组成一个事实上的或潜在的‘民族’”[②]，每一种民族主义都在不同程度上追求不同程度的认同，当族群认同与国家认同达到统一之时，也就是民族主义追求建立本族的民族国家的时候，民族主义会成为新兴民族国家成立的巨大推动力量，从而成功地把国家认同与族群认同协调起来，这种理性的政治观念“能为民族国家的建构提供一种理想、价值、观念和符号”。[③] 就像阿克顿说的那样：“民族因素在国家

① 周平：《对民族国家的再认识》［J］，《政治学研究》2009 年第 4 期。

② ［英］安东尼·史密斯著，叶江译：《民族主义》［M］，上海人民出版社 2006 年版，第 10 页。

③ 李宏图：《论近代西欧民族主义和民族国家》［J］，《世界历史》1994 年第 6 期。

中的巨大重要性，存在于这样一个事实之中：它是政治能力的基础。一个民族的性格很大程度上决定着国家的形式和生命力。”[①] 总之，民族国家强调的是国家利益与民族利益的统一，不仅体现在国家主权的统一方面，也体现在民族对于国家的认同之上，就像哈贝马斯所认为的，民族国家通过把公民在政治上动员起来，从而能满足新的合法化形态以及社会一体化形式的要求，使得民族认同与国家认同统一起来。[②]

（2）民族国家的特征

人类历史上国家形态的演进是丰富多彩的，吉登斯按国家形态的发展顺序，把这些国家形态分为传统国家、绝对主义国家[③]与民族国家三种类型。并且在民族国家出现之后，各国在族群成分、经济发展、政治体制与国家体制方面各不相同，比如有单一族群组成的民族国家、多族群组成的民族国家；有发达国家、发展中国家、经济发展落后的国家；有联邦制国家，邦联制国家、单一制国家；议会制国家、立宪君主制国家等。为了把民族国家与其他的国家形态区分开来，让我们更好地认识民族国家，我们必须归纳出民族国家的主要特征：

---

① ［英］阿克顿著，侯建、范亚峰译：《自由与权力》［M］，商务印书馆2001年版，第133页。

② ［德］尤尔根·哈贝马斯著，曹卫东译：《包容他者》［M］，上海人民出版社2002年版，第131—134页。

③ 绝对主义国家是一个比较模糊的概念，吉登斯认为绝对主义国家依然是传统国家，依然是阶级分化的社会，不过它有着一些现代性因素。其实这个概念主要是指君主专制的封建国家，通过君主制加强了中央集权使得行政力量得到了集中和扩展，并且新的法律机构得到了发展，并且能够使用不同的财政管理模式，这些都是民族国家出现的基础。绝对主义国家有的学者也称为王朝国家，与民族国家最大的区别在于国家对暴力机构的控制并没有合法性，特别是军队还是以镇压内部为主；国家与人民的关系是等级制的剥削关系，也没有突然民族特性。参见［英］安东尼·吉登斯著，胡宗泽等译：《民族—国家与暴力》［M］，三联书店1998年版，第105—140页。

第一，必须拥有独立的主权。民族国家这个概念是政治性的，主权是关键性的因素。这也就解释了为什么有些文化上相同的族群或民族可以成为民族国家，而有的却不行。在民族国家成立之前国家主权的概念并没有形成，形成主权的首要条件就是中央集权，只有中央集权制的确立才能让国家成为民族利益的代表，从而统一的民族市场与民族经济才能把各族群联系起来，使得民族国家成为其认同的对象。“国家才能够成为民族的意志、利益和尊严的体现者，成为民族的延续性、认同性、凝聚性和统一性的代表者。”[①] 独立的主权是民族国家形成的前提条件，只有拥有了独立的主权，才能保证民族的独立。“民族”的概念也发生了一定变化，国家为了强化政治认同，强调的不是个人的历史与起源，而是每个人的公民身份这种政治认同。

第二，必须拥有统一的领土，并且在其领土范围内拥有最高权威。民族国家出现之前由于没有形成强大的中央集权，国家中央权力对领土范围的控制是松散的，与主权相关的边界与领土的界定并不清晰。国家的领土与权力往往是不一致的，由于其权力的有限性不可能涉及边疆地区，领土的范围实际上与其实际控制能力的强弱息息相关。固定的国界对于现代国家而言是非常重要的，领土的界限表明了民族国家的权力和实现民族利益的范围，并且只能在这一领土范围内存在一个政权，这就避免了各种分裂政权存在的合理性。就像吉登斯认为的，“只有现代国家，才能准确地使其行政管辖范围同具有明确边界的领土对应起来”，并且“在民族国家产生以前，国家机构的行政力量很少能与业以划定的疆域保持一致”。[②]

---

① 宁骚：《民族与国家》［M］，北京大学出版社 1995 年版，第 274 页。

② ［英］安东尼·吉登斯著，胡宗泽等译：《民族—国家与暴力》［M］，三联书店 1998 年版，第 59 页。

第三，必须是人民的国家，或者说主权人民化。主权人民化是国家正当性的基础，卢梭和马克思都认为国家主权具有明显的民族性，所以民族国家能够把民族的生存、民族的利益与国家的发展、国家利益联系起来，从而使人们把国家认同放到最高地位，可以起到非凡的政治动员效果。民族国家出现之前，国家代表的是封建统治者的利益，封建的剥削关系造成了国家和民众关系的冲突，而民族国家改变了这种状况，使国家成为全体民众利益的代表者。总之，民族国家作为人民的国家，意味着政治生活的制度化、法律化，这样国家政权的合法性会获得全民族的认可与认同，政府必须对民族负责，民族国家成为所有人或全体民族成员的国家。但是民族国家并不意味着就是真正意义上的民主国家，民主化不可能在一夜之间完成，而是需要一个长期的过程。吉登斯认为早期的民族国家具有典型的威权主义的性质，代议民主制即使到了 19 世纪也只是局部的。

第四，必须能够合法地垄断使用暴力的权利，从而政治权力具有了正当性。前民族国家阶段，暴力机构特别是军队的主要职能是对内镇压，统治者对民众的剥削以税收为手段，并且以暴力为后盾，这种使用暴力的权利毫无正当性可言。而民族国家产生之后，国家不再是统治阶级而是人民利益的代表者，国家出于保护全体人民的利益以及个人的利益不受侵害，合法地垄断暴力这种强制手段。由于国家权威的理性化与法理化的转变，暴力的使用是以一定的法律为依据的，而且军队等暴力机构不再成为维护内部秩序的主要基石，而主要以“内部绥靖”的反思性监控为主，反思性的监控成为国家进行控制社会的主要手段。如吉登斯就认为民族国家与传统国家在监控的最大化上有着根本的差别，“监控的最大化与国内绥靖一道创造了一个拥有确定边界的行政统一体”。[①]

最后，必须以族群对国家的认同为核心，即要达到族群认同与国家认同的和谐，国家获得了民族的属性。民族国家的存在依赖于族群形成统一的国家认同，这种认同的形成不仅在于政治性，也在于民族性，既是公民的，也是族裔的。民族国家的民族性意味着民族获得了国家的形式，各个族群认同于国家，把国家视为自己利益的代表和保护者。总之，一个国家的特质正是由构成它的民族性所决定的，而民族性来源于稳定的、各异的族群文化认同，民族国家普遍会表现出国民文化的同质性。但是，有的民族国家可能也会没有同质性的国民文化，比如加拿大、澳大利亚以及一些非洲国家等等，而这也正是族群文化多样性与国家建构内在矛盾的突出表现。

二、民族国家建构的实质及其类型

在民族国家成立之后，为了保持这个政治共同体的稳定必然要建立相关的政治制度，以及制定一系列民族一体化措施，只有使民族国家成为各族群、各阶级的利益代表才能保证国家政权的合法性。由于各个民族国家成立之时的实际情况各不相同，所以民族国家国体、政体以及族群与国家之间的关系会有很大不同，有的学者就认为“民族国家建设历程的差异，就好比是英国和印度在过去三个世纪中所走过的不同道路”[②]，特别是在文化与族群多样化的现实之中，民族国家之间的这些差异可能会使其采取民主或者残暴的方式来进行民族建构。哈贝马斯就认为当前民族国家就面临着两方面的威胁：外部面临着全

① ［英］安东尼·吉登斯著，胡宗泽等译：《民族—国家与暴力》［M］，三联书店1998年版，第353页。

② ［美］安东尼·奥罗姆著，张华青、何俊志等译：《政治社会学导论》［M］，上海人民出版社2006年版，第262页。

球化的威胁，而内部面临着多元文化的威胁。

1. 民族国家建构的实质及其目标

(1) 何谓民族国家建构

为了避免对民族国家建构的理解产生歧义，我们必须先清楚地了解什么是民族国家建构。民族国家建构（nation - state building）本身就是一个歧义丛生的词汇，这是由于前面所说的Nation具有“国家”与“民族”两重意义所引起的，在国内出现了民族国家建构、国家建构、民族建构之间比较混乱的使用。所以，有的学者把民族国家建构理解为“包括民族国家共同体的建立和民族国家制度的建立这样两个方面的主要内容”。[①]同时，由于民族国家的这种国家形态就是现代国家的开端，所以也有学者把民族国家建构理解为现代国家建构[②]，从本文论证的严谨性来看，有必要对民族国家建构做出相应的界定。

民族国家建构从词义上来进行理解，可以把其分为民族建构和国家建构两个层面，这是一种对民族国家建构广义的理解，也是一种比较合理的理解。民族建构就是国家建构民族这个政治—文化共同体的过程，或者说通过一系列措施实现民族一体化的过程，安德森因此把民族看作“想象的政治共同体”，而安东尼·史密斯也认为正是由于这种民族建构使得民族获得权利和义务，而这就是民族与族群之间的重要差异，所以民族这个政治—文化共同体是人为建构的。国家建构是国家为了保证其统治的合法性，从而采用改革等措施对政治制度进行调整，使国家、社会、人民之间的关系合理化的过程，“国家建构包括国家政治结构、

① 贾英健：《全球化背景下的民族国家研究》［M］，中国社会科学出版社2005年版，第77页。

② 幕良泽、高秉雄：《现代国家构建：多维视角的述评》［J］，《南京社会科学》2007年第1期。

制度、法律的建设，包括行政资源的整合和集中，使国家能对其主权范围内的领土实施统一的行政控制”。[①]

本文中的民族国家建构指的就是“民族建构”，指民族国家这一政治共同体为了促进国家整合而采取诸如公民资格政策、语言法规、教育政策、公务员录用、兵役制度、国家媒体宣传、国家象征等措施，使得国内走向一体化、居民结为同一民族成员，以获得族群对国家的认同，是对民族国家建构的一种狭义理解，主要探讨的是国家认同的建构问题。民族建构由于其主导者是国家所以又被称为民族国家建构，“‘民族建设’（Nation building）中文或被译为‘民族建构’、‘民族国家建构’和‘民族统一构设’等，它借以一种建筑学的比喻，用来指一个国家内部走向一体化，并使其居民成为一个‘民族’的过程”。[②] 奥斯特鲁德认为民族建构“是一个建筑的比喻，比喻国家内部引发的整合国家的过程，也是把居民联系、结合为民族同胞的过程”。[③] 这个过程中三种主要关系是最为重要的：族群与民族，族群与国家，民族与国家，这三个关系由于“认同”的不同，往往会产生“推拉关系”，有时是协调一致的，有时却是相互冲突的，民族建构因此成为国家政治稳定的必要措施。

（2）民族国家建构的实质及其目标

当代民族国家建构实际上就是在探讨如何处理好国家政治一体与文化多元的关系，如果二者之间的关系处理的不妥当，那么

---

① 王建娥：《国家建构与民族建构：内涵、特征及联系——以欧洲国家经验为例》[J]，《西北师大学报》2010 年 3 月。

② 戴维·米勒，邓正来（中文版）等主编：《布莱克维尔政治学百科全书》[M]，中国政法大学出版社 1992 年版，第 489 页。转引自王希恩著：《全球化中的民族过程》[M]，社会科学文献出版社 2009 年版，第 80 页。

③ [以色列] 耶尔·塔米尔著，陶东风译：《自由主义的民族主义》[M]，上海人民出版社 2005 年版，第 58 页。

业已形成的民族国家也会面临分裂的威胁。由于“民族国家的核心是通过一套完整的制度促成了民族对国家的认同”[①]，所以，民族国家建构必然会以加强民族认同入手，通过一系列政策来强化民族使命感，为实现民族认同的形成及强化国家认同，最终实现国家的一体化而努力。民族建构与国家建构之间并不是孤立的，二者是密切联系、相互影响的。其中，民族建构可以形成统一的国家认同，这种全体成员对国家的认同意味着共同的权利和义务，从而能为国家建构提供强大的政治凝聚力；而国家建构反过来为民族建构提供稳定的政治局面、发达的经济基础以及民主的制度保障。总之，“民族建构和国家建构往往相互为用，民族建构通过国家的权力使特定的文化价值观制度化，国家建构则从民族建构中获得国民的认同和社会凝聚力。”[②]

民族国家建构实质上就是要在维护国家权力合法性的同时，把各个族群整合为一个整体，使多元的族群保持国家认同的至上性。在现代化和文化多元化的背景下，民族国家建构是一个国家稳定与发展所必需的，民族国家必须适时调整其族群政策来满足族群的各种利益诉求，以免族群矛盾的产生与激化。所以，“民族国家建构是世界现代化进程的一项根本要求和本质内容，其内涵是从各个方面打破国内各个地区、各个民族间的壁垒，建立和健全全国集中、统一的国家权力系统，建立和发展统一的国民经济体系和商品流通市场，在全国范围内推行和传播统一的语言以及能够促进社会、经济现代化的统一文化模式”。[③] 因此，民族国家建构，不仅关系到一个民族国家的政治

① 周平：《民族国家与国族建设》[J]，《政治学研究》2010年第3期。

② 王建娥：《国家建构与民族建构：内涵、特征及联系——以欧洲国家经验为例》[J]，《西北师大学报》2010年3月。

③ 宁骚：《民族与国家》[M]，北京大学出版社1995年版，第204页。

稳定，而且关系到一个民族国家的前途和命运。

随着全球化的扩展与文化多样性的传播，由一个族群或者种族组成的“单一族群国家”早已不存在了，各个国家境内都会有或多或少文化各异的公民。比如，加拿大、美国等移民国家已为人们所熟知，乃至文化与族群同质性很高的伊斯兰国家都不得不面对移民带来的文化多样性问题。族群的多样性必然会带来文化多元化、认同的多元化、价值观的多元化，这些“多元化”经常是彼此冲突的，难免还与国民文化、国家认同与国家推行的价值观发生冲突。由此，在现代民族国家建构中，族群矛盾与冲突、特别是族群分裂问题是影响民族国家政治稳定的主要因素。所以，民族国家建构就是要协调好多元和一体之间的矛盾，把这些文化各异的族群通过政治以及文化纽带统一起来，如何在多元文化背景下实现政治一体就成为民族国家建构的核心问题。

民族国家建构的目标就是民族一体化与权力合法化。民族国家建立之后的国家建构可以分为两个同步的过程：即同时建构民族国家与民主国家。“与现代化相伴随的现代国家有两个特性，一个是民族—国家，即居住在具有明确主权边界的人群为统一的国家机器所控制，并形成统一的国家认同；二是民主—国家，即居住在国家内的人民居于主权地位，国家机器的权威来源与公民授予。”[①] 实际上，无论是建构民族国家与民主国家、还是民族建构与国家建构，在历史发展过程中都是重叠进行的，目的都是让民族国家获得人民的支持，使其产生忠诚感和归属感。所以，在民族国家建构的过程中，民主制度成为国

① 徐勇：《现代国家建构中的非均衡性和自主性分析》[J]，《华中师范大学学报》2003年9月。

家强化国家认同的必然选择。虽然在民族国家建立之后，民主制度的确立与发展可能会存在滞后性，但只有这样民族国家才能“实现和保证民族全体成员对国家政权的控制，使得国家成为人民能够掌控的对象，从而保障了民族对国家的认同”。[①]

在文化多元化的今天，民族国家必然会通过一系列政策与措施来实现民族建构的目标，只有满足族群文化、经济、政治等方面的利益诉求，协调好族群之间、族群与国家之间的关系，避免出现族群矛盾、族群冲突及以分裂国家为目的的族裔民族主义的产生，这样才能保证国家政治权力的合法性，及国家的和谐统一，最终实现民族整合与国家一体化的最高目标。但是，由于民族国家建立的历史背景、发展现状、政治体制以及当前国内的族群状况等因素是各不相同的，所以各民族国家有可能会采取不同的建构措施。

2. 民族国家建构的类型分析

由于民族国家建构或者说民族建构的对象就是族群与民族，所以民族国家建构的具体族群政策与措施会受到国内族群与民族具体情况的影响。各个民族国家民族建构政策和措施之所以不同，一方面是因为在其建立之时领土内族群的分布与构成是互不相同的；另一方面是因为是否有传统民族先于民族国家存在的情况。居于这两个方面的考虑，民族国家会采取符合其具体特点的民族建构政策来实现国家的一体化，加强族群对国家的认同。所以，正是由于族群问题、民族问题在历史和国别上的特殊性造成了民族国家建构类型的差异性。

（1）民族国家建立的不同类别

由于民族国家建立时所面临的族群与民族问题是不同的，

---

① 周平：《民族国家与国族建设》[J]，《政治学研究》2010 年第 3 期。

所以民族国家在共同特征的背后，存在着发展程度以及性质上的差异。随着西欧民族国家的建立，民族国家的国家形态得到了广泛的传播，迅速地扩展到了全世界，由于不同的历史进程、族群构成、政治制度等因素的影响，民族国家建立大致可以分为以下类型：

同质巩固型国家。这类型国家主要是西欧的民族国家，主要代表就是德国、法国、意大利等等。这些国家族群的同质性比较高，同质的族群基本是与较小的国界相重合，实际上在民族国家建立之前已经形成了传统的“前现代民族”。这类国家“属于那种先有民族后有国家，由民族来创建国家的类型”。[①]由于深受启蒙运动“自由”、“平等”“民主”思想的影响，这类国家一般会采取民主的政治体制，另外由于族群的同质性较高的缘故，普遍采用单一制的国家形式。由于文化的同一性程度比较高，民族建构的难度相对存在多种文化的国家来说较小，只存在巩固和完善国家认同与民族认同的任务，所以这类型的国家民族建构的族群政策比较民主、轻易不会引发族群矛盾。

移民新建型国家。这类国家是在资本主义的海外扩张中，由欧洲人在其他大陆建立的新兴移民国家，比如美国、加拿大、澳大利亚等。这些国家具有族群多样化的特点，并且没有统一的文化，在民族国家成立之间也没有形成传统民族。由于国内文化的多元化，民族建构的必要性就比较突出，并且民族建构与国家建构是同时进行的。这类国家通常采用联邦制的国体与民主议会制的政体，为了淡化差异的族群文化，这些国家对多元文化采取国家中立或“文化化”的态度，通过强调个人主义

① 王希恩著：《全球化中的民族过程》［M］，社会科学文献出版社 2009 年版，第 81 页。

的公民身份来实现民族建构，建立出一个新的国家认同，“强调公民权是全体国民的共同特性，才能让所有人都认识到大家都是这个国家的公民，这是最最重要的核心认同”。[①] 但在历史上却采取过“种族隔离”、“熔炉政策”等族群歧视与同化政策，并因此引发了激烈的族群矛盾，最终转而实行多元文化主义政策来缓和族群矛盾，并改变关于族群身份和文化多元的国家中立性的政治主张。

传统重建型国家。在民族国家出现之前在一些地区早已存在一些封建国家，这些国家具有悠久的历史与文化、地域广阔、族群成分多样，并且基本上存在着一个在人口和发达程度占优势的族群，比如中国、印度、俄罗斯等。但随着殖民主义的扩展，原有的国家体系被殖民体系所摧毁了，所以在完成了民族独立与解放运动后，民族建设与国家建设都很重要。即使有的国家没有成为殖民地、半殖民地，但也面临政治体制的转型与重建。这类型的国家往往在民族国家成立之前，由于国内各族群之间的政治、经济与文化交流，达到了一定程度的一体化高度，已经具备了民族的“外壳”，只不过还需要一个从“自在”到“自觉”的转变过程，这个过程在其争取民族独立的斗争中或抵御外来侵略的战争中得到了实现，建构起了国家层面上的民族认同。由于有了一定的民族认同根基，这类型国家的族群政策一般会比较民主与怀柔，政权组织上也会有其独到之处，会给予族群各种自治措施，诸如中国的“民族区域自治”政策。

新生建构型国家。这类型的国家在建立其民族国家之前，一般都是处于奴隶社会或早期封建社会，经济与文化发展相对

① 马戎：《世界各国民族关系类型特征浅析》［J］，《社会科学战线》2008 年第 1 期。

滞后，并没有形成统一的政治实体，通常以部落联盟的形式存在着众多的族群政权，比如非洲的广大地区、南亚以及中北美洲、南美的部分地区。在第二次世界大战后，这些地区通过民族主义运动成立了民族国家，但是这些民族国家缺乏民族建设所需的历史文化根基，并且其领土范围是由殖民者划定的，存在有的族群居住在他国的情况而容易引发跨境民族问题，或者国内存在多个敌对的族群或种族，“建立一个新的国家是非常困难的，而建立一个由各种不同的、甚至敌对的种族集团组成的多种族国家，困难程度远甚于此”[①]，所以民族国家成立之后经常会出现合法性危机。这类型的国家实际上就是先成立民族国家，进而才建构出民族这个政治—文化共同体，并且由于这些地区缺乏传统文化的熏陶，民主理念的作用对于这些民族国家也影响较小，即使建立了相对民主整体也易朝威权整体转变，成为军人独裁、精英统治型的寡头政体。

神权性政教合一国家。这类国家不是中世纪教皇统治下的西欧各君主国，而是指同属伊斯兰文化的现代民族国家，如沙特、伊朗等国家。这些国家具有统一的文化与宗教，并且具有政教合一的特色，人们的分属依赖于宗教信仰，而肤色等体征因素并没有宗教、文化重要。在这些国家中，宗教规则就是国家的法律，宗教与政治相结合构成了国家的合法性，国内公民违反教义也就是违法了法律。由于共同的宗教因素形成了高度一致的民族认同，亨廷顿就认为“在整个伊斯兰世界，小集团和大信仰，即部落和伊斯兰信仰，一直是忠诚和义务的中心，而民族国家则一致不太重要”。[②] 总之，在属于伊斯兰教的民族

① ［美］菲利克斯·格罗斯著，王建娥、魏强译：《公民与国家——民族、部族和族属身份》［M］，新华出版社2003年版，第158页。

② ［美］塞缪尔·亨廷顿著，周琪、刘绯等译：《文明的冲突与世界秩序的重建》［M］，新华出版社2002年版，第190页。

国家中，宗教与世俗的国家政权并没有分离，民族认同高度统一于集权的政教合一的政体，并且“尘世秩序与精神—宗教秩序与秩序之间以及国家与宗教之间也没有区分，所有这些都不过是由宗教法律统治着的统一体的一部分”[①]，所以这些国家的合法性也会存在问题。

以上对民族国家建立的五类划分以及对每一类国家建立时特点的描述，不可能穷尽民族国家建立的所有类型。由于我的目的只是想把各民族国家建立时的族群与国家、民族与国家的关系梳理出一个大致的脉络，以便能为我们进一步概括民族国家成立之后民族建构的具有族群政策提供一个参照，就没有必要进行精细、严谨的分类。民族国家建立的不同类型，会对民族国家建构的方式产生深刻的影响，民族国家内部族群之间、族群与国家之间的关系是与国家的形成过程息息相关的。由此，各民族国家会根据由不同族群、不同文化的客观现实，选择不同的政体与国体，以及采取不同的族群政策来进行民族建构。

（2）民族国家建构的具体政策

在民族国家成立之后，民族国家建构就成为一个刻不容缓的问题。民族国家为了巩固其统治的正当性，必然会在其领土内实行一系列一体化的公共政策，也就是我们说的民族政策，因为这些政策对象是族群，为行文规范我称之为“族群政策”。威尔·金里卡把这些政策称为“‘民族国家’”建构政策，旨在使公民有共同的民族语言，共同的民族认同和共同的民族文化”[②]，民族国家建构政策经历了一个由不民主到民主、由强制

① ［美］菲利克斯·格罗斯著，王建娥、魏强译：《公民与国家——民族、部族和族属身份》［M］，新华出版社2003年版，第34页。

② ［加］威尔·金里卡著，邓红风译：《少数的权利：民族主义、多元文化主义和公民》［M］，上海世纪出版集团2005年版，第240页。

同化到多元化自由发展的过程。

各种族群政策的目的实际上最终只有一个：即达到民族国家的一体化；而政策的核心问题涉及三个方面：合法性问题、国家认同问题、民族自决权问题。[①] 为了实现这个目的，历史上处于支配地位的族群，以及由其主导的民族国家“总是力图通过消灭或同化异族文化来巩固自己的地位，但现代文明已宣告了这种行为的非正义性”。[②] “就普遍哲学、政治行政权力的分配和合法性的本质以及个人与国家之间的关系而言，国家的本质是不同的，正因为如此，不同国家对待少数民族和种族集团也是不相同的。”[③] 从历史上看，西方的民族国家结合自己国家的具体国情，对国家与族群关系有不同理解，虽然宣称要保障个人的“平等”与“自由”，主张通过民主制来实现社会公正，但却先后制定了三种处理族群文化多样性的具体措施：差别与排斥政策、同化主义政策、多元文化主义政策。

差别与排斥政策是西方民族国家，特别是北美国家在19世纪盛行的一种处理文化多样性的模式。由于握有社会权力的主导群体不愿意与其他族群分享这一权力，所以它们通过相应的措施来对这些人以差别的对待，并且加以排斥。这些措施主要有种族灭绝、驱逐、种族歧视、种族隔离等。种族灭绝与驱逐在纳粹德国时期已经很好地展示其令人发指的残酷手段；而种族歧视、种族隔离措施在美国、南非等移民国家存在了很长时期。差别与排斥政策会导致一系列的族群矛盾与冲突，进而激

① 关凯：《族群政治》[M]，中央民族大学出版社2007年版，第77页。

② 王希恩著：《全球化中的民族过程》[M]，社会科学文献出版社2009年版，第134页。

③ [美] 菲利克斯·格罗斯著，王建娥、魏强译：《公民与国家——民族、部族和族属身份》[M]，新华出版社2003年版，第43页。

发分裂性的族裔民族主义产生。比如20世纪60年代美国国内就爆发了大规模反对种族歧视与隔离的民权运动。第二次世界大战之后，这些非民主、非人道的民族建构措施才逐渐从世界上绝迹。

同化主义政策是西方移民国家采取的最主要的民族建构手段，凭借国家政权的力量，采取一定的政策措施，促使乃至是逼迫某一族群接受主导族群的文化，从而让其丧失自己的族群特征，从而建构起一个文化统一的民族共同体。同化主义政策曾经是现代社会绝大多数民族国家进行民族建构的主要方针，主张文化上的一元论，认为如果能消除族群之间在文化、认同、血缘上的差异，那么就能够消除民族国家由于族群差异引发冲突而造成的不稳定。族群同化实际上可以分为自然同化与强制同化两种，民族国家的同化主义政策，一般来说主要是以主导族群或国族意志为导向的，借以运用某种强制力量强迫某一族群放弃其族群特征，并且族群同化政策往往与族群歧视政策同时并用。[①] 因此，无论同化主义政策以何种“温和”的面目出现，也会招致少数族群不同程度的反感与抵抗，难免会引发族群矛盾和冲突。

多元文化主义政策。在同化主义政策失败之后，多族群国家认识到只有采取一种尊重族群文化多样性、承认国内多元文化价值的政策才能保障其统治的合法性。这一政策的出现深受二战后多元文化主义思潮的影响，多元文化主义强调各种文化都是平等的、都有其存在的价值、鼓励各个族群保持自己的族群文化、并与主流文化和平共存形成文化上的多元。就像威尔·金里卡认为的那样，族群文化的多样性不应该受到不公正

① 周平：《民族政治学》[M]，高等教育出版社2003年版，第87页。

的待遇，为了避免族群的冲突，在一个拥有多元文化的国家里，一种完全公正的理论应该属于所有具有差异身份的族群，即给予少数族群文化特殊的地位。[①] 所以，多元文化理论很快成为很多国家民族建构的主要指导思想，加拿大成为全球第一个实行多元文化主义政策的国家，其他国家如美国、瑞典、澳大利亚、新加坡等在多元文化主义思潮的影响下，也开始由官方施行多元文化主义政策或族群政策具有多元文化主义的理念，多元文化主义政策取代了同化主义政策成为处理民族国家族群文化多样化，进行民族建构的主要措施。[②]

总之，文化多元化是人类社会的基本特征，在民族国家建构的过程中，无论是同化主义理论，还是多元文化主义理论都是以建构民族共同体、实现国家一体化为目标的。但是，只有采取一种符合历史发展要求、被各个族群所拥护的民族建构措施才能取得成功。历史经验告诉我们，“我们有很多种达到种族和平共处的办法，比如用宪法确定种族多样性，支持不同的种族采取不同的选举方式，制定平权法案以及其他经济和文化方面的措施。试图通过种族同化来达到‘建设国家’的目的是行不通的，也是不可能的。一个种族凌驾于其他种族之上也不利于社会长期稳定。培养民族多样性的最好的办法，是在公民社会的基础上建设国家，把国家的概念深深植根于共同的价值

① Will Kymlicka. *Multicultural Citizenship*, Oxford: Oxford University Press, 1995. pp1 -5.

② 当然民族国家建构的具体措施，在实际操作和运行中是五花八门的，因本文论述的重点在于多元文化主义，所以从其发展脉络上归纳了以上类型。如果对民族建构的措施作更为规范的分析，不只上述归纳的三种，有的学者总结出 12 种，有的学者总结为 9 种不同的类型。参见宁骚：《民族与国家》［M］，北京大学出版社 1995 年版，第 377—407 页；周平：《民族政治学》［M］，高等教育出版社 2003 年版，第 86—93 页。

观念之中。只有把国家的概念与种族排斥区别开来，才能在社会之中形成团结一致的氛围”。[①] 所以，多元文化主义不仅成为了当前文化多元背景下，民族国家建构中一种可取的指导思想，而且也是一种切实可行的政策。

三、民族国家建构中的核心问题分析

1. 民族国家建构与族群发展的内在张力

(1) 现代民族国家的合法性源泉

民族国家建构必然是一个政治、经济、文化一体化的过程，内在的社会凝聚力正是民族国家存在的基础，但是面对族群和文化多元的社会现实，民族国家采取何种政策来进行民族建构将会影响到族群和国家的关系，进而影响到国家权力的合法性。在全球化的今天，现代化和民主化使得国家这个支配整个社会的“权力填充器”不得不采取符合其公民“公意”，能够满足所有人利益的政策与措施来加强其对社会、人民的管理与控制。

但现代化与民主化对民族国家建构来说却具有两面性。金里卡就认为“今天的国家在可以选用的民族建构工具上受到了更多的限制，少数民族拥有更有力的内部资源和外部盟友来捍卫自己”。[②] 这是因为现代化不仅会使国家的控制力渗透到社会的方方面面，从而有利于其一体化建构；现代化也会使民族国家内族群意识的觉醒和强化，并且通过各种利益诉求表现出来，难免会成为一种阻碍国家建构的力量。同时，民主制度通过全球化得到了广泛的传播，一方面能够监督和限制国家权力的行

---

① 联合国教科文组织、世界文化与发展委员会编，张玉国译：《文化多样性与人类全面发展——世界文化与发展委员会报告》[M]，广东人民出版社 2006 年版，第 3 页。

② [加] 威尔·金里卡著，刘曙辉译：《多民族国家中的认同政治》[J]，《马克思主义与现实》2010 年第 2 期。

使，当族群与国家发生矛盾和冲突时，国家不得不采取平等、和平的措施来解决问题；另一个方面则会强化族群意识与族群认同，有的族群会在“民主”的幌子下提出不合理的自治要求，并且在民族国家无法满足其不断扩大的利益诉求之之时，极易发展成为分裂性的族裔民族主义。

“在当今时代，理解合法性的复杂性实际上已经大大降低了，因为在以‘人民主权’为基本原则的现代国家中，合法性已经被简化：权力要成为权威，就必须来自‘民主同意’，并且服务于‘共同的善’或者‘公共利益’。”① 当前以利益、合法性为核心的政治分析理论，看重的是如何在一个政治系统中调和好各方的利益冲突。合法性作为一种价值判断的概念，可以定义为“任何系统，若具有能力形成并维护一种使其成员确信现行政治制度对于该社会最为适当的信念，即具有了统治的合法性”。② 在民族国家内部由于族群利益无法得到满足，所引发的国家认同危机是对民族国家权力合法性的严重挑战。民族国家如果无法满足族群的各种诉求，难免会导致族裔分裂主义的产生，“对于那些强调主权在民的国家，民族认同更多国家合法性的唯一根据，还有什么因素比民族认同更能赋予那些不曾存在过的王国合法性”。③ 可见，族群认同与民族认同对于一个国家的国家认同至关重要，会影响到一个国家权力合法性的正当性，以及民族国家的政治稳定。

所以，民族国家建构的措施与政策是影响国家权力合法性

① 杨雪冬：《论现代合法性及其实现》[J]，《中国人民大学学报》2007 年第 3 期。

② ［美］西摩·马丁·李普赛特著，张绍宗译：《政治人：政治的社会基础》［M］，上海人民出版社 1997 年版，第 55 页。

③ ［英］埃里克·霍布斯鲍姆著，李金梅译：《民族与民族主义》［M］，上海人民出版社 2000 年版，第 100 页。

的一个核心因素。一种民主的、能够满足不同族群利益诉求的民族建构措施和政策，可以为国家权力合法性提供坚实的基础；而国家权力具有了合法性、得到了各族群的承认与认同，则会强化民族建构的有效性、正当性，保证其取得预期的目标。国家这个政治共同体，只有获得了族群对它的认同，其统治才是最为稳定、最有效的，这是因为任何一种统治，仅仅靠简单的满足族群的物质、情绪以及价值合乎理性的动机显然是不足的，所以韦伯认为“任何统治都企图唤起并维持对它的‘合法性’信仰”。[①] 他进一步把合法性的来源分为三种：传统型、魅力型、法理型，前现代国家的合法性基本上都具有传统型与魅力型的特征，比如君权神授的传统国家、君主与国家相统一的绝对主义国家等等。当代民族国家的权力合法性都是法理型的，不仅是主权在民的体现，这也是政治现代化的一种要求，主要表现为宪政民主模式，即国家统治的法制化与民主化。

但我们也应该看到现代民族国家即使实现了法制化、民主化，也不一定就能真正实现群体权利的社会公正。虽然通过人权和宪法明确规定了个人权利以及个人权利之间的平等，并且通过民主制度使得民族国家成为民族这个政治共同体的利益代表与保护者，但法律上的平等并不能带来事实上的平等，由于族群特征的存在，一个人在其平等的公民身份之外会具有天生的、难以改变的族群身份，而族群身份这个文化身份会影响到个体在社会生活中所处的地位与感受，优势或主流族群与处于劣势与少数族群相比，会拥有获得更好的教育、就业机会、待遇、福利保障等方面相对优势的社会地位以及各种优越感。同

---

① ［德］马克斯·韦伯著，林荣远译：《经济与社会》［M］，商务印书馆1998年版，第239页。

时，民主制度的建立不一定就能让各个族群获得参政、议政的途径，以及成为一种保障其平等权利与利益的机制。无论是议会民主、还是协商民主都可能是优势族群或主流族群的“游戏”，按他们的“游戏规则”来操作，整个选择的各个环节与过程都是符合民主原则的，但对于少数族群来说结果可能就是不公正的，这就是所谓的“民主的不公正”。这就是民族国家建构与族群发展之间存在矛盾的主要原因。因此，民主化要解决的不仅是个体之间的平等、个体政治权利的运用，也应该要解决群体间的平等、与群体权利的民主，这样才能保障拥有族群身份的个体获得真正的平等。

（2）民族国家建构与族群发展的内在张力

民族国家建构的目标与价值观与族群自我发展之间有着天生的矛盾。民族国家建构必然是以建构出统一的民族，实现民族一体化为出发点；而各族群追求的却是以保存族群文化谋求自身发展，按照其价值观与行为模式以弘扬本族的文化为目的来规划其发展目标。族群作为一种文化共同体，主要是由共同的文化联系在一起的，这种文化上的联系无比的稳定，远远超过其他政治、经济上的联系。所以即使民族国家建立之后建构出了民族这个政治共同体，但族群作为一种稳定的文化共同体依然会长期存在，并且会极大地影响到民族共同体的稳定与团结。民族国家在建立之后，民族一体化、经济现代化、政治民主化会要求对传统社会进行改造，通过各种族群政策来实现民族建构，力图将公民对各自族群的忠诚转变为对民族国家的忠诚，不断促进文化的同质与权力的集中，这就有可能与少数族群的传统文化以及利益要求发生矛盾。

在民族建构的过程中，少数族群由于处于被支配的、边缘的地位，国家主要是由主流族群控制的，民族建构过程中国家难免会从主流族群的角度看问题，不仅主要考虑主流族群的利益，还会以主流族群的文化作为社会的主流文化，这就意味着主流族群的利益与文化可能会成为国家利益与国家文化。由于财富、机会、权力、地位、收入等各种有形和无形的“价值”分配不平均与不平衡，并且“民族国家建构的基础要求之一是语言的统一和文化的同质”①，在对待多元的族群文化问题上可能存在歧视与强制同化现象的存在。往往“民族国家建构政策都是以一种强制的方式贯彻的，践踏了人们的基本公民权和政治权利”②，少数族群难免会在民族国家现行的价值分配方案、族群政策中遭受各种不公，并由此感到排斥感与挫折感，转而希望族群共同体能为个体提供必要的保护，所以少数族群会向民族国家提出自我族群发展的要求。

如果民族国家的族群政策不能满足少数族群的各种诉求，那么国家与族群之间的关系就有可能出现裂痕，主要表现为主流族群与少数族群之间的摩擦与冲突，这也是民族国家政治稳定出现问题的主要因素。宁骚教授就认为各种价值在民族国家内部各族群之间分布的不平衡，是造成族际冲突发生的根源。总的来看，民族国家建构与族群发展之间的矛盾主要表现为以下几个方面：

第一，国语与族群语言之间的矛盾。语言不仅是人类文化的载体，也是进行沟通的工具。对于一个族群来说语言是历史与传统文化的象征与载体，在感情上是一种“文化象征”，在理性上则是一种“交流工具”③，并且一个族群语言的地位“在

---

① 宁骚：《民族与国家》［M］，北京大学出版社 1995 年版，第 248 页。

② ［加］威尔·金里卡著，邓红风译：《少数的权利：民族主义、多元文化主义和公民》［M］，上海世纪出版集团 1995 年版，第 251 页。

③ 马戎编著：《民族社会学——社会学的族群关系研究》［M］，北京大学出版社 2004 年版，第 358 页。

很大程度上反映的是以此种语言为母语的族群在政治权力格局中的地位”[①]，涉及关系族群发展的权力、利益的分配问题。民族国家建构必然会要求一种统一的语言，这样才能建构出统一的民族共同体，并且有利于民主制度的运行，以及族群之间的交流与融合。但是，如果一个民族国家把优势或主流族群的语言定位国语、官方语言、通用语言，遏制与贬低其他族群的语言就会产生语言争端，并且会引发族群矛盾。

第二，共同文化与族群文化之间的矛盾。共同文化是一种同质性的文化，有利于民族国家的民族认同形成，会渗透并且吞噬多元的族群文化，这是一种历史发展的必然趋势，但少数族群难免会抵制共同文化。无论共同文化是以优势或主流族群的文化为中心、还是通过族群文化相互融合形成的，这种民族文化或者说主流文化会与族群文化产生对抗与冲突。“文化共性促进人们之间的合作和凝聚力，而文化的差异却加剧分裂和冲突”[②]，这种差异与冲突不仅体现在民族国家之间，也体现在民族国家内部，这是由于族群文化具有封闭性与排他性所决定的，并且族群之间政治、经济上的冲突也会通过文化冲突表现出来。所以，“族体之间的歧异和差异在一定意义上是文化上的歧异和差异，是基本价值观、特别是核心价值观的歧异和差异”。[③] 当然，族群文化之间存在交流和吸收的特性，民族文化也是建立在族群文化基础之上的，二者之间并不是截然对立的关系，如果一个民族国家拥有久远的历史，在现代民族出现之

① 马德普、柴宝勇：《多民族国家与民主之间的张力》［J］，《政治学研究》2005 年第 3 期。

② ［美］塞缪尔·亨廷顿著，周琪、刘绯等译：《文明的冲突与世界秩序的重建》［M］，新华出版社 2002 年版，第 133 页。

③ 宁骚：《民族与国家》［M］，北京大学出版社 1995 年版，第 209 页。

前就形成了统一的社会文化，那么在民族国家建构中二者之间的摩擦将会小很多。

第三，国家与族群政治权力分配之间的矛盾。国家权力是一种具有强制性和支配性的力量，对社会资源的分配会起到根本性的影响。所以权力的垄断与怎样来分享这些权力将会直接与社会资源挂钩，族群必然会要求分享一定的政治权力。所以，国家与族群之间关于权力分享之间的矛盾关键不是要不要实行中央集权，而是采取何种模式来实现中央集权。由于政治权力、社会资源的有限性决定了在权力分享之时，很难做到在各个族群之间按照公平与公正的原则来进行，也可能初次权力的分配是平等的，但由于各个族群的发展不同，造成了优势或主流族群会分享到更多的权力。优势或主流族群为了保障其既得的权力，会通过各种措施竭力使他们处于权力垄断和支配的地位上，同时会竭力防止和排挤其他族群以免他们获得较多的权力。[①]

第四，国家与族群利益诉求之间的矛盾。这种矛盾表现在两个方面：首先，是民族国家作为族群利益的代表者对利益在各个族群之间的分配是否公平。如果利益分配方案不能满足族群的要求，并且这种分配有利于某些优势或主流族群，那么这种不公正的分配就会激起少数族群的不满，成为族群矛盾与冲突产生的主要原因。其次，是涉及经济开发与利益分配的问题。一般少数族群都是居住在民族国家内经济落后、地广人稀的边疆地区，这些地区往往具有丰富的自然资源，随着人类科技的

① 这突出地表现在制度性歧视之中，制度性歧视又称为制度性种族主义，制度性歧视往往是不容易觉察的，指那些看上去是种族中立的、并且通常不是有意制造歧视的一些政策，但这些政策却是为了防止少数族群获得更多的权力，以限制社会的流动性为目的。参见［美］戴维·波普诺著，李强等译：《社会学》（第十一版）［M］，中国人民大学出版社 2007 年版，第 346 页。

进步和经济发展，这些地区的自然资源逐渐成为尚待开发的瑰宝。在开发少数族群世代居住的土地时，如何分配开发之后的利益问题成为关键，如果开发政策失当或者不能够协调好族群的利益要求，以及加剧族群间利益结构上的不平衡，就会引发族群之间的矛盾、对抗与冲突。

总之，民族国家建构与族群发展之间的矛盾，是在民族国家建构中各族群之间的联系日益加强的情况之下发生的，所以民族国家必须采取一系列措施来使这些矛盾和冲突最小化，而其中的关键就在于在民族国家建构中实现民族一体化与少数族群的多元化之间的一种动态平衡。这是一个两难的问题，如果族群只承认自身的特殊性，把自己的族群认同放在首位，那么就会阻碍国家的一体化建设；而如果民族国家忽视族群的特殊性，用强制的手段通过某种统一文化来建构国家认同，那么又会破坏国家权力的合法性。这个时候依靠一种能让族群保持文化多元和共同繁荣的方针来建构国家认同，就成为一种民族国家建构的最佳方案。

2. 国家认同的重要性及国家认同建构的方式

(1) 作为核心的国家认同

民族国家的权力合法性是动态的，“国家政权为了获得政治统治的合法性，就要对政治权力进行充分论证和渲染，以塑造自己的权威形象。这种使国家权力转化为权威的过程，就是政治统治的合法化的过程”[①]，也就是权威这种社会心理内化过程得到了个体的认同，即我们所说的国家认同。虽然现代民族国家合法性的基本表现形式是法制与民主，但是合法性还是需要一种意识形态的证明，这是一种意识和心理内化的结果，不

① 王蒲劬主编：《政治学基础》［M］，北京大学出版社1995年版，第163页。

同于法律上的强制，从而体现出了国家认同的重要性。国家认同虽然是内在的、难以捉摸的，但正是通过国家认同，并且依赖民族这种“想象的共同体”把民族国家存在的理由合理化了，通过把民族与国家结合起来的方式论证了民族国家存在的正当性，族群把民族国家看成是其“屋顶”，不仅能够代表其利益，而且还能保护其利益。

因此，多元的族群是否形成统一的国家认同将会极大地影响到民族国家的权力合法性，实际上国家认同的形成过程也是一个国家的统治获得合法性的过程。阿尔蒙德就认为国家认同在民族国家建构中是处于核心地位的，代表了国家成员对统治的认可，“在任何一个国家历史上的某一时刻，当对传统的准国家单位的忠诚同对国家的忠诚和国家的目标发生冲突时，政治共同体的问题就可能成为首要的问题，并造成重大的政治危机。于是全国政治共同体的合法性，即它能否名正言顺地使人们服从，就成问题了，随之而来的就是分裂主义运动。即使在立国已久的国家里，随着新问题，特别是那些涉及语言和文化统一性问题的出现，政治共同体内已解决了的边界问题也会再次被提出来”。[①] 所以，国家认同是民族国家建构的根本目标，是影响国家权力合法性的关键性因素，合法性的本质就在于族群对国家的忠诚与承认。

国家认同问题是任何一个民族国家都会面临的涉及国家稳定的关键性问题，特别是在多元文化的今天，基本上民族国家都是多族群国家，国内文化多元的族群决定了存在多元的族群认同，这就需要在族群认同之上建构出一种民族认同，以及国

---

① ［美］加布里埃尔·A. 阿尔蒙德、小 G. 宾厄姆·鲍威尔著，曹沛霖等译：《比较政治学：体系、过程和政策》［M］，上海译文出版社 1987 年版，第 39 页。

家认同才能保证一个多族群国家的团结与稳定。国家认同对于民族国家而言是最为重要的一种认同，国家认同作为一种政治认同关系到国家权力的合法性，而民族认同可以起到强化国家认同的作用，但“在当今世界上，并非只有在共同文化的基础上，族体或国家间的联合与合作才会成功”。[①] 比如加拿大并没有统一的民族认同，国内的各族群构成了一个马赛克式的社会。但如果民族国家没有形成统一的民族认同依然会对国家的稳定与团结带来一定的程度的影响，否则亨廷顿也就不会因为美国族裔的多元化，并由此造成民族认同的愈发弱化而发出“我们是谁”的呼吁了。

所以，民族国家建构与族群发展之间产生的矛盾问题，其实质并不是发展问题，也不是民主问题，“民族问题的核心是国家认同问题”。[②] 经济上的发展，政治上的民主化并不一定就会带来各族群对国家的认同。发展经济、发展民主政治只是解决族群问题、国家保持其权力合法性的重要途径，而国家认同问题则是民族国家建构、解决族群问题的根本目标。戴维·伊斯顿认为在国家出现的各种合法性危机中，国家认同危机是一种最深层次的合法性危机，典则和当局的合法性危机相比较国家认同问题而言，是一种浅层次的危机，对政治系统的影响不会有国家认同危机那么大。[③]

民族国家建构的民族一体化过程，也就是一个把个人对族群的认同转变为对国家的认同的过程，其底线是不能在短时间

① 宁骚：《民族与国家》［M］，北京大学出版社 1995 年版，第 211 页。

② 沈桂萍：《民族问题的核心是国家认同问题》［J］，《中央社会主义学院学报》2010 年第 4 期。

③ ［美］戴维·伊斯顿著，王蒲劬译：《政治生活的系统分析》［M］，华夏出版社 1989 年版，第 199 页。

内建构出民族共同体，也要保证个体对民族国家领土与政权的认同，这是一种对民族国家的忠诚感与归属感，最起码要使个体对国家的认同居于首要地位，超越个体对族群的认同。但是，国家认同形成之后并不是稳定不变的，可能由于民族建构的政策不当使得个体对族群的认同超过国家认同的情况产生，哈贝马斯就认为："没有一种政治系统能成功地保证大众的持久性忠诚，即保证其成员意志的遵从。"① 所以，国家认同需要不断地加强，族群政策也需要不断的修正以适应时代的要求。

总之，民族国家建构中最为重要的就是确立族群对国家的认同。这是协调好民族国家建构与族群自我发展之间的矛盾的目标，也是二者矛盾得到协调好的表现，"当民族接受、认同国家，把国家看作是自己民族的政治屋顶，也就是实现了国家与民族的统一"② 之时，国家才能获得持久的合法性来源。由于族群对国家的认同属于心理层面，这种认同是难以估量、并且是易变的，这就决定了民族国家建构这个动态过程必将是一个持续的、长期的，不可能一蹴而就，也不是一劳永逸的。

（2）国家认同建构的方式

民族国家建构的核心就是建构出统一的国家认同。由于现代民族国家基本都是由多个族群组成的多族群国家，要把文化、价值观等方面存在明显差异的各族群整合起来，形成统一的国家认同，使个体把国家认同居于首位，而把其对自我族群的认同居于次要地位，并不是一个简单、容易的过程。要实现这个目标，就必须使族群成员把民族国家视为其权利的代表，并且能够保障其应得的利益，否则就不可能让他们形成对国家的归

① 陈建樾：《多元一体：多民族国家内部的族际整合与合法性》[J]，《中央民族大学学报》2003 年第 5 期。

② 周平：《民族国家与国族建设》[J]，《政治学研究》2010 年第 3 期。

属感、忠诚感。具体来说，现代民族国家基本上都是通过传播宪政民主理念、强化意识形态的政治文化、推行制度化的教育、大力发展经济来强化各个族群对国家的认同。

其中最为关键的就是宪政民主的理念和制度，民族国家通过最高法律规定了无论文化背景如何，人人都是平等的，并且每个人都拥有平等的权利，都能够通过政治参与实现其作为国家主人的权利。西方宪政民主思想最大的贡献之一就是提出了公民身份，正是由于平等的公民身份才把文化各异的族群平等地纳入了民族国家之中。宪政民主是形成国家认同的基础，而国家认同则是宪政民主的必要条件。正是由于通过平等的公民身份才把文化差异的族群联合在了一起，形成了国家认同意味着国家权力合法性得到了广大族群成员的认可，这时国家认同就能为宪政民主的进一步发展提供必要的条件，宪政民主的进步又能够起到巩固和强化族群成员对民族国家的认同。因此，在民族国家建构的过程中，为了把文化各异的族群联结起来民族国家必须找到一条有力的纽带，而这个纽带就是公民身份，或者说公民资格。

公民身份成为一种把民族国家内文化各异的个体平等地联结起来的政治纽带①，通过民主制度获得公民身份的个体在公共事务中的作用扩大了。公民身份作为一种政治纽带，通过赋予共同体成员平等的地位，“所拥有这种地位的人，在这一地位所赋予的权利和义务都是平等的”②，这就有助于调和不同社会

① 纽带在这里理解为组织原则、团结和认同。参见［美］菲利克斯·格罗斯著，王建娥、魏强译：《公民与国家——民族、部族和族属身份》［M］，新华出版社2003年版，第25页。

② ［英］T. H. 马歇尔、安东尼·吉登斯等著，郭忠华、刘训练编：《公民身份与社会阶级》［M］，江苏人民出版社2008年版，第28页。

阶级、不同的族群之间的不平等关系。正是由于公民身份是具有包容性的，不像族群身份那样具有排他性，公民身份及其民主内涵“创造出了一种共同的联系纽带，不分出身、族属和宗教背景如何”[①]，国家认同会需要“一种超越种族的忠诚，这种忠诚将各个不同种族和文化背景的集团结合为一个整体，一个得到所有居民或绝大多数居民认同和热爱的整体”[②]，这种超越了族群认同的认同正是民族国家所必需的，这样才能形成统一的、至上的国家认同。总之，就如美国学者本迪克斯认为的那样，正是由于民族国家通过公民身份，以及建立了大规模的官僚机器，从而为新的社会力量提供了政治表达的渠道，这样就增强了族群对国家权威的认同。

但是，传统的公民身份理论忽视了共同文化因素的重要，而认为个人通过法律上规定获得了平等的权利就能建构起统一的国家认同。民族国家建构实际上就是民族建构，即民族的一体化过程。这种建构可以通过两个方面来实现，其一是通过公民身份来强化族群成员的公民意识，使其认同于国家政权，强调宪政民主制度与公民身份；其二是通过建构出一种统一文化，通过民族认同来整合文化各异的族群，强调文化传统或民族归属，二者之间是缺一不可的。为了建构起统一的国家认同，加强民族国家的一体化与民主化，公民身份无疑是最有效、成本最低的措施、这种政治纽带能够无视个人文化、体征上的差异而平等地赋予个人平等与自由，从而实现建构和强化国家认同的目的。但是，仅仅靠公民身份这一种纽带来建构国家认同是

① ［美］菲利克斯·格罗斯著，王建娥、魏强译：《公民与国家——民族、部族和族属身份》［M］，新华出版社2003年版，第22页。

② ［美］菲利克斯·格罗斯著，王建娥、魏强译：《公民与国家——民族、部族和族属身份》［M］，新华出版社2003年版，第180页。

不够的，所以民族国家一般会推崇一种以多数族群为基础的共同文化来配合政治纽带的运作，这种共同文化作为一种文化纽带对于民族国家建构而言也是非常重要的。虽然通过共同文化的民族认同来建构国家认同不仅成本高、耗时长、见效慢、但一旦形成之后就能够显现出强大的、持久性的凝聚力，特别在全球化民族国家主权弱化的趋势下，这种文化纽带就更为重要，成为一种“软实力”。实际上，仅以公民身份为基础的国家认同只能是一种弱势的国家认同，哈贝马斯认为“如果公民的法律地位与其民族文化的归属感联结在一起的话，民族国家就能很好地履行其一体化的使命”。[①]

同时，个体获得了公民身份意味着法律上获得了平等的权利与地位，但在现实中法律上的平等并不一定就能带来事实上的平等，这就是“形式上的承诺与具体实施效果之间的矛盾”[②]，所以靠传统的公民身份是无法实现社会正义的。尽管法律规定了人的政治平等，但族群身份才是在现实中真正决定个体平等、地位的因素，并且由于优势或主流族群会通过既有的制度限制社会的上下流动性，来保持先有的社会分层以维护其权力与利益。施密特早就清楚地认识到：“把每个人作为权利平等的公民加以对待的，只存在于具有族群同质性为基础的民主国家，民族国家社会中的每个领域都有事实上特殊的平等和不平等，不管这些不平等是多么地严重、多么地不公都会跟人的尊严有关。”[③] 所以，在一个相对平等的现实之中，只有当各

---

① ［德］尤尔根·哈贝马斯著，曹卫东译：《包容他者》［M］，上海人民出版社 2002 年版，第 137 页。

② Joseph Rothchild, *Ethnopolitics*, New York: Columbia University Press, 1981. pp17 –26.

③ ［德］卡尔·施密特著，冯克利、刘锋译：《政治的浪漫派》［M］，上海人民出版社 2004 年版，第 166—167 页。

种不平等是可以容忍的，这些不平等不至于造成少数族群不满的诱因，或者说还不至于让少数族群产生这样的感觉："这种生活对外来说不是很好"，"我决定不能再让我的儿子遭受我这样的命运"[①]，国家认同与族群认同才不会发展矛盾。如果这种不平等超过了少数族群所能忍受的限度，那么就会不可避免就产生族群矛盾，进而成为民族国家政治稳定与政治发展的阻力。这时，鲁西恩·派伊归纳的民族国家一体化过程中会遇到的五个危机将有可能先后相继出现。[②]

总之，公民身份并不一定就会带来真正的平等，族群身份往往才是决定个体在社会中所处位置的决定性因素，并且社会中的民主原则实际上并不能为少数族群带来权利平等与利益表达。反而，由于社会上下流动性的缺乏，实际上各种优势或主流族群的制度性歧视措施是随处可见的，这就是马克斯·韦伯强调的社会封闭性，"普遍的人人平等变成了一句空话"[③]。"民主国家中保护少数机制难以有效地发挥作用，一些少数民族的利益完全可能在各种'合法'的民主程序中被堂而皇之地所轻视、忽视乃至伤害"。[④] 可见，这种实质性的不平等并没有从现实和国家中消失，而是转移到了其他领域，在表面政治平等的条件下，依然存在着实质性不平等的其他领域。

---

① ［英］T. H. 马歇尔、安东尼·吉登斯等著，郭忠华、刘训练编：《公民身份与社会阶级》［M］，江苏人民出版社 2008 年版，第 54 页。

② Lucian Pye 认为在民族国家发展中会遇到五个方面的危机：国家认同危机、合法性危机、参与危机、政令贯彻危机、分配危机，这五项危机可以看作是一体化的危机。参见陈鸿瑜：《政治发展理论》，台北：桂冠图书股份有限公司 1987 年版，第 148—149 页。

③ ［德］卡尔·施密特著，冯克利、刘锋译：《政治的浪漫派》［M］，上海人民出版社 2004 年版，第 167 页。

④ 马德普、柴宝勇：《多民族国家与民主之间的张力》［J］，《政治学研究》2005 年第 3 期。

金里卡认为集体权利具有正当性，提出了差异的公民身份。他认为“公民国家不关心其公民的种族文化身份，并且仅仅依据于对明确的民主和正义原则的忠诚与否来界定国家公民的成员资格”①，这种忽视族群身份的做法显然是不正义的。所以，“传统的社会正义原则必须修正，必须纳入族群因素及集体权利的保障”。② 在多元文化的背景下，为了建构出统一的国家认同，就必须处理好公民身份与族群身份之间内在的张力。通过分析自由主义与民族主义两种理论在建构国家认同主张上的差异，就可以得出多元文化主义视域下的国家认同理论才是民族国家建构中的适时之选。

3. 理解国家认同的两种理论

公民身份是现代民主国家强化国家认同采取的最为基本的措施，就像金里卡所说的，这种政策优先对待优势或主流族群，并使得掌握国语或者说通用语言成为融入社会的条件，其目的都是鼓励或迫使少数族群同化，如果他们不想在政治和经济上被边缘化。③ 公民身份是建立在强调个人平等的权利基础之上，而族群认同则建立在要求集体平等的权利基础之上。所以，由于国家认同与族群认同建立的基础不同，国家与族群之间就会不可避免地产生一种张力。这种张力突出地表现在民族国家渴望建构出一个拥有统一文化的民族，而采取各种民族一体化的措施；而各个族群则为了能够

① ［加］威尔·金里卡著，刘莘译：《当代政治哲学》［M］，上海三联书店 2004 年版，第 617 页。

② 江宜桦：《自由主义、民族主义与国家认同》［M］，台北：扬智文化事业股份有限公司 1998 年版，第 208 页。

③ ［加］威尔·金里卡著，刘曙辉译：《多民族国家中的认同政治》［J］，《马克思主义与现实》2010 年第 2 期。

保存其独特的文化和习俗，避免被国家的共同文化所吞噬了而反对各种一体化的族群政策。如何使公民身份与族群身份达到和谐，自由主义与民族主义对国家认同的有着不同的理解。

(1) 自由主义的国家认同

自由主义者普遍把国家看作是社会契约论的产物。由于人类欲望的无限性与资源的有限性二者间存在不可调和的矛盾，个人的利益与财产难免会遭到其他人的侵害。为了避免这种情况发生，自由主义者自霍布斯开始就强调人与人之间通过放弃权利订立契约，组成国家这种保护个人利益与财产的政治共同体的重要性。所以，自由主义的国家认同是从单个国家成员的考虑出发的，在确定国家能够保证其权利和利益的情况下，他就会认同国家权力的统治合法性。自由主义的国家认同认为一个民族国家中政治体制和政治生活方式比民族历史、文化因素更为根本和重要。这种国家认同是基于宪政制度和公民身份为基础的，而不是像民族主义国家认同那样以民族为基础建构起一个共同的归属感。

所以，在自由主义的国家认同理论中，宪政制度、公民身份以及各种公平正义原则的重要性，远远超过了多元的族群文化以及民族认同依赖的共同文化。自由主义主张通过民主宪政原则建构的政治认同有其存在的意义，这是因为“由地域而形成的族群文化认同，必须型塑与安置于一个更广泛的民主宪政的架构及其原则，同时民主宪政蕴含的一些基本价值（如平等自由），必须取得人民的共同承认，并且，以它们作为调节争执、冲突的机制、与作为人民互相结合的形式上的纽带，否则此地域终究无法成为具合理性之良序的政治社会的形态，而可能长期陷入於因认同差异造成的冲突”。[①]

无论是哈贝马斯的宪政爱国理论，还是罗尔斯的重叠共识理论都体现了自由主义主张通过强调制度认同而不是文化认同来建构国家认同的模式。哈贝马斯认为的民主宪政、公民身份可以代替民族主义成为民族国家发展的动力，成为国民凝聚力的焦点和核心，“多元文化社会的国家证明了培养宪政原则所需要的政治文化并不要求所有公民分享共同的语言、族群或文化根源；相反政治文化本身就可以作为宪政爱国主义的共同基础”。[②] 罗尔斯的重叠共识之所以可能，正是由于他预设了存在着公共的政治文化，所以处于同一公共政治文化中的个人都能以最基本的理性能力与他人沟通，寻求一种解决社会问题的方案。对于罗尔斯来说，这种政治文化传统就是宪政民主制度，“重叠共识表明人们对于正义原则的认可和对社会基本制度的支持，而民众的认可和支持是一切政治合法性的基础”。[③] 这样，政治共同体就获得了公民的认同，自由主义者认为国家认同经过制度认同这种政治认同就可以成功地建构起来。

可以说，自由主义的国家认同主张是政治认同第一位，而文化认同是第二位的。由于自由主义主张个人自由和权利的至上性，“文化认同不是自由主义重视的要素，反而一个主权政府能否提供个人权利的适当保障才是要点，而后者正是制度认同的精髓”。[④] 通过各种权利和制度的保障，自由主义者认为足

① 蔡英文：《认同与政治：一种理论之反省》[J]，《政治科学论丛》1997年第8期。

② Jurgen Habermas. Citizenship and National Identity: Some Reflections on the Future of Europe, Praxis International 12, 1992. p7.

③ 姚大志：《何谓正义：当代西方政治哲学研究》[M]，人民出版社2007年版，第57页。

④ 江宜桦：《自由主义、民族主义与国家认同》[M]，台北：扬智文化事业股份有限公司1998年版，第107页。

以形成国家认同，所以对于国家中各异的文化认同和价值信念抱以价值多元的宽容。同时，自由主义主张的国家中立性和价值中立性原则，将会平等地对待每个人的公民身份，自由主义把各种族群认同看成是人们的私人生活中、文化领域的事情，所以其国家认同理论忽视一切“族群”和“民族”因素。

自由主义的国家认同理论忽视了基于共同文化之上的民族认同。这种主张有一定的合理性，毕竟共同文化的形成需要很长的时间，必然会伴随着高昂的成本和代价。在一个族群文化多元的民族国家，以及通过民族解放运动新成立的新兴民族国家中通过这种政治认同建构国家认同是最可取的捷径。但是共同的文化、历史和命运感无论是对于个人还是对于国家都是非常重要，仅仅靠宪政制度、公民身份建构起来的国家认同将会是不牢靠的，是一种“弱势认同”。文化认同不仅关系到个人的地位感、自尊感以及归属感，在国家认同建构中文化认同对于国家认同的建构与强化也会起到决定性的作用。就如威尔·金里卡所说的“政治制度应该反映某民族群体独有的特征，吸收该民族群体的历史、语言、文化，有时还有宗教等，从而使该群体成员感到这是属于他们自己的制度”，“国家可以仅立于民主原则的基础之上，无须特定民族认同或文化的支持，这是神话”。[①]

（2）民族主义的国家认同

在民族国家的形成中民族主义是一种重要因素，因而国家认同必然会与民族主义或者族群意识有关系。民族主义可以定义为“一种为某一群体争取和维护自治、统一和认同的意识形态运动、该群体的部分成员认为有必要组成一个事实上的或者

① ［加］威尔·金里卡著，邓红风译：《少数的权利：民族主义、多元文化主义和公民》［M］，上海世纪出版集团2005年版，第275—277页。

潜在的‘民族’”。[①] 民族主义可以视为一种意识形态、一种政治运动以及政府政策的表现形式。民族主义出现之后，人们将其与自由主义、社会主义等意识形态相提并论，民族主义成为汇集各种意理、信条的一种意识形态，从国家的层面上看民族主义已经成为统治的意识形态以及合法性的依据。所以，民族主义作为一种政治意识形态是与国家认同紧密地联系在一起的，民族主义的国家认同理论指的就是，在一个多族群的国家中，以某一主体族群为核心结合起其他少数族群，形成基于一种共同文化、共同历史命运感、居于共同利益之上的同质性文化的国家认同模式。

由于民族主义具有强大的号召力以及伦理道德规范，通过民族主义进行的社会动员通常会产生巨大的社会能量。民族主义的作用通过历史经验来看，一方面，可以强化个体成员对群体的归属感、责任和义务从而强化族群或民族国家的凝聚力；另一方面，民族主义则可能变为一种极端的意识形态，通过强调一种绝对的忠诚和使命感，成为种族主义和国家分裂的温床。对于研究国家认同来说，一般可以从公民民族主义和族群民族主义两种，它们对国家认同的影响是不同的。

公民民族主义，关注的是国家这个政治共同体的边界、成员的身份以及共同体的稳定问题，即我们说的民族认同和国家认同的问题。公民民族主义是通过公民权或者说公民身份来强化国家认同的，希望通过“民族”属性来实现人们公民身份和族群身份的和谐与统一，即“通过成为‘民族’中的成员，个人才被赋予了公民的权利和义务。只有成为‘民族’中的成员

① ［英］安东尼·史密斯著，叶江译：《民族主义》［M］，上海人民出版社2006年版，第10页。

才能成为公民，并得到只有民族国家才能赋予的公民权这种现代性所带来的种种实惠。只有那些享有公共文化的人，那些遵循民族国家的‘公民信仰’的人，才有资格享受那些构成公民权的权利和义务”。[①] 公民民族主义强调的这种文化的一致性，即是要求构建出一个国家化的民族共同体，这种诉求往往是与爱国主义通常有着模糊的界限，通过宣传把主流族群文化上升为公共文化，强调国家利益高于一切的道德规范来实现国家建构。公民民主主义对于国家认同的形成和强化是必要的，如戴维·米勒认为的那样“这些于公民权利和义务有关的‘互惠’，如果没有‘民族性’加以支撑，将不能获得实现”。[②]

族群民族主义，或者叫作族裔民族主义强调的是民族国家内的少数族群应该有更多的权利和利益、为了保护其利益或独特的文化要求某些政治上、文化上独特的权利，诸如自治等权利。族群民族主义对国家认同所起的所用是一种弱化作用，强化了以族群为中心的族群认同。族群民族主义强调文化多元和差异性，通过要求族群对其内部事务的自主性的政治主张来挑战民族国家的主权原则，在少数族群受到不平等对待的情况下往往会发展成为分裂性的族群民族主义，所以族群民族主义一般被视为社会秩序的破坏性力量。在一些学者眼中，“公民的民族主义与自由主义相连并且因此而得到相当的尊重，而族群的‘鲜血与土地’的民族主义形式则充满越轨行为，族群民族主义不改变信仰的排他主义使它们无法与‘主流’政治意识形态相结合”。[③]

---

① ［英］安东尼·史密斯著，龚维斌、良警宇译：《全球化时代的民族与民族主义》［M］，中央编译出版社 2002 年版，第 115 页。

② David Miller, *On Nationality*, Oxford: Claredon Press, 1995. pp68 – 72.

③ ［英］安东尼·史密斯著，叶江译：《民族主义》［M］，上海人民出版社 2006 年版，第 42 页。

在民族主义者看来，宪政制度、政治文化以及个人权利对于国家认同的形成来说，显然是没有历史文化因素、共同的命运感重要，“建立多元合成的国家机构并不能保证人们文化上对国家的认同，或接受主体‘族裔’的‘民族神话’，精英们发明一种包括大范围的民族神话来支持该国家的合法性，而实际上可能使人口中重要的部分没有被触及或被孤立”。[①] 对于国家认同问题，在政治制度因素解释不了的地方，民族主义所主张的文化、历史因素反而证明了它们在国家建构中的分量，就如耶尔·塔米尔强调文化因素的作用所说的那样，“政治机构应当是‘民族认同的载体’”[②]。所以，在国家建构的过程中，通过国家认同“塑造一个包容性很大的政治神话及象征主义、形成一套为国内所有族裔所共享的价值观以及政治记忆”[③]，对于民族国家政权的合法性是至关重要的。

总之，对于国家认同的看法，无论是自由主义还是民族主义理论都有其独到之处，但二者也存在不足之处。自由主义忽视了文化因素，特别是共同文化基础上的民族认同对国家认同建构的作用，我们应该看到“制度的好坏，显然不足以构成选择国家认同的唯一根据”[④]；民族主义则存在过分强调共同的文化、历史与命运，忽视了公民身份的整合效应，从而忽视了政治认同的重要性，并且在某些情况下过分强调文化认同的独特

① ［英］安东尼·史密斯著，龚维斌、良警宇译：《全球化时代的民族与民族主义》［M］，中央编译出版社2002年版，第43页。

② ［加］威尔·金里卡著，邓红风译：《少数的权利：民族主义、多元文化主义和公民》［M］，上海世纪出版集团2005年版，第236页。

③ ［英］安东尼·史密斯著，龚维斌、良警宇译：《全球化时代的民族与民族主义》［M］，中央编译出版社2002年版，第86页。

④ 江宜桦：《自由主义、民族主义与国家认同》［M］，台北：扬智文化事业股份有限公司1998年版，第131页。

性容易导致产生分裂性的族群民族主义。民族国家建构的过程不仅是政治上的统一、经济上的统一、也必然是文化的统一。

国家认同与族群认同之间的张力是永远存在的，所以民族国家建构才会是一个长期的、持续的过程。二者之间的张力突出表现在多族群国家中持续不断出现的族群矛盾，这种矛盾要么是不同族群之间的矛盾，要么是族群与国家之间的矛盾，但总的来说，都是由国家的族群政策不当而引起的。民族国家建构的目标始终是民族的一体化，这样才能消除族群认同与国家认同之间的内在张力，从而有利于民族国家的稳定和发展。然而，族群文化多样性却是一个客观存在的历史现实，各种民族建构措施只有在尊重和承认族群多样性的基础上，通过缓和的、民主的、自由选择的方式来进行民族建构才能取得成功。否则，将会激化族群与国家之间的内在矛盾，进而发展出以分裂为目标的族裔民族主义，从而不利于民族国家的政治稳定。

从民族国家建构的历史来看，民族国家可能会以消除国家之内各族群之间文化上的差异性来达到文化的统一，也可能会使各族群认同或尊重一种公共文化，来达到一体化的作用。如果民族国家能够尊重族群的差异性，并满足他们的各种合理的诉求，那么各族群会形成统一的国家认同，把国家认同置于首要地位能够有效地维护国家的内在统一性，反之则会对民族国家建构起到反作用。所以，民族国家对族群权利的尊重、承认是民族国家建构的基础和必要手段，“只有在‘复合’民族的架构之下才有可能产生真正的多元文化主义，多元文化主义赞美多元，并且在民族国家的整体政治制度和象征之下包容不同的文化成分”。①

① ［英］安东尼·史密斯著，叶江译：《民族主义》［M］，上海人民出版社2006年版，第43页。

第三章　多元文化主义理论与民族国家建构

在多元文化背景下的民族国家建构中，为了解决好民族国家建构与族群自我发展之间的矛盾，使得文化多元与政治一体能够和谐发展，西方思想家提出了多元文化主义理论。自由主义理论所主张的国家中立性，以及强调个体平等的主张并不能保障具有差异文化身份的少数族群得到公正的对待，更不会给予他们为了保存和发展其特殊文化的特殊权利，由这些理论指导的各种民族一体化措施不是彻底失败就是没有达到预期目标，而且族群与国家之间产生了重重的矛盾和冲突，为了缓和解决这些矛盾与冲突，多元文化主义理论就应运而生了。总的来说多元文化主义的产生是西方民主社会面对多族群与族群文化多样性的一种态度、看法和策略，主要以西方移民国家中突出的族群矛盾、族群冲突为考察对象，探讨其中的认同问题、资源分配问题、少数族群教育问题、社会制度等问题。

一、多元文化主义理论的兴起

1. 多元文化主义产生的原因

多元文化主义并不是凭空出现的，任何理论的出现都有其理论渊源，并且都基于一定的社会背景。多元文化主义的提出和完善实际上是一个理论和实践相互交织的过程，是一个由理论指导实践、再由实践经验完善理论，理论再指导实践、二者不断互动的结果。社会科学研究的对象就是现实的人类社会生活，多元文化主义也是基于民族国家族群和文化多样这个社会现实所提出的。如果没有西方政治思想两千多年的历史积累，那么多元文化主义就不可能产生和发展，同时多元文化主义也是协调族群平等、种族歧视等问题政治实践的具体产物。

（1）多元文化主义的理论渊源

西方政治思想的历史积累为多元文化主义的产生提供了深厚的理论基础。18 世纪意大利思想家巴蒂斯塔·维柯改变了之前西方政治理论的一元论哲学基础，对文化的差异性和多样性进行了全面、系统的论述。虽然他对多元文化的看法实际上只是一种文化相对主义的观点，但足以使我们把维柯看作是多元论的首创者。他把每个社会都看成是独特的文化共同体，代表着不同的思维和生活方式，各个社会中所信仰的价值和理想都是各不相同的。他认识到了文化的多样性、独特性，正是其文化独特性的观点，否定了从亚里士多德以来作为西方政治传统核心的永恒自然法学说。18 世纪启蒙思想家法国人孟德斯鸠进一步探讨了文化多样性，他认为文化多样性是人类生活的特征之一。他从内部道德和外部环境两个方面解释了为什么不同的社会会形成不同的民族特征。孟德斯鸠认为正是由于气候、地理形态、土壤、风俗习惯等各种因素决定了各个民族不同的性格、文化，他说："炎热国家的人民好像老头子一样怯懦，寒冷国家的人民则像青年人一样勇敢。"① 由于在不同的气候条件下，人们所呈现的特质是不同的，文化也就呈现出多样性的特质。

维柯和孟德斯鸠的思想对德国思想家赫尔德产生了极大的影响，赫尔德提出了一种文化民族主义，进一步强化了文化多

① ［法］孟德斯鸠著，张雁深译：《论法的精神》［M］，商务印书馆 1963 年版，第 7 页。

元的价值。赫尔德把人性比喻为一种“易受影响的黏土，由于人类生活在由不同文化组成的社会之中，不同的文化造就出了不同的人性”。[①] 他认为所有文化都是平等的，每种文化又都是有价值的，所以不存在某些族群优于其他族群。赫尔德的思想核心在于其对多元文化的重视，并且认为不同族群文化都具有独特的价值，绝对不能用一种文化的标准去衡量另外一种文化。赫尔德所强调的文化差异性、独特性是建立在各种文化互不接触基础之上的，他忽视了文化之间的接触与交流，这样也就能对文化间摩擦引起的冲突避而不谈。虽然赫尔德的文化多样性理论依然是一种文化相对论，但是赫尔德仍旧为多元文化主义做出了必要的理论贡献。

以赛亚·伯林文化多元论和价值多元论为基础的自由主义思想为多元文化主义提供了重要的理论资源。他反对以某种价值尺度或特定文化作为衡量所有文化的标准，他认为这样做是危险的谬误。他对文化多样性的看法是：“任何文化都不仅仅是走向另一种文化的工具；每一项成就，每一个人类社会，只能根据它自己的内在标准加以判断”，“不同的文化，就像是人类大花园里众多和睦相处的鲜花，能够也应当共存繁荣”。[②] 他把族群归属看成是多元文化的必要条件，也是个人自尊与真正自由的条件，他认为抽象的个人其实是不存在的，人们必定归属于一定的共同体，这就像事物、住所一样，是人类的一种本质需求，这个群体将会基于这些属性之中：种族、血缘、宗教信仰、共同的使命感等等。可见，柏林一直把个人的自由和族

① J. G. Herder, *Herder on Social and Political Culture*, Cambridge: Cambridge University Press, 1969. p185.

② ［英］以赛亚·柏林著，冯克利译：《反潮流：观念史论文集》［M］，译林出版社 2002 年版，第 13 页。

群归属感视为最基本的终极价值，也是其文化多元论和价值多元论的基础，而文化多元论和价值多元论成为多元文化主义的核心。总之，维柯、孟德斯鸠、赫尔德、柏林等人的理论为多元文化主义的产生提供了必要的思想基础。

多元文化主义的兴起，从一开始就与族群文化多样性与平等问题紧扣在一起，虽然在其后发展过程中其内涵不断扩大，并且超越了文化层面涉及政治、经济等层面，并超出民族国家范围成为一种世界范围的意识形态。但从多元文化主义的雏形或直接理论来源上看，学术界普遍认为是20世纪初出现在美国的黑人民族主义和文化多元主义。实际上面对族群多元化这种客观事实，美国自建国开始就实行熔炉论，在很长时间内熔炉论一直是美国族群政策的基本价值取向。如美国首任总统乔治·华盛顿认为美国民族国家的发展应该遵循这样一种路径："在追求和实践民主的过程之中，使美国成为一种种族的、财富的、宗教的、国籍的差异逐渐消失的熔炉。"[①]

非裔美国学者杜波依斯，首先对美国的种族歧视政策与熔炉论进行了深刻的批判。他在其著作中描述了黑人由于被排斥在主流文化之外的精神创伤，"每个美国黑人始终生活在两种同时存在的意识之中，始终意识到他既是一个美国人，又是一个黑人……两种始终处于交战状态的理想，并存于一个漆黑的躯体之中"。[②] 杜波依斯的描述"既是对种族歧视的抗议，也是一种对美国社会中一元与多元问题的深刻思考"[③]，他对一元与

① Arthur M. Schlesinger, Jr., *The Disuniting of America: Reflections on a Multicultural Society*, New York: W. Norton & Company, 1991. p4.

② W. E. B. DuBois, *The Souls of Black Folk*, Boston: Bedford Books, 1997. p38.

③［美］王希：《多元文化主义的起源、实践与局限性》［J］，《美国研究》2000年第2期。

多元的比较与同时代卡伦提出的文化多元主义形成了相互呼应。美国犹太裔学者霍勒斯·卡伦认为美国熔炉论同化政策是不合理的，自 1915 年起就对熔炉论提出了强烈的批判，他认为这种做法将非盎格鲁—撒克逊族群都看成是低等的，显然是违背了《独立宣言》中的平等精神，所以他提出了文化多元主义的理念。他认为族群之间的分别在于血统，而不在于文化，族群之间的差异是无法彻底消除的。“人们可以或多或少地改变自己的衣服、自己的政治观点、自己的妻子、自己的宗教信仰和自己的哲学信念，但改变不了自己的祖宗。一个爱尔兰人永远是爱尔兰人，一个犹太人永远是犹太人。”[①] 他认为美国在这种情况之下，联邦制的美国不仅是一个政治共同体，同时也是一个各种族群文化的联合体。[②] 自此文化多元主义成为后来多元文化主义的雏形，也是多元文化主义最为直接的理论来源。

（2）多元文化主义产生的社会背景

第一，北美民族国家族群与文化多元性的社会现实，以及第二次世界大战后人口结构的明显变化推动了多元文化主义的出现。无论是美国、加拿大都是由移民构成的国家，欧洲民族国家国内族群之间基于共同地域、祖先、传统与文化的同质性是北美民族国家所不能相比的。北美民族国家的特点是族群以及文化的多元性，美国以及加拿大民族国家建立之前，都是欧洲资本主义帝国的殖民地，在美国和加拿大民族国家成立之后，国内族群多样化的特点仍然在扩大。亨利·比肖夫认为“作为一种社会现象，北美人口就一直存在着多元性，美国独立和立

① ［美］塞缪尔·亨廷顿著，程克雄译：《我们是谁？——美国国家特性面临的挑战》［M］，新华出版社 2005 年版，p109.

② HoraceM. Kallen, *Culture And Democracy in the United States*, New York: University Of British Columbia Press, 1998. p23.

宪以及其赋予的自由思想、开放经济，使美国人有了一个历史机会来建立一种与欧洲传统不同的政治社会。美国人相互认同的基础正是基于此间建立的民主政治和价值之上。”[①] 特别是第二次世界大战后，北美人口结构发生了明显变化，来自第三世界国家移民的增加使北美社会变得越来越多元。经1971年的统计：“加拿大人口中约三分之一为英裔，三分之一为法裔，三分之一为其他少数族群。”[②] 可见，族群和文化多样性空前发展的社会现实，为多元文化主义的产生奠定了基础。

第二，第二次世界大战后民族主义情绪高涨，北美民权运动的兴起，造成了美国和加拿大国内各少数群体的民族意识开始觉醒，要求得到主流社会的承认并获得平等的权利。二战后，世界范围了爆发了大规模的民族主义，民族主义的热情同时也传到了欧美国家，使得欧美国家内部受到歧视的少数族群掀起了争取平等权利的斗争。促使美国与加拿大国内的黑人、亚裔、拉美人和土著族群更加关注本族群的文化特征，要求得到主流社会的承认和获得平等的公民权。虽然美国和加拿大民主宪法都倡导自由与平等的传统，但这种强调个人的平等并没有带来事实上的平等，各种歧视、压迫现在依然存在于社会生活中，少数群体由于政治意识得到了提高，开始要求废除各种种族歧视与不平等政策，使得主流社会承认他们特殊的文化传统和族群身份的平等。美国、加拿大和其他西方国家不得不重新制定出一种新的族群政策，从而促进了多元文化主义的产生。

第三，美国和加拿大的民族同化政策扩大了国内族群矛盾，

---

① Henry Bischoff, *How Does Immigration Affect National Identity In Immigration Issue*, Connecticut: Greenwood Press, 2002. p119.

② 宁骚：《民族与国家》[M]，北京大学出版社1995年版，第537页。

在熔炉论失败之后两国政府不得不寻求一种确实可行的处理族群关系的政策。1960 年以前，加拿大、美国乃至澳大利亚这三个主要的移民国家的采取了一种盎格鲁化的民族同化政策，也就是所谓的熔炉理论。这种强制同化政策希望在一段时间之后，使外来移民放弃自己祖国的文化与传统，彻底融入到盎格鲁—撒克逊文化之中，成为彻底的美国人或者加拿大人。就如亨廷顿总结的那样："在美国历史上，凡是不属于盎格鲁—撒克逊新教白人的人，都被要求接受美国的盎格鲁—新教文化及其政治价值观，而成为美国人。这对他们有利，也对国家有利。"① 熔炉理论的实行使得美国国内黑人、墨西哥裔等族群与英裔之间的矛盾深化，英裔针对有色人种的歧视，特别是白人警察对有色人种的暴力执法，且能逍遥法外的行径，引发了大规模的游行与暴动。加拿大国内加拿大化运动失败之后，魁北克法裔人的独立要求，以及原住民的自治要求使得加拿大联邦面临分裂的威胁。在各方面的压力之下，美国和加拿大不得不放弃了民族同化政策，更为宽容的多元文化主义政策替代了熔炉论的民族同化政策，以缓和两国国内不断激化的族群矛盾。

2. 多元文化主义的内涵

(1) 多元文化与文化多元主义

对多元文化主义理解的偏差，很大原因是人们对文化一词的定义或者理解有着非常大的歧义。故在探讨多元文化主义之前，应该先对文化下一个恰当的定义。社会学家和人类学家对文化的共同定义是，文化是人类群体或社会的共享成果，这些共有产物不仅包括价值观、语言、知识，而且包括物质对象。②

---

① ［美］塞缪尔·亨廷顿著，程克雄译：《我们是谁？——美国国家特性面临的挑战》［M］，新华出版社 2005 年版，第 53 页。

② ［美］戴维·波普诺著，李强等译：《社会学》（第十一版）［M］，中国人民大学出版社 2007 年版，第 72 页。

人类学之父泰勒说的更为具体："文化包括知识、信仰、艺术、法律、道德、风俗以及作为一个社会成员所掌握和接受的任何其他的才能和习惯的复合体。"① 可见，文化可以说是人类社会生活的创造物，是人类精神成果的结晶，自人类出现之后传统文化就不断地以各种方式传承下来，并广泛地存在于人类精神和物质生活的诸多领域。在此基础之上，"多元文化"或者说"文化多元"实际上是一种事实性的描述，指在一个社会、国家中有着各种不同的文化，或世界是由拥有不同文化的民族国家所组成的。

国内很多学者在混用多元文化主义（multiculturalism）与文化多元主义（cultural pluralism）这两个术语。出现这一现象是由于对这两个术语本质的理解不清，从汉语的语境下来使用从而产生了混淆。文化多元主义与多元文化主义的内涵是不同的，在进行学术研究之时应该明确认清二者之间的区别与联系，避免概念上的误用。文化多元主义是由美国犹太人哲学家霍勒斯·卡伦在1915年首先提出的，他批评了美国当时流行的熔炉论的不合理性，他认为社会上各种不同的文化群体，无论各种文化之间的强弱兴衰，都有其存在的价值。应该主张尊重各种文化的自主性，包容其差异性，只有这样各种文化之间相互尊重，相互学习，人类文明才能继续得以发展。我们可以看到他提出的文化多元主义有下面几个特点，首先，仅仅是对美国国内多族群文化的关注，并没有跨出一国的范围；其次，关注的是美国白人内部的同化问题，具体说来是对南欧移民的关注，特别是犹太人，他已经把诸如黑人、土著人等有色人种排除在

---

① ［英］E. B. 泰勒著，连树声译：《原始文化》［M］，上海文艺出版社1992年版，第1页。

外了；最后，他的多元文化主义主张多元的文化共存，但是并没有提出一体的主张，在很大程度上忽视了经济、政治、教育体制对文化的整合作用。所以，卡伦的文化多元主义为人类处理民族国家内多族群、多文化之间的冲突提供了一个新思路，但同时因为其理论的不完善性受到了许多批评，如亨廷顿就把卡伦的文化多元主义看成是一种种族主义，并且认为他的主张会使美国“巴尔干化”，并且卡伦在多年以后也承认自己的主张未起作用。[①]

（2）多元文化主义的内涵

多元文化主义（multiculturalism），是西方社会在 20 世纪 60 年代出现的一个新术语，多元文化主义第一次被人们使用是在加拿大政府 1965 年颁布的《皇家委员会关于双语主义与双文化主义的报告》中。多元文化主义（multiculturalism）与文化多元主义（cultural pluralism）从外表看来十分的相同，但从本质上看其内涵是不一样的。多元文化主义关注的是民族国家之内各族群、种族的文化和传统的尊重，超出了白人的范围而关注到了有色人种；多元文化主义成为很多国家少数群体诉求自己政治权利的政治理论来源，并且要求把族群平等落实到具体的政治和经济生活中去，超出了其“文化”的范畴而具有了政治意义；多元文化主义对族群和种族文化差异性问题的思考，其适用性和考察对象超出了美国国内的范围而涉及全球范围内的民族国家；多元文化主义不再仅仅要求一种文化上的平等，提出了通过赋予少数群体一种差异的公民身份，从承认差异到追求差异的平等，最终达到事实上的平等这样一种政治目的。

① ［美］塞缪尔·亨廷顿著，程克雄译：《我们是谁？——美国国家特性面临的挑战》［M］，新华出版社 2005 年版，第 109—110 页。

多元文化主义这个术语被提出之后，人们对多元文化主义的使用频率就一直很高，但对于多元文化主义的内涵就始终没有一个清晰和公正的定义。这主要是由以下两方面原因造成的：一方面，在多元文化主义的旗帜之下，往往聚集了大批不同的诉求。有的诉求涉及理论问题，如呼吁改变当前的国家格局，建立一种新的以文化划分的新国家格局；有的诉求涉及政策问题，如要求政府加大对少数民族集中居住地区发展教育、经济的支持，要求建立少数族群的自治机构等等；还有的诉求涉及现实的社会问题，如对少数民族生活方式、习俗和信仰的尊重，提倡女权主义乃至同性恋等不同生活方式的包容和尊重。由于这些诉求的多样性、不可兼容性使得对多元文化主义的概念进行界定变得很困难。王希教授就认为，“从这个意义上来讲，多元文化主义与其说是一种严格的政治思想，倒不如说是一种象征性的政治口号。”① 另一方面，在诸多对多元文化主义的研究中，研究者的研究角度、自身知识背景、关注的方面不同，以致对多元文化主义内涵的描述也不同。在他们的笔下多元文化主义有的描述成一种理论，有的描述成一种制度，有的描述成一种政治运动。如金柴罗和施泰因伯格所指的那样“多元文化主义的内涵即广泛同时也很空洞，既意味着所有也可能什么也不是”。②

由于研究方向不同，多元文化主义的含义也就不同。从多元文化主义的内容上来说，涉及政治理论、文艺理论、民族主

① ［美］王希：《多元文化主义的起源、实践与局限性》［J］，《美国研究》2000年第2期。

② Kincheloe. J. L&S. R. Steinberg, “Introduction: What is Multiculturalism” in Changing Multiculturalism.” in changing Mulficalturalism. Buckingham: philadelphia open university press. 1997. p14.

义、女性主义、宗教学、教育学、社会学等学科和领域。[①] 所以，中外学者在界定多元文化主义的时候不可能面面俱到，而是从其所关注的方向对多元文化主义进行探讨，从不同的角度对多元文化主义下了定义。就如格莱泽所指的那样："多元文化主义者们，都试着从各自的角度描述出一个不带偏见和歧视的更为美好的蓝图。"[②] 美国王希教授认为，多元文化主义"既是一种教育思想、一种历史观、一种文艺批评理论，也是一种政治态度、一种意识形态"。[③] 另外美国学者沃特森把多元文化主义的含义具体地归为下面几种。首先，多元文化主义是一种文化观。并认为没有任何一种文化比其他文化更为优秀，文化之间是平等的、可以相互影响的，不存在一种超然的标准来证明一种文化可以把自己的标准强加于其他文化这样一种正当性。第二，多元文化主义是一种历史观。关注的是少数族群以及社会中的弱势群体，强调的是历史经验的多元性，这种多元性表现在一个国家的历史和传统是由多个不同族群所共同书写和缔造的。第三，多元文化主义是一种教育理念。认为应该修正传统教育模式对非主流文化的排斥，学校应该帮助学生消除对其他文化的误解以及歧视、尊重和学习其他文化。最后，多元文化主义是一种公共政策。这种政策主张在政治、经济、文化上所有人都是机会平等的，禁止任何以肤色、文化、宗教和其他

---

① Kincheloe. J. L&S. R. Steinberg, "Introduction: What is Multiculturalism" in Changing Multiculturalism." in changing Mulficalturalism. Buckingham: philadelphia open university press. 1997. p3.

② Nathan Glazer, *We Are All Multiculturalists Now*, Cambridge: Harvard University Press, 1997. p11.

③ ［美］王希：《多元文化主义的起源、实践与局限性》［J］，《美国研究》2000年第2期。

因素的歧视，强调族群平等和宗教宽容，最终目的是实现社会中真正的事实上的平等，而不仅仅是文化平等。[①] 可以说，沃特森对多元文化主义的界定是全面而客观的。

从政治学的角度，多元文化主义主要涉及两个方面：其一是关于民族国家内族群文化差异性、平等性以及族群间关系的政治理论，其二是一项处理民族国家内族群文化多样性以及族群矛盾、追求各种文化和族群和谐共处的具体政策。台湾学者王俐容在《当代多元文化主义的发展》一文中就认为多元文化主义：首先，是对社会中不同族群的文化差异产生的社会现象的描述；其次，多元文化主义是一种具体的政治意识形态；最后，多元文化主义是一种具体的处理族群文化和族群关系的公共政策。[②] 在对多元文化主义进行深入研究时，只有把多元文化主义理解为协调族群与国家关系、文化多元与政治一体关系的一种政治理论，以及一种具体的政策这样才能抓住其本质，并凸显出多元文化主义的时代价值。

尽管对多元文化主义的含义有各种不同的解释，但就其共性而言，多元文化主义只不过是一种在自由主义宪政框架内以寻求族群平等与共存为目标、以承认族群权力为核心的政治思潮与政策。[③] 无论从哪一个侧面来看多元文化主义的内涵，我们都可以发现多元文化主义主要处理的问题是民族国家内部多族群之间、少数群体与多数人之间的冲突与矛盾，以及族群文化

---

① Watson Conard William, *Concepts In The Social Science*: *Multiculturalism*, Buckingham, Philadelphia Open University Press, 2000, preface.

② 朱联壁：《“多元文化主义”与民族—国家的建构——兼评威尔·金里卡的〈少数的权力〉》[J]，《世界民族》2008 年第 1 期。

③ 常士訚：《超越多元文化主义——对加拿大多元而文化主义政治思想的反思》[J]，《世界民族》2008 年第 4 期。

多元与国家政治一体之间的关系问题。所以，多元文化主义可以被认为是一种民族国家处理国内族群矛盾的政治思想或者具体化了的族群政策。就如常士訚教授所说："多元文化主义实际上为多族群主义（mutiethnicalism）。"[①] 在评价多元文化主义的时候，我们不能仅仅从理论上进行分析就赞同或者否定多元文化主义，而是应该把理论和实践结合起来考察多元文化主义的利弊，把政治理论和具体政策结合起来研究才是客观的、科学的。实践是检验真理的唯一标准，任何政治理论只有通过实践才是有价值的，否则只能是一种"乌托邦"式的空想。

3. 多元文化主义理论的发展

多元文化主义作为一种关于文化多样性与族群问题的政治理论，大家普遍认为其正式形成的时间应该是在 20 世纪 80 年代左右。自 1965 年多元文化主义一词正式出现在加拿大官方报告中，到 1971 加拿大政府在全球首先实行多元文化主义政策，再到 1988 年颁布了《多元文化法》，作为具体政策的多元文化主义在实践中不断完善和发展。与此同时在实践的基础上，西方特别是北美学者针对现实社会问题，在相关理论的基础上阐述了自己对民族国家内文化多样性的探讨，以及关于如何处理族群差异、平等问题、族群认同与国家认同之间的关系的见解。实际上，正是由于在多元文化主义这面大旗之下聚集了大批的当代西方学者，而学者们又是从其关注的某个侧面来论述多元文化主义的，这就使得多元文化主义具有丰富的内涵。由他们思想构成的多元文化主义理论主要有以下几方面的特色：

---

① 常士訚主编：《异中求和——当代西方多元文化主义政治思想研究》[M]，人民出版社 2009 年版，第 32 页。

首先，基于对北美多元文化主义实践的思考。如金里卡就以加拿大族群多元的社会现实为研究对象，提出了差异的群体权利，主张文化的平等性，要求为少数群体提供一种差异的平等权；为了实现公平与正义，要求给予少数族群以保存自己文化、自治的权利，并且提出了一种特别代表权利，也就是要么实行群体代表制或者比例代表制。这样才能使“少数群体有投票和竞争职位的权利，有在政治上组织起来的权力，有公开地宣扬自己观点的权利，这通常足以保证他们的关注能得到公平的倾听”。[①] 亨廷顿则反思了多元文化主义引发的社会“马赛克”化现象，以及对民族国家国家认同的消解现象。民族国家存在多元文化现象是一种普遍现象，“全球化的过程会使个人和民族的更广的宗教与文明认同变得更重要”[②]，但多元文化主义主张给予某些族群政策上偏斜乃至让其自治的理论，会不会破坏社会的团结、阻碍国家的一体化，乃至导致民族国家的分裂至今学者们仍在争论之中，所以对多元文化主义的评价也是褒贬不一。

其次，是居于对自由主义个人平等理论的反思。作为一种政治理论的多元文化主义，其核心问题是身份问题或者说认同（identity）和平等（justice）问题。多元文化主义主张不同种族、不同族群及其他不同文化群体的平等性，多元文化主义政治理论主要是围绕现代社会里少数群体的平等性问题展开的。多元文化主义与自由主义在平等权利上不同之处在于，多元文化主义的平等观念是基于群体之上的平等，而不是自由主义那

① ［加］威尔·金里卡著，马莉、张昌耀译：《多元文化的公民身份——一种自由主义的少数群体权利理论》［M］，中央民族大学出版社 2009 年版，第 188 页。

② ［美］塞缪尔·亨廷顿著，程克雄译：《我们是谁？——美国国家特性面临的挑战》［M］，新华出版社 2005 年版，第 23 页。

种基于个人之上的绝对平等。多元文化主义所关注的是不同族裔、族群、妇女、残疾人等各种少数群体的群体平等权利，而不是自由主义抽象意义上的个人之间的平等权利。所以，他们批判自由主义理论中的普遍主义会忽视少数群体的文化，进一步将会导致文化上的压制和专制；而个人之上的绝对平等也不会达到真正的公平与正义，随之而来的只会是歧视与事实上的不平等。无论是查尔斯·泰勒“承认的政治”还是艾丽丝·杨所提倡的“差异政治”，其重点都是批评自由主义过分强调个人，而忽视了群体的平等、群体之间的差异，缺乏对少数文化的承认，他们认为个人的自尊与自己所属群体的文化被其他群体承认有密切的关系。因此，自由主义的个人主义预设在他们看来是不正义的。

最后，多元文化主义者为了让少数群体获得平等权利，他们从宪政理论的角度下论证了自己的主张。如宪政主义的倡导者詹姆斯·塔利就从多种多元文化主义运动中总结出了两个特点，那就是寻求文化承认与争取某种自治。他认为只有当各种文化都得到承认，并且被纳入到宪政秩序的协议与内容之中，这个政治共同体才称得上是符合公平与正义的，否则便是不正义的。所以无论是土著、移民、少数族群等都应该在宪政结构之中获得尊重与保障。迈克尔·沃尔泽也认为：不仅要从多数之中求一、异中求同，也要在一中求多，同中求异（Not only from many，one；but also within one，many）。[①] 哈贝马斯的宪政理论以及对民族国家的思考，也是在探讨民主制度下如何确保社会中的每一个人都能享有平等的权利。他在其著作中讨论了

① Will Kymlicka，*The Rights Of Minority Culture*，Oxford University Press，1995. p145.

民族、法治国家与民主之间的关系，提出了自己关于如何通过承认实现平等的主张。[①]

二、多元文化主义对少数族群权利正当性的论证

多元文化主义在对民族国家文化与族群多样性的社会现实进行分析的基础上，论证了少数族群权利的正当性，也就是多元文化主义对处理文化与族群多样性的倾向与原则。多元文化主义认为少数族群权利具有正当性的同时，也体现了多元文化主义的核心价值观，这一核心价值观是各种流派多元文化主义达成的基础共识，体现了多元文化主义具有的本质特征。

1. 正义性

正义可以说是人类社会的永恒追求，古希腊时期的正义被理解为一种普遍的、为人们所遵守的道德标准，这种道德标准表现为一种平等关系，这个时期的正义是与道德论紧密联系在一起的，追求正义也就意味着追求一种“善”。当代的正义理论关注的是一种社会正义，即通过分配正义来实现社会的平等，就如罗尔斯的著名主张“正义是社会制度的第一美德”所示。罗尔斯把正义视为社会制度的首要价值，他认为所有的社会价值，自由和机会、收入和财富、自尊的基础都需要平等的分配，除非对其中的一种价值或所有价值的一种不平等分配合乎每一个人的利益，这就是罗尔斯的一般正义观。[②] 实际上，罗尔斯的正义就是如何能够达到平等结果的标准、规则、途径。在正义是什么的问题之上，多元文化主义跟罗尔斯对正义的看法基本上是相同的，都把

---

① ［德］尤尔根·哈贝马斯著，曹卫东译：《包容他者》［M］，上海人民出版社 2002 年版，第 237—275 页。

② ［美］约翰·罗尔斯著，何怀宏等译：《正义论》［M］，中国社会科学出版社 1988 年版，第 62 页。

正义视为一种社会标准和价值。正义是权衡和估量各种价值的定律，可以把正义定义为“诸价值的价值”[1]，也就是把正义看作是各种价值之上的一种公平的评判标准或决策程序。

罗尔斯认为自由与平等都是西方自由主义思想的核心价值，但是仅仅解决了自由是远远不够的，平等问题也必须得到妥善的解决。罗尔斯于是提出了二个正义原则，第一个原则是平等自由原则，第二个原则是差别原则与机会的平等公正原则。平等的自由原则为的是实现个人的自由与平等，而机会的平等公正原则目的是为了实现机会与权利的分配，而差别原则被用来分配收入和财富。如果能够平等分配的东西，自由和权利就应该平等地分配，这是符合第一个正义原则的；如果这些东西不能平等地分配，如收入和财富就不可能做到人与人之间的平等分配，那就需要实行差别原则，这种不平等的分配必须符合最不利者的利益，这样才能够是正义的。同时，罗尔斯认为这两个正义原则，“是按照先后次序安排的，第一个原则优先于第二个原则”[2]，这就意味着罗尔斯认为自由是第一性的，意味着自由是高于平等的。可见，罗尔斯把自由放在了至高的位置上，这就是自由主义者普遍认同的自由优先性。同时，从罗尔斯无知之幕和基本善的推论中，我们可以看出权利维度是罗尔斯正义理论的出发点。总之，罗尔斯强调的是个人自由与个人权利，他为他的正义原制定了一个前提条件，那就是他所谓的“诸基本自由”：有政治上的自由（选举和被选举担任公职的权利）及言论和集会自由；良心的自由和思想的自由；个人的自由和

① ［美］迈克尔·J. 桑德尔著，万俊人等译：《自由主义与正义的局限》［M］，译林出版社2001年版，第20页。

② ［美］约翰·罗尔斯著，何怀宏等译：《正义论》［M］，中国社会科学出版社1988年版，第61页。

保障个人财产的权利；依法不受任意逮捕和剥夺财产的自由。[①]

多元文化主义者所强调的集体权利显然与罗尔斯个人权利至上的主张不同，也是多元文化主义与自由主义争论的核心之一。金里卡就认为“个人权利对自由主义至关重要，事实上，区分自由主义与其他主义的标志之一就在于是否承认这些基本权利具有优先性”[②]，多元文化主义所要求的是一种居于群体权利之上的正义。正义是与权利联系在一起的，无论是自由主义还是多元文化主义都把权利当作其立论的基础，不同的是，自由主义所追求的是个人权利，而多元文化主义追求的是群体权利。自由主义认为个人在道德上优先于群体，群体或者共同体的存在只是为了对构成它的个人的福祉做出贡献；多元文化则把个人放在社会中进行分析，认为由于人处于特殊的社会关系和社会角色之中，个人是社会常规的产物。因此，多元文化主义认为自由主义关注大多数人的自由与权利，会对少数人构成现实或潜在的不正义的侵犯，最终导致社会的不正义。多元文化主义批判了自由主义奉行的个人权利基础上的正义原则，把这种正义原则的制定看作是为了照顾多数群体的利益，所以自由主义的正义原则在他们看来是不正义的。同时，自由主义的正义理论忽视了诸如身份、承认、语言、文化等方面特殊利益的重要性，而要求从群体或共同体的角度要求一种特殊的群体权利，这样才能确保少数群体的合法权利，进而实现社会正义。“少数群体的权利是在补充而不是在削弱个人的自由与平等”[③]，

① ［美］约翰·罗尔斯著，何怀宏等译：《正义论》［M］，中国社会科学出版社1988年版，第61页。

② ［加］威尔·金里卡著，刘莘译：《当代政治哲学》［M］，上海三联书店2004年版，第56页。

③ ［加］威尔·金里卡著，刘莘译：《当代政治哲学》［M］，上海三联书店2004年版，第618页。

多元文化主义主张的群体权利与自由主义主张的个人自由与平等并不冲突，只是实现社会正义的方式不同而已。

多元文化主义要求的正义是社会意义上的正义。多元文化主义的正义体现在对罗尔斯正义理论的批判之上，注重群体的多元文化主义认为自由主义正义理论强调个人主义的主体观念，排除了任何公共生活的可能性。在公共生活中人与人之间的联系、共同体的利益、善与恶都是事关重大的东西；无视公共生活也就难以形成共同的目标，而这种共同的目标有助于达成个人之间相互的理解与认同。所以，多元文化主义者要求以超越个人主义的观念来实现社会正义。同时，罗尔斯的社会观念首先是不同的个人，进而才是人与人之间的合作。“原初状态所预设的似乎恰恰不是一种中立的善理论，而是一种自由主义的个人主义观念，根据这一观念，对一个人来说最好的希望莫过于毫无妨碍地走自己的路，只要不侵犯他人的权利。”① 多元文化主义者认为这就会使得社会中的人只存在私人的目标，无视群体或者共同体的利益，从而难以达成共同的目的，不利于实现社会的正义。

在批判自由主义主张的个人主义与中立性的背景下，沃尔泽在其社会意义（social meaning）的基础之上提出了特殊主义的正义理论，来挑战罗尔斯普遍平等的正义理论。他把自己的正义原则定义为：“正义原则本身在形式上就是多元的，社会不同善应当基于不同的理由、依据不同的程序、通过不同的机构来分配；并且，所有这些不同都来自对社会诸善本身的不同理解——历史和文化特殊主义的必然产物。”② 这就是说，正义

① ［美］迈克尔·J. 桑德尔著，万俊人等译：《自由主义与正义的局限》［M］，译林出版社2001年版，第75页。

② ［美］迈克尔·沃尔泽著，褚松燕译：《正义诸领域：为多元主义与平等一辩》［M］，译林出版社2002年版，第4页。

原则、分配的标准、分配的内容、分配的方式都是多元的，所以正义是取决于社会意义，而不是平等或者不平等，善的分配也必须在特定领域之内依据相应的分配标准、分配方式来进行。实际上，沃尔泽是想把不平等限制在小范围或者说某一领域之内，从而在整个社会中达到一种公正。这样的话，一个人在某个领域内的优势（或者劣势）能够在另一个领域内被其劣势（或者优势）抵消，从而实现人与人之间的平等。

多元文化主义要求一种承认正义。罗尔斯的正义理论实际上是一种分配正义，他的第二个正义原则关注的主要是机会与权利、收入与财富的调节与分配。在罗尔斯看来，人与人之间在自然和文化优势方面的差别，在本质上是与正义问题不相关的。这也就是说由于文化差异产生的不平等的存在是合理的，而且通过经济上的平等是能纠正这种文化上的不平等。在多元文化主义看来，罗尔斯的分配正义必须与承认正义结合起来。他们认为仅仅通过一种经济上的再分配达到的相对平等，是不可能纠正身份上的不平等的，从而也就不可能达到社会正义。如金里卡认为在西方民主国家之内，存在两种严重的等级划分：一种是经济等级，人们会由于经济等级中的不平等而进行斗争，从而产生了再分配的政治（politics of redistribution）；另外一个是身份等级，为了满足人们身份地位的要求，于是才产生了承认的政治（politics of recognition）。

金里卡进一步认为：“身份的不平等不能完全还原成经济的不平等，并且前者也不完全是后者的派生，对承认的政治就有了越来越大的兴趣。”[①] 弗雷泽认为：“必须特别关注文化上

① ［加］威尔·金里卡著，刘莘译：《当代政治哲学》［M］，上海三联书店2004年版，第598页。

的不正义，这种不正义的根源在于表现、阐释与交往的社会模式之中，包括了以下几种情况：文化支配（屈从于某种文化的解释模式）、不承认（不能出现在文化的正统交流行为中）、不尊重（在文化的日常交流中表现出来受到贬低）。他认为应该从对被边缘化团体不受尊重的身份和文化进行一种积极的重新评价，以及对文化多样性给予正面的评价。”[①] 所以，查尔斯·泰勒提出了“承认的政治”，泰勒认为的认同由内外两个方面构成，一方面是自己认同于某一群体，另一方面来源于他人的承认，二者是缺一不可。泰勒认为他人的承认对于个人的尊严有决定性的影响，“一种扭曲的承认不仅表现为缺乏应有的尊重，它还能造成可怕的创伤，使受害者背负着致命的自我仇恨”。[②] 他进一步认为，“多民族社会之所以可能分裂，其中一个主要原因是某个群体不能得到其他群体 其平等价值的承认”。[③] 可见，对于多元文化主义而言，对少数群体文化上的这种承认正义，与经济上的分配正义是同等重要的。

2. 平等性

启蒙时代的政治哲学家仅仅解决了自由问题，而没有解决平等问题[④]，平等一词实际上比正义、自由等更具有争议性。这是因为，所有的政治学家都相信某种意义上的平等，他们都同

---

① Nancy Fraser, Rethinking Recognition, 3 New Left Review pp107 – 120. 2000; Will. Kymlicka, *Contemporary Political Philosophy*, Oxford: Oxford University Press, pp332 – 333. 1990.

② ［加］查尔斯·泰勒著，董之林、陈燕谷译：《承认的政治》［J］，载汪辉、陈燕谷主编：《文化与公共性》［M］，三联书店2005年版，第291页。

③ ［加］查尔斯·泰勒著，董之林、陈燕谷译：《承认的政治》［J］，载汪辉、陈燕谷主编：《文化与公共性》［M］，三联书店2005年版，第322页。

④ 姚大志：《何谓正义：当代西方政治哲学研究》［M］，人民出版社2007年版，第2页。

意这样一个原则：一个政治共同体内的成员都应该得到国家平等的尊重和对待，但他们对于“平等地对待”有着不同的理解。一些人认为平等的对待就是要机会的平等，而另外的人要求的是一种结果的平等，即对收入和财富进行更为平均的分配。由此产生了对平等的两种重要认识：机会平等和结果平等。

对于平等的认识，自由主义自洛克以来都是强调一种机会平等，他们关注的实际上更多的是人的自由，以及居于个人自由之上人的发展，他们并不关注结果的平等。他们认为追求一种事实上的绝对平等是不可能的，因为这种结果平等无法激发人们劳动的积极性，不利于社会的发展。所以，在自由主义看来个人的平等和其得到的尊重“完全依赖于他们作为公民的身份，而不取决于他们的种族、性别和宗教，不取决于他们如何聪敏或者富裕，或者其他的东西”。[①] 这就意味着在国家之内没有族群只有公民，而且个人的公民身份是平等的，在法律之上也是平等的。

至于在社会现实中出现的不平等，在自由主义者看来是合理的。他们把这些不平等看成是个人天生的能力、后天的努力和对机会的不同选择造成的结果，正是这种自由竞争带来的人与人之间的差距才是社会发展的动力。可见，在自由主义那里平等实际上是一种工具而不是目的。罗尔斯认为通过差别原则可以对经济上的不平等起到控制作用，因为它是关注于最不利者的利益。这种差别原则实际上为社会中的不平等提供了依据，因为正是由于存在最有利者才能为最不利者提供帮助，而最不利者的情况随着时间的流逝将会比在其他情况下得以改善。只要通过公正的分配，并且给予最不利者补偿，收入上的差距是

① ［英］亚当·斯威夫特著，萧韶译：《政治哲学导论》［M］，江苏人民出版社2006年版，第102页。

合理的。所以，自由主义所追求的平等是一种机会平等，平等只能是相对的不能是绝对的。

多元文化主义追求的是一种结果平等，或者说事实上的平等。由于对“平等的对待”理解不同，多元文化主义提出了不同于自由主义的平等观。他们认为依据机会平等原则，虽然法律上规定了个人的平等，但是在实际的社会生活中仍然存在着事实上的不平等，要求实现真正结果上的平等。艾丽丝·杨认为在自由主义民主国家中，虽然法律上规定了每一个人都拥有平等的权利，但是由于个人天赋的不同以及后天发展的差异，法律上的平等并没有带来同质化的社会，反而使得社会的异质性得到了放大，体现在族群内聚力和族群团体间分化的加强。即使法律上规定个人、族群的平等，但实际上多数群体依然戴着有色眼镜看少数群体。所以，看似平等的结果并不能消除族群间的差异，有些多数族群其实是享有特权的，因为这种保障平等的法律，制定的标准是以多数群体的价值观主导的。

多元文化主义主张的平等是群体的平等。自由主义的平等原则出发点是原子式的个人，但多元文化主义的平等是群体或者共同体角度的平等。自由主义认为“一旦个人受到作为道德主体应有的那种尊重和关心的平等对待，他就没有进一步的义务去平等地对待个体归属的那些不同的社群”。[①] 多元文化主义并没有否认个人平等，而是认为在个人平等的基础之上，还应该强调群体的平等。金里卡就认为“西方民主宪政或联合国宣言所列出的基本个人权利并不足以保证族裔文化公正”。[②] 多元

① ［加］威尔·金里卡著，邓红风译：《少数的权利：民族主义、多元文化主义和公民》［M］，上海世纪出版集团2005年版，第135页。

② ［加］威尔·金里卡著，邓红风译：《少数的权利：民族主义、多元文化主义和公民》［M］，上海世纪出版集团2005年版，第69页。

文化主义从共同体的角度认为个人是通过一定的群体与国家联系的，个人必然会受到他所处的群体文化的影响，虽然个人在法律上是平等的，但是现实中存在群体不平等的现象。如外来移民、少数族群、同性恋者、残疾人等群体在社会生活中难免会遭受不平等的对待，必须从群体的角度给予他们平等的权利。同时，多元文化主义认为自由主义的个人平等不利于共同体的团结与稳定。他们认为追求个人的平等，会导致一种分层或分化的社会，人们会缺乏团结或共同体的感觉，这种感觉从道德上来说对于人类的福祉是至关重要的。正是在这样一种共同体中，人们才能“忠实于我自己意味着忠实于我的自己的独特性，只有我自己才能表现和发现这种独特性”，最终形成自我的认同。① 当然，多元文化主义在强调群体平等之时，并没有忽视个人的平等。就如金里卡认为的，个人的平等与群体的平等是同样重要的。群体权利能够保证少数群体免于受到来自外部国家的侵害，而个人的平等则能起到使群体内的个人免于受到群体内部的压迫，二者是缺一不可的。

多元文化主义要求的平等主要是文化上的平等，但也没有忽视经济上的平等。多元文化主义认为各种文化都有其存在的价值，是人类社会的有机组成部分，必须要得到承认和尊重。在自由主义那里，文化问题是属于私人领域的事情，不存在法律上的平等与不平等。所以，许多自由主义者认为，由于人们的文化归属利益已经受到公民普遍权利的充分保护，如果进一步采取其他措施来保护文化平等则是不合理的。由于个人是自由的，可以与他人结社、信奉相同的宗教、保持某种共同的价

① ［加］查尔斯·泰勒著，董之林、陈燕谷译：《承认的政治》［J］，载汪辉、陈燕谷主编：《文化与公共性》［M］，三联书店2005年版，第295页。

值观和生活方式，在自由主义者看来已经包含了文化平等。为了使社会中的每一个人都能拥有平等的社会地位，自由主义民主国家就从中立性出发以相同的标准、规则对待国家中的每一个人。总的来说，对于平等的理解，多元文化主义主张的是一种目的论的平等，注重的是结果的平等，他们把平等作为一种价值来看待；而自由主义主张的是一种工具性的平等，注重的是机会的平等，他们把平等作为一种工具来看待，只是一种分配标准。艾丽丝·杨概括了自由主义平等的精髓：自由主义的机会平等思想是竞争上的平等，这种平等是以结果的不平等而告终的。

由于少数群体在政治、经济上的弱势地位，决定了他们在文化上也可能受到不公的对待，多元文化主义要求平等地对待少数群体特殊的族群身份，首先给予他们文化上的特殊权利，这样才能实现文化上的平等。金里卡认为对少数群体的“社会文化生存十分关键的资源与政策上，他们有可能付出高昂的代价，或被多数票压倒”[①]，只有给予少数群体保存和发展其族群文化的特殊权利，才能实现文化上的平等，避免这种严重不公的情况出现。通过这些特殊的权利，才能改变少数群体的弱势地位，使得其在社会生活中得到与多数群体同样的生活与工作的机会。可见，多元文化主义追求的平等不仅仅只是文化平等问题，少数群体政治与经济上的不平等也是其关注的焦点。这是因为“解决文化中存在的不平等，最终还要还原到利益和权利的分配上，并不是仅仅态度上的承认”。[②] 金里卡认为少数的

---

① ［加］威尔·金里卡著，马莉、张昌耀译：《多元文化的公民身份——一种自由主义的少数群体权利理论》［M］，中央民族大学出版社2009年版，第156页。

② 常士訚主编：《异中求和——当代西方多元文化主义政治思想研究》［M］，人民出版社2009年版，第61页。

权利应该包括自治的权利、语言权利、特殊代表权、对与其利益有关问题的否决权、要求利益补偿的权利等等；我们从这些权利可以看出，多元文化主义主张的平等已经超出了文化层面，包括与少数群体利益密切相关的经济、政治方面的权利。依金里卡的观点来看，身份平等不能带来经济平等，而经济平等也不能带来身份平等，“对少数族群文化成员的自由的尊重要求尊重他们的文化结构，并进而要求少数族群文化的特殊的语言、教育，甚至政治权力”。[①] 所以，多元文化主义在追求文化之上身份平等的同时，也不能忽视对经济之上平等的追求。

3. 差异性

差异正是多元化出现的主要原因，也正是人类繁荣的必要的条件。同质化、一元化思想的狭隘性使得思想家提出了差异思想，进而让人们认识到了世界的多元化。正是由于差异的存在，人们才认识到平等的价值，所以差异可以被看成是一种实现平等权利的方式。多元文化主义主张的“差异”指的是各族裔、族群之间独特的文化以及居于这种文化之上的生活方式的差异。多元文化主义认为各种不同族群的文化必然主张不同的价值观、不同的生活方式、不同的政治主张。只有平等地看待各种不同族群文化之间的差异，通过强调一种差异的公民身份实现对文化不平等的补偿，才能与经济上的不平等补偿一起建立一个和谐的社会。

差异性是多元文化主义的一个基本特征，多元文化主义主张的差异性是与少数族群的权利和文化联系在一起的。多元文化主义所要求的特殊权利，或者说差异的公民身份为的是实现

① ［加］威尔·金里卡著，应奇、葛水林译：《自由主义、社群与文化》［M］，上海世纪出版集团2005年版，第269页。

一种文化上的平等，实际上这些为实现平等的特殊文化权利，不仅涉及文化层面上的问题，而且涉及族群政治上、经济上的问题。这是因为，一方面少数族群要求文化上的平等，看似是一种文化问题，但实际上文化平等问题是与政治、经济平等问题密切相关，族群文化地位的高低也会决定其政治、经济地位。只有从文化上给予少数族群平等地位，他们才不会有文化身份上的自卑感，才能让他们平等地加入到机会均等的经济竞争中，也才能使他们积极地参与到国家的政治生活中。另一方面少数族群文化平等的实现必然需要政治上的保障，特别是制定保障文化平等的法律；并且在经济上施行必要的资助，乃至实行某种补偿措施来弥补之前的过错，少数族群在经济上得到了真正的发展，才能为其文化的保存和发展提供经济基础。

自由主义倾向于把多样性、差异性的出现看成是由于人们的价值观、信仰不同而造成的。自由主义者认为由于个人拥有平等的权利，每一个人都可以与他人自由地结合起来追求共同的宗教或习俗，这在一定程度上已经包容了文化的差异。所以，社会中的个人可以在不受干扰的情况下，追求他们各自独特的生活方式，从而赋予某一群体或族群以独特的政治承认或支持是不合理的、不必要的、也是不公平的。各种文化、生活方式存在与否依赖于人们的选择，如果一种文化、生活方式是有价值的，它们必然有极大的吸引力。因此，“公民国家不关心其公民的种族文化身份，并且仅仅依据于对明确的民主和正义原则的忠诚与否来界定国家民族的成员资格。”① 其实自由主义看到了世界多元化的现实，看到了人们之间经济、政治上的不平

① ［加］威尔·金里卡著，刘莘译：《当代政治哲学》［M］，上海三联书店2004年版，第617页。

等可能会扩大彼此经济、政治上的差异，希望通过民主、平等理论来避免这种差异的扩大，企图实现个人之间在政治、经济上的相对平等。由于自由主义把人们的生活分为了公共领域与政治领域，社会领域与私人领域等，文化既不属于政治领域也不属于公共领域，而是由人们的私人领域决定的。所以，文化上的差异在自由主义看来是人们自由选择的结果，不存在文化上平等与公平的问题，民族国家在处理文化差异的问题上要保持自由主义的中立性。文化上的差异性，以及这种差异性带来的文化不平等、文化歧视问题是被自由主义所忽略的。

多元文化主义者看来，自由主义的国家中立原则是存在缺陷的，国家中立原则只能保障个人之间形式上的平等，现实中依然存在不平等的现象，所以忽视族群文化差异依然是不正义的。实际上，族群的文化地位与其政治、经济地位息息相关，如果一个族群文化上受到歧视，那么在社会的政治、经济生活中必然也会低人一等。然而，自由主义关注的是资源、机会分配的平等，罗尔斯就认为人与人之间在自然和文化优势方面的差别与正义问题是不相关的。这种观点在杨看来其实是一种对不平等的掩饰，她认为自由主义的公民身份是由白人男性来定义的，难免会首先满足制定者的利益并按其价值观行事，那么将会给少数族群带来极大的伤害，所以，自由主义普遍的平等观在她看来会导致不平等的权力关系，是一种同化论的思想，“自由主义倡导以相同的标准，原则、规定来对待每一个公民，这种形式上的平等实际上是想以一种同质的成员来构成一个社会”。[①] 金里卡就如何处理文化上族群差异的问题，对自由主义

① Iris. M. Young. *Justice and the Politics of Difference*, Princeton: Princeton University Press, 1990. p206.

主张的平等与正义发出了质疑，“究竟正义是要求有针对全体成员的公共规则还是要求不同群体要有不同的规则，这种问题已经不能提前予以抽象地回答了，而必须在具体的语境下对具体的事例予以具体的评价。”[①]

多元文化主义者认为由于少数群体的文化是一种少数文化，他们的处境易于受到多数人的侵害，所以民族国家应该给予少数族群特殊的权利，这样才能正视他们文化上的差异性。只有通过这种特殊权利才能保证少数群体得到真正平等的对待，“包容差异是真正平等的本质，所以需要特殊权利来包容我们的差异”[②]。多元文化主义要求在保障每一个公民平等权利的基础上，必须要承认和包容少数族群文化上的差异性，赋予他们差异的公民身份，给予差异的文化群体以差异的权利，这就是金里卡所说的“少数人的权利”。面对少数群体受到的各种不公待遇，“在文化多元的社会中，为保护一个文化社群免遭人们不希望见到的崩溃的可能，不同的公民身份权利或许是必要的”[③]，这种少数人的权利要求通过各种诸如联邦制、分权自治、差异代表制等政治体制上的特殊安排来包容少数群体的特殊要求，来保证差异之上的公平。

当然，多元文化主义主张的差异是有限度的，这种差异性强调的是平等与包容，并不是要求族群的孤立或者分裂。多元文化主义主张差异性，并没有意味着就否定一体化，实际上是

① [加] 威尔·金里卡著，刘莘译：《当代政治哲学》[M]，上海三联书店2004年版，第653页。

② [加] 威尔·金里卡著，应奇、葛水林译：《自由主义、社群与文化》[M]，上海世纪出版集团2005年版，第150页。

③ [加] 威尔·金里卡著，应奇、葛水林译：《自由主义、社群与文化》[M]，上海世纪出版集团2005年版，第146页。

通过给予少数群体保存其差异文化的特殊权利，使少数群体的差异性得到平等的承认。只有这样才能让他们更好地融入主流社会中来，最终实现民族的一体化。当然，这个一体化的过程必然是一个长期的过程，在这个过程中通过不同族群以非歧视的方式同其他族群相接触，平等对待不同族群的文化，并且尊重他们独特的文化有利于族群间的交流与融合；这种平等的接触和交流会限制其保存文化特征的能力，会促进族群主动吸收不同的文化形成新的认同和习俗，基于文化之上的族群界限将会逐渐模糊，有利于产生一种共同的认同感，从而有利于民族国家的建构。

虽然多元文化主义的差异性是为了实现平等，使少数族群差异的文化能够得到平等的承认，从而有利于他们保存和发展自己独特的文化，但这种差异主张的终极目标还是为了实现不同族群间的融合。同时，对少数群体差异性的强调也会有负面效应：一方面，对少数族群差异的强调可能会使得社会碎片化，少数族群为了保存其独特的文化可能会割断与外界的联系，故步自封不求进步。因此，少数族群必须把“自己理解为是加入到同一社会的群体，是单一政体的一部分”。① 另一方面，过分对差异的强调不利于族群内部个人的自由与国家认同的强化。就如金里卡认为的那样，群体权利可以分为“对内限制”和“外部保护”两个方面。如果处理不好的话，对内限制不再是保持群体的稳定，而将会导致群体之内对个人的压迫，“团体成员遭受的不正义往往是由于团体内部的限制而产生的”②；而

① ［加］威尔·金里卡著，马莉、张昌耀译：《多元文化的公民身份——一种自由主义的少数群体权利理论》［M］，中央民族大学出版社 2009 年版，第 186 页注释。

② David Miller, *On Nationality*, Oxford: Oxford University Press, 1995. p133.

涉外保护有可能导致其他群体被边缘化，同时可能会忽视维护族群认同的国家的存在，从而可能出现族群认同高于国家认同的情况。

4. 包容性

包容性是多元文化主义的另外一个核心价值观，这种包容要求的是对少数群体差异性的包容。多元文化主义的包容是由于文化多元性以及在此基础上族群之间的差异而提出的，为的是平等、民主地处理民族国家内部族群之间的文化差异问题。包容意味着“这样一种政治秩序对于一切受到歧视的人都敞开大门，并且容纳一切边缘人，而不把他们纳入一种单调而同质的人民共同体当中”。[①] 人类文化上的差异正是人类社会前进的动力，这就要求我们正确包容人们之间文化上的差异性。“差异性被视为人类昌盛的必要条件，它向个人，不论男女提供各种选择权，使他们的自主权富有意义”，[②] 正是由于当今民族国家族群文化差异性的存在，包容就有了其存在的价值和必要。可见，承认文化的多样性和差异性，不仅是多元文化主义包容性的基本内容，也是民族国家存在和发展的必要条件。

多元文化主义认为包容首先就要承认族群之间差异的存在。面对各族群文化上的差异，多元文化主义认为应该通过包容，而不是通过歧视来对待族群之间文化上的不同。这种包容应该以承认差异上的协商为基础，而不是采取一种强制同化的方针，乃至武力来征服一种差异文化。这就要求在不同的族群之间需要寻找一种达成一致的基础，这种基础必然

① ［德］尤尔根·哈贝马斯著，曹卫东译：《包容他者》［M］，上海人民出版社 2002 年版，第 161 页。

② ［美］迈克尔·沃尔泽著，袁建华译：《论宽容》［M］，上海人民出版社 2000 年版，第 11 页。

是以某种一致的原则为依据，但在现实中文化各异的族群之间一开始很难达成一种共同的原则，即使达成了某种一致的原则，也需要随时加以修正以适应族群关系的变化。如果各族群难以达成某种一致的基本原则，又不能通过说服对方采纳自己的原则之时，相互包容彼此的差异对于民族国家的稳定和统一就显得十分重要了。

对于这种差异的包容，实际上有着两个层次：首先，必须是对差异的承认，即要看到不同族群文化差异的存在以及这些差异文化存在的合理性，多数族群能够接受这种差异的存在，南希·弗雷泽就认为“公正既要求再分配也要求承认”[①]；其次，是对这种差异持一种宽容的心态。这就意味着多数族群应该平等地对待少数族群的特殊文化，应该看到各种文化都有其存在的价值，并且民族国家应该在一定的范围内为少数群体差异文化的存在和发展提供必要的条件。包容也就意味着“具有不同观点、不同宗教、种族或族体特性的人，应该享有同样的权利和机会，应该受到同样的尊重”。[②]沃尔泽指出差异使得宽容成为必要，而宽容使得差异成为一种可能。

多元文化主义主张的包容性，可以说是对自由主义的民主、平等价值观的完善和补充。自由主义的民主制度只有在包容了不同文化的情况下才有益于形成真正的民主政治，不然只能是多数人的民主对少数人的专制，包容文化上差异对于民主政治的进步是必不可少的。对差异性的包容也正是自由主义平等价

---

① ［英］齐格蒙特·鲍曼著，欧阳景根译：《共同体》［M］，江苏人民出版社2007年版，第87页。

② ［美］菲利克斯·格罗斯著，王建娥、魏强译：《公民与国家》［M］，新华出版社2003年版，第225页。

值观的体现，西方政治思想家对自由主义的平等价值观的阐释，基本仅限于政治领域，而文化上的平等他们一般都是“善意地忽略”，罗尔斯就认为对于文化国家应该保持中立性，既不阻碍也不维持一种特殊文化。但是，在一个自由主义的民主社会中，占据政治统治地位的多数族群以主流文化压制少数族群文化及其生活方式，进而否定属于其他文化族群的某些平等权利的情况并不是偶然。所以，哈贝马斯认为为了避免民族国家的分裂，“在一般情况下，要想消除歧视，不能依靠民族独立，而只能依靠包容。如果多元文化社会是一个民主法治国家，就会有不同的途径来实现承认差异的包容这一艰难的目标”。[①]

不同于自由主义主张的国家应该对文化问题持中立性的看法，多元文化主义认为民族国家只有承认，并且有差别地对待国内的不同文化，这样才是实现社会正义的唯一途径。族群及文化的多样性决定了政治生活不可避免地要涉及族群文化差异问题，“政府对语言、内部边界、公共节假日、国家象征的决定，难免牵扯到承认、包容、支持某一具体族类与民族群体的需要和认同”[②]，所以，作为具体政策与措施制定者的政府，对包容各种文化差异性十分重要。如果国家能对差异文化采取包容性的措施，协调好不同族群之间的关系，就可以为其政治统治提供更可靠、更坚实的政治权力合法性基础，强化各少数族群对国家的政治认同，把国家看作是除了族群之外能为其权利和利益提供更广泛保障的共同体。多元文化主义的倡导者金里卡认为“各种不同的文化都有其存在的价值，大多数人都与自

① ［德］尤尔根·哈贝马斯著，曹卫东译：《包容他者》［M］，上海人民出版社2002年版，第167页。

② ［加］威尔·金里卡著，马莉、张昌耀译：《多元文化的公民身份——一种自由主义的少数群体权利理论》［M］，中央民族大学出版社2009年版，第155页。

己的文化有着深刻的纽带关系，他们有合理的利益去维持这种纽带关系”，所以他主张给予少数族群特殊的权利使其得到平等对待，所以，“包容差异是真正平等的本质，我们需要群体特别权利来包容我们的差异”。[①]

此外，少数族群特殊的权利只有在一定的限度之内才有效，也就是说特殊的权利只有在促进少数族群进步、维护民族国家统一前提下才有合法性。一方面，从时间上少数族群特殊的权利不可能永远存在。这些特殊的权利只是一种应时之举，随着少数族群的自我发展缩小了与多数族群之间的差距，这些特殊权利将会逐渐取消。赋予少数族群特殊权利为的是让其能够保存和发展其独特的文化，但从更为根本的目的来看是为了实现族群间的平等，促进族群相互间的平等交流，使其融入主流社会中来，最终实现民族国家内的族群政治整合。另一方面，这种特殊的权利也是有限的，并且其范围也是可变的。给予少数群体特殊权利的基本前提就是民族国家的统一，这种特殊权利不能以分裂民族国家为目的，发展分裂性的族裔民族主义。而且，当一个族群的规模发展到一定程度，并且能够通过经济市场和民主制度来保证它的存在和发展，特殊的群体权利就需要取消。否则，多数人群体会感到这种特殊权利是对他们的不公，而且少数群体的这种要求也许会成为一种剥夺他人利益的要求，如南非少数白人对黑人的种族隔离就属此类。

由于少数族群特殊权利可能会产生内部压迫、不民主的情况出现，即通过“内部限制”等一系列措施来限制族群成员的公民权利和政治自由。金里卡认为这种侵害是普遍的，诸如族

① ［加］威尔·金里卡著，马莉、张昌耀译：《多元文化的公民身份——一种自由主义的少数群体权利理论》［M］，中央民族大学出版社2009年版，第155页。

群内部教育资源上倾向男孩而歧视女孩，以及拒绝给予女性投票或出任公职的权利。如果出现了少数族群内部压迫、侵害个人自由的情况，多元文化主义者认为不能对其进行强行的干预，而只能依靠少数族群内部来改变这种不公正。任何通过强制性的干预带来的族群内部的公正，而不是通过内部改革产生的公正，都将会是不稳定的。任何社会正义、自由理念只有存在个人心中，并且形成普遍的价值观之后，这些观念才能真正对个人及群体的行为起到约束的作用。多元文化主义者要求以一种少数群体内部的个人自由、民主价值来保证个人权利和政治自由不受群体“内部限制”的侵害。这就要求在一个民族国家内不仅要寻求族群之间的平等，也要寻求族群内部的自由和平等。当然，为了让少数族群实现在其居住地上保存和发展其文化的要求，金里卡认为这些内部的不公正，以及对在其居住地、自治邦中多数人投票 、语言、教育等方面权利的限制，虽然是不民主、不正义的，但这种小范围的不公平是可接受的，多数群体的牺牲也是值得的，只要是有利于少数族群自我的发展而实现社会正义。

总之，多元文化主义认为我们应该把人们当作政治公民去尊重，也应该作为文化成员去尊重。少数群体的文化需要得到保护，这种保护显然靠公民身份是无法实现的。少数族群虽然获得了政治上平等的公民权利，但是这种公民身份不足以维持他们独特的生活，以及价值观、世界观。所以，多元文化主义学者们力图在民族国家的范围内为族群权利寻找一个空间，并给这种族群差异划定一个范围，从而不至于破坏人们共同的生活结构，这就意味着“多样性和差异都是有界限的。多样性虽然确实是一个价值，但只有在某种共同的规范和制度范围内多样性才能运行，否则它带来的是动荡。同样，宽容作为一种道德也只有在一定的界限内才有意义，否则它就会威胁到个人的自由和平等权利”。[①] 多元文化主义主张的差别权利，目的就是为了包容这些新的族类和宗教群体，赋予少数族群特殊的权利并不会导致这些族群脱离社会形成一个个“飞地”。因此，金里卡把多元文化主义看成是一种整合主义哲学，并不会导致“贫民窟化”或者“巴尔干化”。

三、多元文化主义关于民族国家建构的主张

在族群文化多元的背景下，关于民族国家应该如何建构的问题，多元文化主义者认为应该要满足少数族群合理的诉求，这些诉求主要体现在文化上，但是文化与政治、利益相关，所以少数族群的诉求不再是文化的、而扩展到了政治、经济领域。这就决定了多元文化主义要解决的不仅仅是文化问题，多元文化主义政策也不仅仅是一种文化政策。少数族群诉求的目标主要是希望其地位与特殊的文化能得到平等的承认与对待，使其能够保存与发展差异的文化，以保证族群的自我发展。他们为了实现这一目标必然会要求民族国家给予其特殊的公民权利或者说差异的公民身份，涉及族群区域自治，居住地对教育、语言、经济发展的管辖权，要求利益补偿与机会上的倾斜等要求。多元文化主义认为国家能否满足少数族群正当性的要求涉及社会公正问题，这是当代政治哲学研究的一个核心问题，即群体权利与社会公正。

实际上，群体权利与社会公正问题就是如何民主地进行民族国家建构的问题，这与国家统治的合法性密切相关。在民族国家建构过程中如何处理国家与族群的矛盾，多元文化主义有

① Will kymlicka，The Theory and Practice of Canadian Multiculturalism，From Canadian Federation for the Humandities and Social Sciences. http：//www. fedcan. ca/english/formold/breakfast – kymlicka1198. cfm.

着具体的政治主张。对于民族国家应该如何建构才符合社会正义这个问题，在多元文化主义学者中唯有金里卡的思想是最为系统、最为完善的，其他学者要么没有针对民族国家建构提出自己的政治主张，要么他们涉及这些问题，但没有形成一套系统的理论，仅仅是泛泛而谈。金里卡认为必须认识到民族国家建构的一体化是不可能在一夜之间实现的，同时应该给予少数族群同等程度的尊重和通融，他把一系列多元文化主义政策称为“一体化的公平条件”①，总的来说，应该通过联邦制与自治、特殊代表制、多元族群权与补偿措施以及多元文化的公民教育四个方面来实现民族国家建构的目标，通过以上四种措施可以使政治一体与文化多元之间保持一种动态的平等，能够有效地缓解民族国家建构中出现的民族一体化与族群自我发展之间的矛盾。

1. 联邦制与少数族群自治②

在文化多元的今天，许多多族群国家都面临着族群分离主义的困扰，并且历史已经证明了族群分离运动往往会导致一个多族群国家的解体。因为一旦分离的权利得到了某种默许或承认，那么就会引发更多的分离主义运动。不仅是多族群国家的分崩离析，而且可能会引起“原子裂变式”的无休止的族群分离，使得国家越分越小，这样就导致全球政治的不稳与暴乱的风险。所以，“分离通常会导致内战，并可能引

① ［加］威尔·金里卡著，邓红风译：《少数的权利：民族主义、多元文化主义和公民》［M］，上海世纪出版集团2005年版，第170页。

② 为了论述的严谨性，金里卡认为自治只能是原住民特有的权力，移民是不能要求也没有自治权的，所以这里的少数族群特指原住民。参见 Will Kymlicka, *Multicultural Citizenship: A Liberal Theory Of Minority Rights*, New York: Oxford University Press, 1995. chapter 2.

发这样一个连锁反应，即分离出去的领土上的少数民族团体会要求进一步分离。而且即使不发生实际的分离，分离威胁本身也会破坏稳定，陷各群体于恐吓勒索政治之中”[①]。实际上，民族自决原则并不主张、也不适用于多族群国家内的各个族群建立自己的国家，自决权在国际法中更多地被解释为一种在主权国家内部建立民主组织的权利，意味着少数族群有权利决定自己群体内部事务，选择何种治理方式的权利。但是，就像金里卡认为的那样，无论我们是否承认族群是否有分离的权利，如果我们学不会对族群文化上的差异进行适当的、合理的调整，那么族群分离的问题将会随时随地地威胁许多民族国家的政治稳定与领土完整。

金里卡认为联邦制与自治是除了分离之外的另一种可行的选择，通过这种方式可以满足少数族群保留其特殊文化的要求、尊重其自我发展的愿望。联邦制具有独到的灵活性，可以满足族群不同程度与不同形式的自治要求，“联邦制的精明就是在于它具有无限的能力把国家内相互竞争的、甚至政治地位上明显冲突的各种各样的群体之间的矛盾通融与化解掉”。[②] 无论是瑞士、加拿大还是西班牙等国家都通过联邦制以和平及民主的方式解决了民族国家建构与族群自我发展之间的冲突。所以，联邦制可以以和平、民主的方式化解冲突，会使民众放弃对族群分离主义的支持。哈贝马斯就赞赏联邦制具有的包容性，正是这种包容性的联邦制才是消除族群歧

① ［加］威尔·金里卡著，邓红风译：《少数的权利：民族主义、多元文化主义和公民》［M］，上海世纪出版集团2005年版，第89页。

② Michael Burgess, “Federalism and Federation: A Repppraisal”, in M. Burgess and A. Gagnon (eds), Comparative Federalism and Federation, Harverster, New York, 1993. p7.

视问题的关键，而不是通过自决或分离的方式。[1] 总之，联邦制可以用来包容族群文化的多样性，是一种包容少数族群的有效战略。

联邦制是一种承认族群自治诉求的合理包容机制，金里卡主张的联邦制是既区别于行政分权，又区别于联邦的一种政治制度。“包括两个或两个以上的次级单位（省/州/邦/地区）根据宪法规定分享权力。这种体系建立在领土的基础上，因此每一级政府都在某些方面拥有一定的主权”[2]，这种制度最大的特点就在于“分权”。通过这种制度，在少数族群居住的地区，联邦的次级单位的界限就可以据此划分，从而少数族群就可以在一个地域上的次级行政单位中由少数变成多数。所以，金里卡认为联邦制度可以为少数族群提供广泛的自治，从而能够保证在涉及其生存与发展的问题上有决定权，这样就能保证它们不被更大社会的投票压倒。[3] 例如，加拿大的魁北克省，努纳武特省就拥有对法裔、因纽特人文化生存与自我发展问题的广泛管辖权，特别是魁北克不仅有权制定教育、语言、文化的权力，而且有制定移民政策与外交的权力。

联邦制虽然可以起到包容少数族群文化多样性的作用，但是也可能会成为削弱少数族群权利的工具。这是因为并不是所有的联邦制都是为族群文化多元而设计的，联邦制与文化多样性之间并没有一种固然的联系，如美国和澳大利亚的联邦制就

---

① ［德］尤尔根·哈贝马斯著，曹卫东译：《包容他者》［M］，上海人民出版社 2002 年版，第 166—168 页。

② ［加］威尔·金里卡著，邓红风译：《少数的权利：民族主义、多元文化主义和公民》［M］，上海世纪出版集团 2005 年版，第 92—93 页。

③ ［加］威尔·金里卡著，马莉、张昌耀译：《多元文化的公民身份——一种自由主义的少数群体权利理论》［M］，中央民族大学出版社 2009 年版，第 40 页。

不是为了解决族群文化多元性而设计的，而是一种殖民化的历史结果或者行政权力分散的方式。应该把以包容少数族群的联邦制和以分权为目的的联邦制区别开来，前者被金里卡称为多族群联邦制，后者则是领土联邦制，具体代表就是加拿大与美国。美国的联邦制就没有考虑到族群文化多样的问题，考虑的是行政权力如何分散，以防止民主制退化成专制制度。在某些情况中，美国的联邦制还人为的通过领土划分来吞并原来在其居住地上占多数的少数族群。如果联邦制没有考虑到少数族群的权利，那么就会成为国家削弱少数族群权利的工具，不仅会进一步恶化少数族群的地位，而且会加剧国家与族群之间的矛盾与冲突。

虽然联邦制对于包容少数族群的特殊权利要求具有先天的优越性，但是也应该看到并不是世界上所有的民族国家都可以施行联邦制，并且在实施联邦制的过程中，对于权力的分配以及边界的划分问题是存在很大争议的。因此，金里卡认为需要加强联邦制的灵活性，在边界的划分与权力分配时应该满足少数族群的需求，要与各种形式的少数族群自治相配合，这样才是一种合理的途径。金里卡把北美的联邦形式分为两种，一种是族群邦、另外一种是区域邦，通过分析他认为对于权力如何分配的问题，是给予族群邦更多的权力还是平等的对待任何一种形式的联邦都不合适，联邦制包容少数族群的能力是有限制的，因为权力的分配很难令少数族群与国家都满意。同时，联邦作为一种自治的机制必须保证在其地域之内少数族群人口占多数，但现实中少数族群居住的非常的分散、并且人口也很少，要建立像魁北克那样少数族群人口占多数的联邦几乎是不可能的，这就意味着要在联邦体系之外以族群自治的方式来弥补联邦制的不足。

族群自治是缓和民族国家建构与族群自我发展矛盾最为有效的手段之一。实行族群自治不仅可以保障民族国家的领土完整，而且可以给予少数族群一定的法律空间，使他们对涉及其利益与自我发展问题的事务进行直接的管理与控制。所以，“自治是为在维护国家统一的统治，尊重其人口多样性的一种分权手段”。[①] 族群自治并没有一种统一的模式，因为民族国家族群的具体情况各不相同，但是族群自治已经成为世界上民族国家处理族群矛盾的有效手段。事实上，根据近期世界范围内的族裔民族主义冲突的调查显示，“自治的安排减少了暴力冲突的可能性，而拒绝或废除自治权就更有可能加重冲突”。[②] 无论是北美印第安人的保护领地、各种自治领或者归属邦、还是中国的民族区域自治都是族群自治的典范，通过实践表明自治作为一种解决族群矛盾与冲突的政治手段与制度安排变得越来越重要。这是因为，一方面联邦体制关于权力分配与地域划分上难免存在分歧，可能无力回应少数族群特殊的利益和要求。另一方面，自治可以瓦解族裔分离主义存在的合理性，使其不会得到民众的支持并缓和族群关于土地权利的矛盾。[③]

所以，民族国家应该把政治权力下放给少数族群，让他们决定自己群体的内部事务、选择治理与自我发展的方式。金里卡认为族群自治的政治单位与它们的历史家园与领土应该基本一致，

---

① Ruth Lapidoth, *Autonomy: flexible solutions to ethnic conflicts*, Washington D. C: United States Institute of Peace Press, 1997. 转自关凯：《族群政治》［M］，中央民族大学出版社2007年版，第156页。

② ［加］威尔·金里卡著，刘莘译：《当代政治哲学》［M］，上海三联书店2004年版，第351页。

③ Joseph Roshschild, *Ethnopolitics: A Conceptual Framwork*, New York: Columbia University Press, 1981. pp4－7.

而且要把这些权利视为一种固有的、长期的权力。[①] 特别是在移民型新建国家中，少数族群中的原住民强调对世袭居住地拥有“与生俱来的主权”，并且他们往往拥有与殖民者签订的条约作为法律依据，只有通过族群自治的方式才能满足原住民要求的、在历史上所拥有的自治权力，让其感到是公正地并入了这个民族国家之中。当然，金里卡对于族群自治问题是比较谨慎的，他认为自治权只有少数族群中的原住民，也就是土著才拥有，其他移民、无国家族群等是不能要求自治的，不然民族国家将会被无休止的自治要求所撕裂。虽然，联合国颁布了一系列关于民族自决、少数群体权利、自治合法性的宣言、公约、草案等等，但是许多学者都认为在关于自治与自决问题上并没有形成统一的认识，是含糊不清的，才造成了今天民族自决问题的复杂性。塔米尔就认为绝大多数关于自决权的讨论都与自治相混淆，然而自治（self－rule）与自决（self－determination）是两个不同的概念。[②]

这就意味着虽然族群自治的出发点是为了解决族群矛盾与冲突，但自治有时却是一把双刃剑。在保障了少数族群能够合法的发展其多元文化、进行自我管理的同时，对民族国家建构可能会构成一定的挑战，有可能会降低民族国家的社会治理与整合能力，破坏民族国家的内部凝聚力。但是，联邦制与族群自治是遏制族群分离主义的有效手段，有利于多族群国家的政治稳定。联邦制与族群自治能使少数族群免于被歧视与排挤，通过相关措施来降低不利于他们的因素，这种诉求与建国为主

① ［加］威尔·金里卡著，马莉、张昌耀译：《多元文化的公民身份——一种自由主义的少数群体权利理论》［M］，中央民族大学出版社2009年版，第44页。

② ［以］耶尔·塔米尔著，陶东风译：《自由主义的民族主义》［M］，上海人民出版社2005年版，第63页。

的民族主义无关[①]，联邦制与自治有着惊人的弹性，设计优良的联邦体系会有很好的理由令少数族群放弃分离，并且是多族群国家包容相互冲突的族群文化的可选之举。[②] 所以，“通过放弃一个民族一个国家的理想，用诸如地方自治、联邦或邦联等务实的解决方案取而代之，所有的民族都将能够逐渐享有平等的民族权利”。[③]

2. 特殊代表制

古希腊时期思想家在对政体进行分类之时，就提出了乌托邦式的民主政体。对于国家的形成及其权力而言，洛克的“社会契约论”、卢梭的“人民主权学说”都体现了同一个核心观点，这就是国家统治的权力来源于“人”。随着民主思想影响的不断扩大，民主制逐渐成为现代国家政治统治与社会管理的主流机制，这就是形式民主转变为实质民主的过程。这个过程也就是把民主的道德理念转化为民主的经验理念，实现这个转变需要两个前提：首先，需要有一个共同关心的社会，这样才能确认参与的权利；其次，是需要人的理性，也就是一种计划或掌握判断或行动规划的能力，并且在具体情况下能运用规则或按计划行动的能力。[④]

民主制度的巩固实际上会面临三个方面的挑战：第一是国家建立、第二是民族国家建构、第三是制度建构，即涉及现代

① ［英］埃里克·霍布斯鲍姆著，李金梅译：《民族与民族主义》［M］，上海人民出版社 2000 年版，第 184 页。

② ［加］威尔·金里卡著，邓红风译：《少数的权利：民族主义、多元文化主义和公民》［M］，上海世纪出版集团 2005 年版，第 112—119 页。

③ ［以］耶尔·塔米尔著，陶东风译：《自由主义的民族主义》［M］，上海人民出版社 2005 年版，第 156 页。

④ ［美］科恩著，聂崇信、朱秀贤译：《论民主》［M］，商务印书馆 1988 年版，第 44—61 页。

民族国家的建立的主权问题、民族国家的国家认同与民族认同问题，以及国家体制与政治制度的建构问题。在一个现代民族国家中，“建国”问题已经得到了解决，民族国家建构所涉及的认同问题无疑是最易变的、最核心的。认同问题意味着如果“主流制度不公平地有利于大多数人，并且这种不公平会伤害到与个人自主和身份认同相关的重要利益；那么，少数群体也许就会感到受到了‘漠视肤色的’主流制度的排挤，并且会不信任主流社会的政治过程并感到与之相隔离”①，这个时候民主制所产生的投票结果就只有最弱意义上的合法性了。

从民主的实施手段上来看，当代的民主制度主要是通过代表制与多数原则来实现的。为了达成一致，实现民主的实用功能，以投票为基础的代议制与简单多数原则成为民主制的主流。代议制民主运行的机制就是公民通过投票的方式选举出代表来实行社会政治管理，由于代议制民主运行的机制依赖于平等的公民身份，往往会造成拥有差异文化的少数族群，其权利与利益无法得到很好的表达或者直接被忽视；而简单多数原则更有利于主流或优势族群保持其优势地位，少数族群则会无法实现其政治权利与利益表达。金里卡就指出在传统的民主政体中，民主的出发点是保障个人的政治权利，而群体的声音是完全被忽略的，“正如个人公民权利有时不足以公正地对待群体差别一样，个人政治权利有时也不足以公正地代表这些差别”。② 目前的民主政治过程很难反映出居民在族群身份上的差异性，而真正有代表性的民主政治过程应该让少数群体的诉求得到很好的反映。

---

① ［加］威尔·金里卡著，刘莘译：《当代政治哲学》［M］，上海三联书店2004年版，第656页。

② ［加］威尔·金里卡著，马莉、张昌耀译：《多元文化的公民身份——一种自由主义的少数群体权利理论》［M］，中央民族大学出版社2009年版，第189页。

金里卡因此提出了特殊代表制，认为这种代表制是在镜子代表制（mirror representation）基础上的完善与具体的应用。镜子代表制就是如果立法机构能够像镜子一样反映出公众所属的族群、性别、阶层等特点，那么这个代表制就可以说对一般的公众是有代表性的。也就是说少数族群只有在立法机构中有至少一名或更多的代表，这样少数族群才能被充分的“代表”。这与传统的程序民主是不一样的，传统的程序民主只要求投票程序是民主的，而不大考虑投票的结果以及公职人员其个人属性所代表的含义。金里卡认为程序民主无法让少数族群的利益得到充分的代表，这是因为如果我们没有共同的经历或特点，那么他们是不会理解各自的需要和利益的。就像男性白人不可能会知道什么是符合男性黑人或女性的利益的，即使知道也不可能信任他们能够真正促进这些利益。

当然，镜子代表制有诸多的局限性。在实际的情况中，镜子代表制只能是在一定条件下代表一定群体的合理机制，而不能把它当作代表的一般理论。所以，群体代表制同样也是“针对政治过程中某种制度不利或障碍而提出的对策”①，群体代表制就是要求在立法机构中，应当把一定数量的席位保留给弱势群体或边缘群体的成员，从而可以避免政治过程中的一些制度性损害和障碍对少数群体造成伤害，正是由于这些损害与障碍使少数群体的观点和利益难以有效地得到代表。“群体代表制为少数族群赢得了发言的空间，改变了以往竞争式的和以多数决定为原则的民主模式。”② 特别要保障这些受到歧视的群体，

① ［加］威尔·金里卡著，马莉、张昌耀译：《多元文化的公民身份——一种自由主义的少数群体权利理论》［M］，中央民族大学出版社 2009 年版，第 201 页。

② 常士訚：《民族和谐与融合：实现民族团结与政治一体的关键——兼析多元文化主义理论》［J］，《天津社会科学》2007 年第 2 期。

让他们能将自己的历史经验与生活方式展现在公众面前，由于这些群体是其他处于不同历史生活经验中的个体所不能代表的，群体代表制就成为必要的了。[①] 制度性的损害与障碍主要体现在制度性歧视与自治两个方面：

制度性歧视意味着主流或多数族群为了保护其既得利益，会通过一系列制度来保障其优势地位，这些制度对于少数族群而言具有隐性的障碍与偏见，限制了少数族群政治参与的有效性。“民主程序的公正性要求倾听和考虑少数群体的利益和观点”[②]，民主制度的合法性要求包容少数群体的差异性。文化上差异性带来的不平等，并不是由个人的不同选择而造成的，而是一种运气或者说机遇的不平等。所以，金里卡认为应该通过相关的国家政策来纠正这种文化上的不平等与不正义。个人的权利与少数族群的权利都应该得到重视，它们都是实现社会正义所不可或缺的重要组成部分。否则，由于民主制多数原则的弊端，必然会对个人权利进行某种程度扭曲的解释，这样的话民主就会成为多数人压迫少数人的工具。由此，传统的代议制民主必须加以修正，以使之能够实现少数族群的政治参与，让他们真正得到一个利益表达的渠道。例如，在美国的人口中有12.4%的非洲裔的美国人，但是经过选举产生的公职人员中只有1.4%的比例[③]，并且历史上最近才出现了第一位“半混血”的黑人总统——奥巴马，这些

① Iris M. Young, *Polity and Group Difference: A Critic of the Ideal of Universal Citizenship*, Rthic 99, 1989. p263.

② Will Kymlicka, *Multicultural Citizenship: A Liberal Theory Of Minority Rights*, New York: Oxford University Press, 1995. p131.

③ Will Kymlicka, *Multicultural Citizenship: A Liberal Theory Of Minority Rights*, New York: Oxford University Press, 1995. p137.

比例表示非洲裔的美国人在代议制的民主机制中，表现出的政治力量与其人口是极不相符的，在其他的少数族群以及原住民中这这一情形表现得更为突出。所以，代议制民主在实行中，要对被压制的团体缺乏充分参与的情况加以矫正，这就需要保障给予这些团体一定的参与机会。特别是通过群体代表制，能够保障少数群体在立法机构中获得代表，从而使其能够拥有与群体利益相关的决定权。①

群体代表制是少数族群对自治权利诉求的必然结果。为了保障少数族群的自治权利，所以“在一定领域中的自治权利，看起来确实要求在可能侵入这些领域的所有机构中必须有代表的权利”。② 这就是说，在涉及少数族群自治与自我发展的联邦立法机构中，必须有少数族群的代表。并且由自治而产生的代表权与为了改变弱势地位而提出的代表权是不同的，由于自治权是固有的、永久的，所以自治而提出的权利诉求也应该是永恒的，而基于弱势而提出的诉求则是暂时的。③ 此外，虽然自治与群体代表制之间是相互联系的，但二者的关系却颇为复杂。特殊代表制符合少数族群人口与选区分布以及少数族群自治的要求。由于少数族群在人口数量上比较少，并且分布的不均匀，很多时候难以在一个既定的选区内成为多数，而根据他们居住比较集中的地区来划定选择也明显是不现实的，所以特殊代表制成为了他们进行利益表达、扩大其政治影响的有效方式。但

---

① Iris M. Young, “*Polity and Group Difference: A Critic of the Ideal of Universal Citizenship*”, Rthic 99, 1989. p259.

② ［加］威尔·金里卡著，马莉、张昌耀译：《多元文化的公民身份——一种自由主义的少数群体权利理论》［M］，中央民族大学出版社 2009 年版，第 204 页。

③ ［加］威尔·金里卡著，马莉、张昌耀译：《多元文化的公民身份——一种自由主义的少数群体权利理论》［M］，中央民族大学出版社 2009 年版，第 206 页。

是，一般来说，“一个群体受联邦政府管辖的程度越小，其在联邦政府中的代表比率就越小。权力分配的非均衡蕴含着代表比例的非均衡”。[①] 但现实情况中，令人头疼的是少数族群在联邦中的代表席位的分配问题，如果减少他们在联邦中的代表席位，只会使其“少数”的情况加重，从而他们难免会更加疏远联邦政府，而如果不减少其影响，则这种民主又可能对其他人造成不公。例如，在联邦政府通过与魁北克无关的法律之时，如果魁北克的议员来决定这样的立法是否通过，特别是如果他们所投的一票能起决定性作用的时候，这显然是对其他州的一种不公。

总之，金里卡认为群体代表制与自由主义以及代议制民主之间并不存在矛盾，而是现行代议制的一种有益补充。群体代表制在代议制民主机制下有其存在的价值，特别体现在“克服制度上的不利和确保自治的过程中，有限的群体代表制形式是合理的”。[②] 但群体代表制目前也并不完善，一方面在于哪些群体能获得代表权的问题，另一方面是一个群体应该有多少席位的问题，这两个方面的问题从理论上是难以说明的，只有在具体情况中灵活地实行。所以，群体代表制是现行民主制的有益补充，是传统民主理论的延伸，在群体代表制的基础上，要把民主问责制与民主协商起来。民主问责制可以确保少数族群的代表能够履行其应尽的职责，而协商民主能够帮助这些群体获得更公正的对待，免于屈从“多数的暴政”。[③]虽然协商民主同

---

① ［加］威尔·金里卡著，邓红风译：《少数的权利：民族主义、多元文化主义和公民》［M］，上海世纪出版集团 2005 年版，第 108 页。

② ［加］威尔·金里卡著，马莉、张昌耀译：《多元文化的公民身份——一种自由主义的少数群体权利理论》［M］，中央民族大学出版社 2009 年版，第 206 页。

③ ［加］威尔·金里卡著，刘莘译：《当代政治哲学》［M］，上海三联书店 2004 年版，第 527 页。

样会存在弊端，有学者就认为协商民主只会肯定理性的政治讨论，而对于非沟通的、鼓动性的政治动员似乎是持负面态度的，这样的话人们也就放弃了抵抗不平等的唯一武器，所以协商民主所设定的平等状态下的沟通，永远无法在现实世界中得以实现。[①] 但是协商民主仍旧是少数族群能够实现其利益与权利诉求的有效方式。特定的选举机制显然产生于特定的背景，在具体的某些情况下，特殊代表制是保证少数群体能充分表达利益和观点的最合适的方式，其意义就在于不在乎在立法机构中少数群体的席位多少，而在于代表的象征性意义以及代表产生的影响力；以及它能保证民主程序结果的公正性，而不是传统的程序民主只考虑过程是否民主，而不考虑民主程序导致的实际结果。

3. 多元族群权与补偿措施

多元族群权指的是民族国家要尊重族群的文化习俗，不能强制要求他们放弃自己的这些差异性，而要取消不利于他们的法律和规定来包容他们的差异性，以通过立法与公共政策支持差异文化的方式来保障少数族群的群体认同，使这些文化上的差异性不会成为他们在主流社会政治和经济制度中取得成功的障碍。例如“英国的犹太人和穆斯林要求取消礼拜日结算和动物屠宰法；加拿大的男性锡克教徒要求取消摩托车头盔法，不穿警察制服，好让他们裹缠头巾”[②] 等。族类群体会要求对一些多族类的价值做出象征性的肯定，就像在加拿大的“第一民族之争”这一矛盾就是原住民为了与法裔、英裔争论到是谁是建国中的第一民族而产生的，实际上是为了获得与英裔相同的

① Michael Walzer, *Politics and Passion*, New Haven and London: Yale Universitty Press. 2005. pp104 - 105.

② ［加］威尔·金里卡著，马莉、张昌耀译：《多元文化的公民身份——一种自由主义的少数群体权利理论》［M］，中央民族大学出版社2009年版，第45页。

地位并得到一样的承认。为了改变少数族群文化受到主流社会的偏见与歧视，金里卡认为多元族群权要求政府在决定官方语言、公共节假日、国家象征等决策时，要把少数族群的诉求考虑进去，要承认与满足各族类群体的要求。

由于族群有其特殊的文化以及自己的语言与制度，并且这种特殊文化一旦形成将会是异常稳定的、即使是现代化进程以及主流文化也难以改变、取代族群文化。金里卡通过论证文化身份的正当性，进而探讨了实现少数族群文化平等的方式，而多元族群权就是实现这种平等的必要途径。少数族群为了使其独特社会与主流社会并存，他们会追求特殊的权利来保存和发展其文化，多元族群权则能够很好地使少数族群保存和发展其特殊文化。少数族群通过多元族群权来发展其文化“与同其他文化交往并不冲突，而且还可以从中得到促进，只要这种交往不是在权力严重失衡的情况下进行的”。[①] 但是，文化上的平等还必须与政治上、经济上的平等相结合，这就涉及少数族群居留地与利益补偿政策。

金里卡认为除了多元族群权之外，居留地政策也是少数族群文化平等的延伸，虽然民族国家建构必然会要求一种共同的社会文化，但这一切只有在平等的尊重与包容族群文化的基础上才能实现。多族群国家中难免会有部分少数族群在融入这个国家之前，已经在其居住的地域上形成了形态各异的社会形态，有的可能还仍处于前现代的农业社会之中，有着一套以其语言为基础的社会机制。在这些少数族群中有的并不希望改变他们自己的生活方式，也不想参与国家的政治、

① ［加］威尔·金里卡著，马莉、张昌耀译：《多元文化的公民身份——一种自由主义的少数群体权利理论》［M］，中央民族大学出版社2009年版，第152页。

社会生活。金里卡认为应该尊重他们的选择，实行居留地政策来依其原有体制自我发展。譬如有的族裔宗教派别就故意与外部世界疏远开来，哈特教派、阿米希信徒、哈希德犹太人等，他们放弃了自己作为公民相关权利，而以一种“不完全的公民身份”过着与世隔绝的生活，因为他们有权自己决定将把外界的哪些方面融合到自己的文化中。但是，金里卡认为从总趋势上看，多元文化主义政策会有效的促进民族一体化，“事实上许多原住居民群体已经朝着一个更城市化和更工业化的生活方式转变”。①

以印第安人的居留地为例，在居留地这种特殊的政治管辖区内印第安人享有特殊的保护权，而非印第安人在辖区内的迁徙权、财产权和选举权都受到了限制，正是这样印第安人才能更好地保护其特殊的文化。② 通过这种居留地政策可以起到对外保护的作用，金里卡称为对外保护的权利，可以使少数族群免于来自外部社会与国家的侵害，但是必须避免少数族群的内部限制，这种对内限制并不是为了保持族群共同体的稳定，而是避免出现族群内部的压迫，即通过限制族群成员的自由来实现一部分人对其他人的统治。金里卡主张对外保护的权利，虽然这种机制会对生活在居留地内的其他人造成不公，但他认为牺牲这些人的利益换来了对少数群体的公正是值得的，“保障少数群体的这些权利给非少数群体成员带来的牺牲，要远远小于没有这些权利保障时少数群体成员可能面临的牺牲。”③ 即使这

① ［加］威尔·金里卡著，邓红风译：《少数的权利：民族主义、多元文化主义和公民》［M］，上海世纪出版集团 2005 年版，第 145 页。

② ［加］威尔·金里卡著，应奇、葛水林译：《自由主义、社群与文化》［M］，上海世纪出版集团 2005 年版，第 130 页。

③ ［加］威尔·金里卡著，马莉、张昌耀译：《多元文化的公民身份——一种自由主义的少数群体权利理论》［M］，中央民族大学出版社 2009 年版，第 157 页。

种做法可能会与法律上的个人平等原则相冲突，“但是在文化多元的社会中，为保护一个文化社群免遭人们不希望见到的崩溃的可能，不同的公民身份权利或许是必要的”。① 而对于内部限制问题，金里卡认为通过个体平等的个人权利就可以解决，每个人都有选择自己文化、信仰等方面的权利，族群是没有权力来限制个人在这些方面自由的。“在一个整合的政治社群内的一种平等的权利和共同的公民身份制度并不自明地比不同的民族社群的联邦内的一种多元的公民身份和特殊的权利制度更具有正义性。”② 可见，自由主义主张的个人权利与多元文化主义要求的群体权利之间并没有内在的矛盾，二者之间并不是相互冲突的，而是一种互补的作用。③

此外，在对原住民居留地进行开发时，需要必要的利益补偿措施。虽然原住民传统的居留地都是位于偏远地区，这些地区人口稀少、生活条件差和气候恶劣，随着人类科学技术的发展，这些过去自然资源匮乏的地区往往会发现令人意想不到的丰富矿藏，比如石油、天然气、煤以及各种矿产，并且一些具有自然地貌、生态以及民族风貌的地区具有开发成旅游风景区的潜质，如何对这些原住民居留地的自然资源、人文资源进行开发以及资源的公平分配问题也是多元文化主义所关注的。美国、加拿大政府当年把印第安人和因纽特人安置在偏僻的“不毛之地”，后来发现这些地区地下蕴藏着丰富的自然资源，就

① ［加］威尔·金里卡著，应奇、葛水林译：《自由主义、社群与文化》［M］，上海世纪出版集团2005年版，第146页。

② ［加］威尔·金里卡著，应奇、葛水林译：《自由主义、社群与文化》［M］，上海世纪出版集团2005年版，第235页。

③ ［加］威尔·金里卡著，刘莘译：《当代政治哲学》［M］，上海三联书店2004年版，第604—614页。

又把这些原住民迁往更为贫瘠的地区；或者打着共同开发的幌子对原住民居留地进行资源上的掠夺，而原住民对其居留地自然资源的开发得不到任何的好处，得到的只能是被破坏的生态环境。这种现象被社会学家称为“内部殖民主义”。[①]。

金里卡认为如果为了发展经济而把原住民从其居留上强制迁走，并且不给予任何补偿的措施，这是一种不公正的行为。由于原住民世居于这些土地之上，在其加入国家时，国家承认并签订了有效或者无效的历史协定来肯定其对土地的所有权，即使没有相关协定，国家也应该满足原住民对土地的诉求。因为原住民是他们传统土地的合法所有者，他们的土地在经济开发中如果被非法地抢走了，国家就应该对这种历史错误加以补偿。对于原住民所遭受过的这种历史不公，经济上补偿是必要的、政策上的倾斜也是必需的、某种程度的自治也是合理的，但是历史上的错误造成原住民落后的现状通过补偿并不一定就能改变，金里卡认为补偿历史错误的观点不能过分地推论下去，有些历史上的错误只能被“免掉”，要意识到无论如何也无法恢复到这些原住民没有受到任何历史不公时的状态，否则只会引起无休止的争论。同时，如果国家为了解决贫困问题，支持中心地区的贫困和无地者移居到原住民居住的人口较少的边疆地区，这也是一种分配上的不公正。这是因为资源平等主义是站不住脚的，大多数原住民的资源并不丰富，并且他们已经被剥夺了很多的土地资源，这种移居政策是再次利用了原住民的软弱性来分享所剩无几的资源而已，所以移居政策能在现实中促进资源平等的可能性非常小。金里卡认为这是因为移居政策

① 马戎编著：《民族社会学——社会学的族群关系研究》［M］，北京大学出版社2004年版，第188—191页。

在一个或者多个方面存在着缺陷："它们服务于富人而不是穷人；它们导致环境的毁灭，而非可持续发展；它们打击的目标是那些实际上资源贫乏而非资源富有的原住居民。"①

此外，他认为在对待资源开发与环境保护问题时，不仅要承认人类的权利，也要看到动物或大自然的权利，以非人类中心主义的道德理论来看待经济开发中的环境保护问题。总之，要尊重原住民对其居留地自然资源合理的、公正的利用，不应当用强制性的手段来划拨他们的土地或者采取移居的计划。至于对贫困和无地的少数群体问题而言，金里卡认为作为一个民族国家的公民，让少数族群自愿地相互做出牺牲是必要的，"这种牺牲是一个稳定和公正的民主社会所要求的"②，也就是让原住民自愿地从资源平等主义的角度进行一定的微调，"或许可以采用资源税的形式，由原住民自己来决定，如何经营他们的资源来偿付这一税款"③，从而达到资源分配上的公正。

4. 多元文化的公民教育

从国家的角度来看，公民教育是一个现代民主国家的兴旺与稳定所必需的，如果缺乏公民对国家的认同感、宽容心、责任感等这些品质，民主国家对社会的治理将很难进行，甚至将变得不稳定。公民教育"意在传递知识，强化以尊重法律为基础的积极的、反思性的政治参与"。④ 多元文化的公民教育将会

① ［加］威尔·金里卡著，邓红风译：《少数的权利：民族主义、多元文化主义和公民》［M］，上海世纪出版集团2005年版，第139页。

② ［加］威尔·金里卡著，邓红风译：《少数的权利：民族主义、多元文化主义和公民》［M］，上海世纪出版集团2005年版，第156页。

③ ［加］威尔·金里卡著，邓红风译：《少数的权利：民族主义、多元文化主义和公民》［M］，上海世纪出版集团2005年版，第155页。

④ ［以］耶尔·塔米尔著，陶东风译：《自由主义的民族主义》［M］，上海人民出版社2005年版，第12页。

形成公益心、正义感、礼仪与宽容以及一种共享的团结或忠诚感。[①] 这四种德行无论是对民族国家的民主体制建设，还是对于民族国家建构的公正性来说都是必要的。这是因为，真正的民主国家或者说公正的政治必须寻求更为广泛的政治参与，这种政治参与正是保证少数族群得到平等对待与尊重的屏障，能够起到防止“多数人的暴政”的效果；同时，如果公民长时期不能容忍彼此文化上的差异性，并且普遍缺乏正义感的话，那么创建一个更加公平社会的愿望将会变得难以实现。通过公民教育一方面可以使国家内部的社会分层不再带有族群特征，公民教育另一方面可以强调公民身份与国家认同，从而促进民族一体化。

多元文化主义者认为传统教育中立的主张无法解决文化上的偏见和歧视。因为在实际的教育过程中，要想彻底消除对于文化价值既有的判断是不可能的，所以在教育中无论是在教育体制上、还是在教师教育的过程中难免会有一种特殊的价值在运作，诸如自由主义所提倡的中立、宽容、理性等等。难免就会不自觉地存在着一种同化的倾向，使得差异的族群文化的价值无法在教育环境中获得正当的传递，从而会阻碍少数族群个人或群体对于文化上尊严的追求，其利益也无法在教育中得到体现。杨就认为在教育机会均等的主张下，实际上学校成为文化霸权压制的场所，标准化、相同的课程设置并没有考虑到来自不同文化少数群体的学生的要求，这样难免会造成这些具有少数族群背景的学生成绩较差，最终会影响到其在社会中的成就。[②]

---

① ［加］威尔·金里卡著，邓红风译：《少数的权利：民族主义、多元文化主义和公民》［M］，上海世纪出版集团 2005 年版，第 326 页。

② Iris. M. Young. *Justice and the Politics of Difference*, Princeton: Princeton University Press, 1990. pp145 – 155.

所以，“必须建立一个对所有人都公平的国民教育体系，在这个体系中处于少数人地位的人们不会招致虐待和歧视，而是为他们提供一个探究各自传统的空间，对一个真正的多元文化主义社会的出现抱持宽容和开放的心态”。[①] 通常一种宽容的文化政策不仅在价值上会有感召力，并且体现在制度上也会更为有效。教育的首要功能就是传递知识与技能，现代社会分层是通过教育和职业完成的，更好的教育意味着可能会获得更好的工作和收入。所以，国家和政府有责任对传统的教育体制进行改革，通过教育、文化、语言上的改革来照顾和弥补少数族群以及弱势群体的不足。多元文化主义者认为在公民教育的过程中，必须强调少数族群的特殊权利，以保障其特殊文化的价值在教育中得到正式的承认与学习的机会。在教育过程中给予少数族群文化适当的展现空间，不仅有利于少数族群强化其自尊心和自我认同，同时可以让其他文化的学生接触并学习到不同的文化，这样可以避免因族群文化差异而产生的各种误解与矛盾，成为一种促进族群间相互理解、相互合作的基础。

多元文化的公民教育虽然要求在国民教育系统中给予差异的族群文化足够的、平等的重视，但同时也不能否认少数族群自我教育与各种分立学校的作用。因为少数族群以及宗教群体的自我教育以及各种分立的学校对于保护文化的多样性，以及他们的自我发展来说是必要的。实际上，“人们有充分的理由相信，对有些孩子而言，如果他们在（教育过程后期）进入普通学校之前，能够在分立学校里同其他有同样背景的人一起接

① ［英］C. W. 沃特森著，叶兴艺译：《多元文化主义》［M］，吉林人民出版社 2005 年版，第 59 页。

受早期教育，他们会做得最好”。[①] 这是因为，他们可以在一个没有歧视的环境中最大限度地培养自尊心，而且还能通过族群的自我教育培养出普通学校不能培养出的德行。但是，少数族群以及宗教团体的自我教育与成立分立的学校有两个前提条件：首先，必须要求这些学校制定包括公民教育在内的核心课程计划，这样才能培养出上面所谈到的四种德行；其次，必须实行双语教学，既通过本族群的语言来进行教育，又必须以主流语言或官方语言来进行教育，这样才能保证少数族群的孩子以自由的、平等的、包容的心态去接受不同的文化，在继续接受高等教育的时候不会出现障碍与隔阂，或在其步入主流社会之时语言上没有障碍，并且能够拥有足够的自信。就像杨所说的，只要少数族群独特的文化价值得以展现与延续，就可以促进少数族群成员对自身及他人的了解，这样就可以缓解各族群、各文化之间的矛盾，从而有利于最终形成一个和平、互助的多元社会。[②]

文化多样性具有重要的价值，语言作为文化的载体同样具有重要的价值与作用。语言不仅是一种传播文化的工具、人们交流的手段、也是不同文化人们的身份特征，所以，具有不同文化的族群要求自己的语言能够在未来得到更好的保存与发展是合理的。金里卡认为文化之间的关系是由文化之间对话的形式所决定的，这种对话应该基于自由主义的自由与平等原则之上。[③] 世界各地“民族国家建构”的首批任务之一就是对官方

---

① ［加］威尔·金里卡著，邓红风译：《少数的权利：民族主义、多元文化主义和公民》［M］，上海世纪出版集团2005年版，第337页。

② Iris. M. Young. *Justice and the Politics of Difference*, Princeton: Princeton University Press, 1990. p153.

③ Will Kymlicka. “The Right of Minoiry Cultures: Reply to Kukathas”, Political Theory, Vol. 20, No1, 1992. p145.

语言的界定、标准化和教学[1]，但推行共同语言的过程一般都是不民主的，为了纠正国家推行语言统一所造成的不公正，少数族群需要范围广泛的语言政策，这样才能保存和发展其语言。少数族群如果要保存与发展自己的语言，必须要让这种语言在公共生活中得到充分使用，否则一种语言将很难长存。所以，不仅要使少数族群的语言在其居住地上成为主流语言，而且要把其语言作为在其领地上的惟一的官方语言。这是因为“如果移民或来自主流群体的迁居者能在公共生活中使用主流语言，那必将削弱少数民族语言的主导地位并最终威胁其生存”。[2]

但是，一种主流语言、共同语言的形成对于民族国家的政治稳定以及民族建构也是必要的。特别是通过对少数族群的公民教育，可以促成国内一种或几种通用语言的运用和传播，这样就可以提高国内族群的民族统一性以及对公民身份的认同。通用语言或官方语言的运用可以有效地加强公民的身份认同，并且为少数族群成员在主流社会中够获得更多的机会提供了条件，从而起到了团结不同文化族群的作用。公民教育一般有双重功能：不仅可以在每个族群内部培养出共同语言和历史为基础的族群认同，而且还可以把民族国家中的各个族群结合在一起培养出一种民族认同。[3] 同时，一种统一的语言也是民主政治能够有效运行的必要条件，共同的语言对于构建民主政治共同

---

① ［加］威尔·金里卡著，邓红风译：《少数的权利：民族主义、多元文化主义和公民》［M］，上海世纪出版集团2005年版，第346页。

② ［加］威尔·金里卡著，邓红风译：《少数的权利：民族主义、多元文化主义和公民》［M］，上海世纪出版集团2005年版，第76页。

③ ［加］威尔·金里卡著，邓红风译：《少数的权利：民族主义、多元文化主义和公民》［M］，上海世纪出版集团2005年版，第248页。

体十分重要。金里卡所主张的群体代表以及民主协商机制就必须依靠共同的语言，否则一个民族国家之内存在多种语言，势必会对民主协商造成沟通上的障碍，“只有参与者相互了解和信任，集体政治协商才是可行的，而这似乎需要一个共同语”[①]，共同的语言的形成有助于为建立一个公正社会提供必要的基础，在其中每一个公民都能享有自由平等的权利。

总之，通过公民教育可以在族群文化多元的情境下，培养出具有忠诚性、归属性、认同于民族国家的公民。有的学者认为多元文化的公民教育会强化族群认同，从而加剧族群之间的差异与冲突，其实不然，通过多元文化公民教育的实施，文化不同的族群才能相互理解、相互信任，这样才能有助于多元族群国家的稳定。多元文化主义要求正视社会中族群文化的差异性，并且要矫正以往对少数族群的歧视现象，为少数族群争取一种特殊的权利，这样才能够平等的进行各种资源的分配，实现真正的社会公正，从而达到各个族群与国家之间的和平共处与共同繁荣。所以，公民教育对于民族国家建构而言是异常重要的，正是通过公民教育这种意识形态的管理，才能促进共同文化的形成，进而促进族群间的和谐和共容，加强族群对国家的归属感与认同感；同时族群能够习得沟通的语言和机制以及先进的生活与生产方式，有利于其通过民主的政治生活来表达各种诉求，这样族群与国家都能获得一个双赢的局面。

① ［加］威尔·金里卡著，邓红风译：《少数的权利：民族主义、多元文化主义和公民》［M］，上海世纪出版集团2005年版，第245页。

第四章　多元文化主义政策与民族国家建构：加拿大典型案例

任何政治理论都是对现实问题的思考而有感而发，其目标也是以指导政治实践为出初衷的。对文化多元背景下民族国家建构的研究，不仅要从多元文化主义理论上进行分析，还必须从具体的实践中对其加以考察，这样才能全面把握在民族国家建构中多元文化主义协调族群文化多元问题的成效，也才能超越学者们对多元文化主义的争论。加拿大作为世界上第一个由官方实行多元文化主义政策的多族群国家，具有典型的代表性。加拿大多元文化主义政策的制定与完善与多元文化主义理论息息相关，通过实行多元文化主义政策缓和了其国内的族群矛盾，强化了民族国家的国家认同。但是，理论与现实毕竟是分属于不同的层面，理论在实践中难免会存在误差，这种差异的群体权利对于加拿大民族国家建构到底能起多大作用，值得我们研究。

一、加拿大多元文化主义政策的产生及发展

1. 加拿大的族群构成与政治制度

(1) 加拿大的族群多样性与族群关系

加拿大是一个典型的由多个族群组成的民族国家，由于国内原住民以及移民的多样性，使得现在的加拿大拥有 100 多个族群。现行加拿大宪法把众多的族群分为三类，第一类是原住民或称土著族群，包括印第安人、因纽特人、梅蒂斯人[①]；第二

① 参见 Constitution Act 1982，http://laws. justice. gc. ca/en/charter/.

类是主体族群，即英裔与法裔；第三类是除了英裔与法裔之外的各种移民族裔。据加拿大官方2003年的人口统计数据，英裔与法裔占据了总人口的79%，非英、法裔移民人口占17%，而原住民仅占4%左右。[①] 在这4%的原住民中，印第安人占了一大半，梅蒂斯人，也就是最早的法国殖民者与印第安人的混血后代占据了30%多，因纽特人占5%左右。在加拿大“地区和种族因素超越了阶级界限，而且加拿大许多引起争议的问题也都起因于地方主义和种族问题而非阶级关系”。[②]

应该说印第安人和因纽特人是现今加拿大这块土地上最早的定居者。印第安人是北美最早的定居者，因纽特人因为他们居住在极北方，被称为“爱斯基摩人”。[③]。其实早在哥伦布到达美洲时，印第安人和因纽特人早已发展出了自己的语言和文化，并建立了自己的族群社会。在加拿大联邦共和国成立之后，土著族群加入了这个民族国家但是并没有得到平等的对待。土著人与欧洲白人的关系大概可以分为四个阶段：第一是最初的接触期，土著人在保持自己生活方式与社会形态的情况下，同白人平等的进行交流。第二是冲突阶段，随着双方接触的深化，白人通过宗教和经济手段打乱了土著人平静的生活，土著人逐渐沦为了被欺凌的对象。第三是被迫迁徙阶段，在1876年颁布了《印第安法》，并成立了印第安事务部对土著族群进行管理和控制。印第安人在政治上很长时期内都是受歧视的，他们并没有获得平等的公民资格。第四阶段是相对平等的阶段，1985年联邦政府颁布《C－31法案》取消了之前的歧视性规定，印

① 参见Canada Year Book［Z］，Statistics Canada，2003.

② ［加］沃尔特·怀特、罗纳德·瓦根伯格、拉尔夫·纳尔逊著，刘经美、张正国译：《加拿大政府与政治》［M］，北京大学出版社2004年版，第165页。

③ 阮西湖：《加拿大民族志》［M］，民族出版社2004年版，第23页。

第安人才获得了法律上规定的平等的公民权利，并可以自由选择其身份。

英裔和法裔加拿大人自称为“建国民族”，也就是直接参与了加拿大这个民族国家的创建。他们的先辈和后代都为加拿大联邦的成立与发展做出了巨大的贡献，所以英、法裔也就构成了加拿大的主流社会。英裔与法裔之间的矛盾主要是基于历史上的纠葛，围绕着文化、语言、宗教等因素上存在的差异，在一个国家内部的权利得失之争。实际上他们之间的恩怨可以追溯到加拿大联邦成立之前，1763 年在北美英国殖民者战胜了法国殖民者，自此信奉天主教的法裔就产生了对信奉新教的英裔的仇恨心理。通过联邦成立之前以及之后英裔推行的一系列英国化政策，使魁北克的法裔开始意识到“英裔与法裔的民族利益各异，英裔加拿大人难以接受加拿大的双语和二元文化的现实”。[①] 魁北克法裔认为应当拥有和英裔加拿大人同等的待遇，为了保护其语言和文化存续，应该取得国家二分之一的权力资源，而非仅占地方政府十分之一的比例。[②] 所以，魁北克法裔为了捍卫其语言和文化，与英裔进行了激烈的斗争，但是直到今天，加拿大联邦依然面临着魁北克族裔分离主义的威胁，多元文化主义政策依然面临着严峻的考验。

加拿大国土面积幅员辽阔，为了发展其经济必然会需要大量的劳动力，在加拿大的 100 多个族群中除了英、法裔移民之外，作为劳动力移民来自世界各地的族裔构成了其中的绝大多数，尽管他们在人口数量上可能属于少数。加拿大联

---

① 蓝仁哲：《加拿大文化论》[M]，重庆出版社 2008 年版，第 55 页。

② Jackson. Robert J. &Doreen Jackson, *Politics in Canada: Culture, Institutions, Behaviour and Public Policy*, Scarborough Ontario: Prentice Hall Canada Inc, 1996. p201.

邦政府历史上实行的是种族歧视性的移民政策，在20世纪60年代之前加拿大吸纳的移民基本都是欧洲白人，第二次世界大战之后由于对高端人才和劳动力的需求大大增加，加拿大的移民政策才越来越开放，进一步加剧了加拿大社会文化的多元化。这些非英、法裔移民作为社会中的少数群体，在历史上或多或少都曾遭受到各种不平等的待遇，由于受到了土著人以及法裔加拿大人为其平等权利斗争的启发，开始要求得到主流社会平等的尊重与对待。他们认为其族裔文化传统也是加拿大文化不可或缺的一部分，不应该受到主流社会的歧视与排斥，理应在平等尊重其文化的基础上给予其保存和发展其文化的权利，应该给予他们一种多元族群权，在生活中尊重他们的文化传统。

（2）加拿大的宪政与联邦制

加拿大的政治制度具有三个特征：首先，加拿大是一个君主立宪国，与英国、日本、泰国类似。至今加拿大仍旧是英联邦的成员，以英国女王作为国家的元首和政府的象征，其权力被宪法规定只有象征意义，通过总督代而行之。这就显著地体现了在加拿大多元文化中，英裔文化的地位无疑是处于金字塔的顶端。其次，加拿大又实行联邦制，与美国、德国等国家一样，在宪法规定之下，国家权力分别给了联邦政府和省政府。但加拿大联邦制的制定与实施具有其他国家没有的原因和特征。最后，加拿大还与意大利等国一样实行议会制政体。在议会政体中，通过“内阁政府”把行政权力集中到了少数人手中，而内阁成员基本都是众议院的议员，实现了立法权与行政权的交叉。总之，世界上的民族国家政治制度上具有以上三个特征之一的国家不在少数，然而在宪法框架下同时具有以上三个特征的国家颇为鲜见，这都是与加拿大文化上的多元性密切相关的。

加拿大的宪法规定了加拿大的基本政治原则，但实际上加拿大并没有一部获得公认、通行一致的宪法。加拿大的宪法实际上具有介于英国传统法与法国大陆法之间的特征，既有不成文的部分，也有成文的特点。[①] 加拿大联邦成立之时签署的《英属北美法案》就是最早的宪法版本，之后《1867 年宪法法案》确立了加拿大宪法的基础以及政治制度的模式，为后来加入加拿大联邦的地区提供了现成的政治原则。后来在 1982 年通过了包含《权利与自由宪章》的《宪法法案》，人们称为《1982 年宪法法案》。《1982 年宪法法案》的颁布具有重要意义，一方面改变了之前加拿大无权修改自己宪法的状况，从英国正式收回了修改宪法的权力；另一方面在《法案》中还在第二章专门对“加拿大土著民族的权利”做出了规定，体现了对具有差异文化的土著人的尊重和承认。虽然魁北克至今拒绝签署《1982 年宪法法案》，加拿大还没有一部得到公认、通行一致的宪法，但是目前的宪法也起到了其应有的作用。[②]

加拿大的国家建构借鉴了邻国美国的联邦制，并从其自己的实际情况出发，发展出了一种不同于传统意义上的联邦体制。联邦制实际上是国家组成方式由于历史发展与政治、经济、文化上的需求不同而形成的一种不同政治形态或架构。这种政治形态或架构是共治与自治的集合，包括了三个基本特性：权力上可以共享、主权议题可以分割、其组成部分的原生联系可以

① ［加］沃尔特·怀特、罗纳德·瓦根伯格、拉尔夫·纳尔逊著，刘经美、张正国译：《加拿大政府与政治》［M］，北京大学出版社 2004 年版，第 4 章。

② 关于《1867 年宪法法案》及其修正案，参见 http：//www. justice. gc. ca/eng/pi/const/lawreg－loireg/p1t16. html，《1982 年宪法法案》Constitution Act 1982 参见 http：//laws. justice. gc. ca/en/charter/.

保存。[①] 世界上采取联邦制的国家主要是有两种目的，其一是为了分权，防止出现中央集权的情况，比如美国的联邦制就是防止中央的权力过于强大，而把绝大多数权力都给予了地方。另外就是为了保持政治、经济、文化不同的地区能够和谐地处于一国之内，加拿大大致就属于后面一类。加拿大的联邦制具有两个重要的特点：

首先，联邦政府的权力大于地方政府，强调一定程度之上的中央集权。传统的联邦制强调联邦政府与地方政府之间应该是平等的，并不存在从属于高低之别，而是依据宪法上对权力的分配，各层级的政府在其权限的范围之内是相对独立和自主的。[②] 加拿大不同于美国，吸取了美国内战的教训，非常重视限制地方政府的权力，实行了一种权力非常集中的联邦体制。通过《1867 年宪法法案》的规定，加拿大联邦政府具有广泛的权力，比如征收所有形式的税收、制定各行业的法规、规定地方政府的最高代表人：省督由联邦政府任命。联邦制的运行是一个动态的过程，并不是一种静止的由宪法规定的固定制度。随着公民对政府提供公共服务的要求越来越高，联邦政府和省政府难免会不得不逾越宪法所规定的权力界限；在土地与自然资源的所有权与开发、税收、权力的分享等涉及省与联邦利益的问题时，不仅省与省之间的政策常常相冲突，省与联邦之间也存在冲突的情况。实际上“加拿大的联邦制运行的错综复杂、千变万化、困难重重”[③]，所以，自第二次世界大战以来，联邦

① Daniel. J Elazar, *Exploring Federalism*, Tuscaloosa: University of Alabama Press, 1987. p12.

② Jennifer Smith, *Federalism*, Vancouver: University of British Columbia Press, 2004. pp12 - 15.

③ ［加］沃尔特·怀特、罗纳德·瓦根伯格、拉尔夫·纳尔逊著，刘经美、张正国译：《加拿大政府与政治》［M］，北京大学出版社 2004 年版，第 68 页。

—省际会议就成为协调联邦与省二者之间分歧的有效途径，而且是推进加拿大联邦制运行的主要手段。鉴于联邦—省际会议这种机制变得越来越重要，有的学者把它称为“行政联邦制”。[①]

其次，加拿大的联邦制是为了把属于不同文化的人们统合到一个民族国家之内而实施的。加拿大的联邦制最初就是为了能让法裔与英裔加拿大人共同生活在一个国家之中，而不是在一个政府下而采取的措施，并不是为了像美国实行联邦制是考虑到分权。联邦制被认为是一种透过宪政制度、法律政策、权利保证的方式来对多语言、多文化、多族群社会加以民主地、温和地整合或同化的有效手段。[②] 所以，加拿大的联邦制考虑到了省与省之间文化上、地域上的不同，是按照这些差异来划分各省不同行政区域的。无论是加拿大联邦成立之初建立的魁北克省，还是1999年联邦政府组建的努纳武特自治省，都体现了加拿大联邦制的“文化”分治与共治的特色。

加拿大的政治机构分为立法、司法、行政三个部分。其中立法机关加拿大的议会制度基本上参照了英国模式，联邦议会作为国家的最高立法机关，由总督、众议院和参议院组成。众议院议员按各省和地区的人口通过直接选举产生，是在立法与行政中起真正作用的部分，因为获得众议院多数席位的政党即为执政党，而执政党领袖就是总理，不仅可以有

---

① Donald V. Smiley, “Executive Federalism”, *Canada in Question: Federalism in the eighties*, 3rd ed, Toronto: McGraw - Hill Ryerson, 1980. Chapter 4.

② Brendan. O ′Leary, “Federations and the Management of Nations” in Daniele. Conversi, ed., *Ethnonationalism in the Contemporary World: Walker Connor and the Study of Nationalism*, London: Routlegde, 2004. p155.

权组织内阁，还可以任命参议院的成员。参议院按地区代表制原则由总理提名组成，以英国贵族院为模式，参议院并没有众议院那么大的权力。实际上总督只是王权的象征，真正起作用的是总理以及内阁。“加拿大实行议会内阁制，行政权和立法权交织在一起，行政官员插入立法机构，因为内阁成员实际上都是立法机构——议会众议院成员，并在众议院起主宰作用；唯有司法权独立，但其法官却是由内阁政府任命。”① 此外，在加拿大全民公决投票也是解决有重大争议问题的有效措施。

加拿大的内阁政府把政治权力集中到了小部分人手中，并且同时在立法和行政中发挥作用。参议院表面上是为了保护人口少的省份而设立的，在 104 个席位中按省区分配，但是总理任命的模式决定了其任命的议员都是执政党的忠实支持者，而且都是具有社会地位的成功人士，不仅在各省的代表数量分配上不相等，而且一般起不到应有的作用，所以要求进行参议院改革的呼声很高。而众议院虽然是按地区的人口比例直接选举产生，具有民主选举的特征，但实际上英裔、法裔人口占多数，并且他们居住的安大略与魁北克省就占据了绝大多数席位，少数族群成员居住比较集中的纽芬兰、育空地区、西北地区、努纳武特等省众议院席位少得可怜；并且由于政党政治的因素的影响，一般议员都有鲜明的党派色彩，少数族群议员想要发挥代表其族群或地区的作用很难，实际上难免会成为陪客。所以，虽然《权利与自由宪章》肯定了土著人等弱势群体的权利，为他们改变社会中的政治地位创造了条件，但他们的政治参与权利并不能得到有效的运用，他们的努力都没有被纳入到政党组

① 蓝仁哲：《加拿大文化论》［M］，重庆出版社 2008 年版，第 33—34 页。

织中来。[①] 金里卡所主张的比例代表制虽有所体现，但理论与现实之间还是有距离的。

2. 加拿大民族建构政策的演变

加拿大是一个典型的多族群国家，国内移民来自不同的国家和地区，“移民构成了加拿大历史的核心内容”[②]；所以加拿大社会的种族和族群矛盾错综复杂。在其民族国家建构的历史过程中，实际上有着三个主要矛盾：法裔加拿大人与英裔加拿大人之间的矛盾、加拿大土著族群与英、法裔加拿大人之间的矛盾、非英、法裔移民族裔与英、法裔加拿大人之间的矛盾。这三个主要矛盾在不同的历史阶段此起彼伏，为了妥善处理这些族群矛盾，加拿大联邦政府的民族建构政策在历史上先后经历了几次转变，具体来说可分为三个阶段，盎格鲁·撒克逊的“一元同化”阶段、二元文化的加拿大化运动“二元熔炉”阶段、多元文化主义政策阶段，总的来说加拿大民族政策的发展历程是一个由同化政策发展到多元文化主义政策的过程。加拿大民族国家建构仍在进行之中，加拿大国内政治在很大程度上就是以调整族群关系和地区关系为中心的。

（1）盎格鲁·撒克逊的“一元同化”（Anglo – conformity）

民族同化指的就是“一个民族或其一部分丧失本民族特征而变成另一个民族的现象”。[③] 民族同化的方式可以分为自然同化和强制同化，自然同化就是各民族随着经济、文化等各方面交流的不断加强，在经济和政治上占主导地位的民族文化，成

① ［加］沃尔特·怀特、罗纳德·瓦根伯格、拉尔夫·纳尔逊著，刘经美、张正国译：《加拿大政府与政治》［M］，北京大学出版社 2004 年版，第 118—120 页。

② *The Canadian Encyclopedia*, Edmonton: Hunting Publishers, 1988. p1045.

③ 施兴和：《加拿大民族政策的嬗变》［J］，《世界民族》2002 年第 1 期。

为各民族认同的社会主流文化的过程。强制同化指的是凭借国家政权的力量，采取一定的政策措施，促使甚至是逼迫某一民族或者某些民族接受其他民族的文化，从而使其丧失自己的民族特征，融入其他民族的政策。[①]

加拿大政府在1867年自治领建立直到第二次世界大战爆发之前，采用的是以“盎格鲁·撒克逊”英国思想为核心进行的，一种由官方主导的强制同化模式。这种一元同化模式就是为了宣传英裔加拿大人的生活方式、文化习俗和英式政治体制，使其他移民和原住民不得不彻底放弃自己的文化传统。这就意味着英裔的价值观、行为方式、政治制度会升华为加拿大社会的主流政治文化，并且以这种英裔主流文化来进行政治社会化，即通过强制性的手段让其他非英裔加拿大人放弃自己的文化身份，而巩固英裔及其文化在加拿大社会中的地位。这种以盎格鲁·撒克逊的英国文化来推行的一元同化民族建构措施，就是为了让其他加拿大非英裔移民及原住民能摆脱语言上的障碍，进而融入英式的加拿大主流生活之中。

随着20世纪20年代后大量非英、法裔移民移居加拿大，及这些移民人口的自然繁衍，非英、法裔的移民在加拿大总人口比例逐年增加。虽然加拿大联邦政府为了加强英裔加拿大的地位，不仅加大同化力度而且采取了歧视性移民策略，但民族同化政策却没有取得预期效果。这是因为，一方面，英裔加拿大的凝聚力不够强，而且他们居住地域比较集中，基本上都居住于经济比较发达的东北省份，而原住民和非英裔的移民往往居住比较分散，往往居住于西部欠发达省份与边疆地区，而且由于族群通婚受到了族群流动性的限制和种族优越性思想的影

① 周平：《民族政治学》［M］，高等教育出版社2003年版，第87页。

响，这样就极大地削弱了同化的效应。另一方面，法裔加拿大同样处于同化的威胁之下，所以他们与其他少数族群有同病相怜之感，因而也不支持联邦政府同化其他族群的主张。[1] 经过种种迹象表明英裔加拿大人没有能力同化 140 多个族群的不同文化。“即使连中东欧移民都没有同化入英裔主流文化，几代人依旧保留着自己文化认同的重要特征，虽然许多成员已进入中产阶级，但人们所预期的那种彻底同化也并没有出现”。[2] 总之，“一元同化”政策，在法裔加拿大人和广大少数族群的强烈抵制下，最终在第二次世界大战前以失败而告终。

（2）“二元熔炉”的加拿大化运动（Melting - pot - theory）

英裔加拿大人在推行“盎格鲁·撒克逊”一元同化政策失败之后，随着少数族群族群意识的觉醒，英裔主导的“盎格鲁·撒克逊”文化遭到了猛烈的冲击，占统治地位的英裔加拿大开始意识到其文化的优势地位受到了越来越大的威胁，为了巩固其盎格鲁·撒克逊文化的优势地位，加拿大联邦政府实行了一种新的民族同化政策，参照了美国政府同期推行的“熔炉”政策，开展了所谓的“二元熔炉”加拿大化运动。这种“二元熔炉”的加拿大化运动的企图，是希望把各少数族群的多元文化以英裔和法裔文化为中心进行融合，从而在此基础上形成一种新的加拿大文化。这种政策以联合各族群创建出一种新文化为目标，与之前的强制同化相比具有一定的进步意义。

但加拿大化运动开始才不久，就遭到了法裔加拿大人的强

① 寻找加拿大丛书编辑组：《加拿大成功的启迪》［M］，吉林教育出版社 1991 年版，第 214 页。

② 寻找加拿大丛书编辑组：《加拿大成功的启迪》［M］，吉林教育出版社 1991 年版，第 214 页。

烈反对，法裔加拿大人认为这种“熔炉”政策不利于法语和法兰西文化的保存与发展，这场加拿大化运动所产生的新加拿大文化会吞噬其法兰西文化，所以要求通过修改宪法来保证其文化的特殊性，即要求承认魁北克这个法裔人口占绝对多数的省份拥有特殊地位。魁北克法裔分裂主义者则通过这个契机大造舆论，企图脱离加拿大联邦而建立自己的国家，魁北克通过“平静的革命”[①] 实现了现代化，并向联邦政府提出了涉及在政治、经济等方面更多的自治权力，从而使加拿大的联邦制出现了危机。加拿大联邦政府为了避免魁北克从联邦中分裂出去，为了维护民族国家的稳定与统一，采取了温和、克制的态度，1969 年颁布了《加拿大官方语言法》明确规定实行双语制，法语与英语于是同时成为加拿大的官方语言。

由于联邦政府对法裔加拿大人的过分退让与政策倾斜，引起了其他少数族群的不满，他们认为联邦政府只会考虑英、法裔的利益，他们的合法利益则被忽视掉了。少数族群认为加拿大不仅仅是英裔与法裔的国家，各个族群都为加拿大做出过贡献。[②] 特别是原住民认为既然对法裔加拿大的文化加以保护，也该对他们的文化加以保护，他们才是加拿大“第一民族”。“这场双语制度下的加拿大化运动，给少数族群的语言和文化带来了灾难性的后果，原有 50 多种不同语言的 30 多万印第安人，

① 让·勒萨热政府在 20 世纪 60 年代在魁北克推行涉及政治、经济等方面的改革，通过剥夺教会的教育权而通过官方的教育部强化法兰西文化教育，同时推进工业化改革让法裔加拿大人控制了关系到魁北克经济命脉的关键部门；并且要求联邦政府承认魁北克在联邦中的独特地位，希望从联邦手中获得更多政治上的自主权，让法裔加拿大人真正成为魁北克的主人，改革引起的变化被新闻界称为“平静的革命”，这场革命极大地促进了魁北克的民族主义运动的高涨。

② Raymand Breton, *Ethnic Identity and Equality*, University of Toronto Press, 1990. p115.

到了20世纪80年代中期只剩下15.4万人”。[①] 而非英、法裔的移民子女，由于切断了与母国间的文化交流，他们在短时间内又难以适应加拿大主流文化和官方语言，从而造成一种文化上的“真空”。于是，少数族群开始意识到保护自己语言、文化、生活方式的重要性，强烈要求加拿大联邦政府保护他们的文化与语言，要求帮助开设他们自己的语言学校，并在经济上给予适当的援助。

总之，“二元熔炉”加拿大化运动与之前的“盎格鲁化”民族同化政策相比而言，依然是一种民族同化政策。其实熔炉政策和同化政策就是一回事情，所谓熔炉政策就是同化政策的翻版，目的都是要把其他族群盎格鲁化。[②] 所不同的是一个以英裔文化标准来进行“一元同化”，而另一个则是以英、法裔文化来进行的“二元同化”。到20世纪60年代末，由于魁北克法裔反对这种降低法裔文化地位的做法，随着其他少数族群意识的觉醒，他们也呼吁其特殊文化也应有存在与发展的权利，加拿大国内的族群矛盾变得越来越尖锐，加拿大联邦政府不得不放弃“二元熔炉”的加拿大化运动。为维护政治稳定与国家统一，巩固联邦制与民主制，加拿大联邦政府开始寻找一种新的族群政策。

3. 多元文化主义政策的产生与发展

（1）多元文化主义政策的产生与发展

联邦政府正视了20世纪60年代末政治、经济和社会生活中产生的新现象，并为能够切实地解决英裔、法裔及其他少数族群相互间的矛盾，使多元的文化能够在一个国家中得以很好

---

① 宁骚：《民族与国家》[M]，北京大学出版社1995年版，第357页。

② 阮西湖：《加拿大多元文化主义政策的制定和发展》[J]，《社会科学战线》1989年第1期。

的融合，于是联邦政府提出了双语框架下的多元文化主义政策。当时的加拿大总理皮埃尔·埃利奥特·特鲁多认为“一个民主的民族国家一定会以追求全体人民的利益为目的，不会对具有不同族群身份的公民加以歧视”。[①]联邦政府通过社会调查认识到目前加拿大政治、经济上的所取得的成就是所有加拿大人共同努力的结果，不是单依靠英、法裔加拿大人就能实现的，所以族群政策必须考虑到少数族群的要求，这就意味着族群政策必须由一元转向多元。由此，联邦政府推出了多元文化主义政策，其产生与发展可以分为三个阶段：形成阶段（1971 年之前）、发展阶段（1971—1981）、制度化阶段（1982 至今）。

多元文化主义政策的正式实施是 1971 年，以加拿大前总理特鲁多 1971 年 10 月在国会众议院的讲话为标志。特鲁多认为“尽管实行两种官方语言制度，但没有一种官方文化，没有任何种族比别的种族更优秀。也没有任何公民和团体比其他加拿大人更优越，他们都应受到平等对待”。[②] 加拿大多元文化主义政策在 1971 年出台时，主要包括以下四个方面：“首先，在资源许可的情况下，政府将对所有愿意并努力为加拿大做出贡献、明显需要帮助的弱小民族进行帮助。其次，政府将帮助所有文化集团的成员克服文化障碍，使之能够全面参与加拿大社会。再次，政府将促进所有文化集团间富有创造性的接触和交流，以利于国家的统一。最后，政府将继续帮助移民学习加拿大至少一种官方语言，以使其充分参加加拿大社会。”[③] 多元文化主义政策的目的就是为了维护民族国家的统一，以及化解族群之

① Leo Driedger. *Multi – Ethnic Canada: Identities and Inequalitities*, Ontario: Oxford University Press, 1996. p120.

② 宋家衍：《枫叶国度》[M]，山东大学出版社 1989 年版，第 299 页。

③ 阮西湖著：《加拿大民族志》[M]，民族出版社 2004 年版，第 245 页。

间的矛盾，为了实现这个目的国家会为少数族群保存与发展自我特殊的文化，并促进他们积极融入加拿大主流社会中提供必要的支持与援助，“但要接受这些差异文化，都必须以支持民族建构及民族统一为前提”。[①]

自此，多元文化主义政策成为加拿大建国一百多年以来第一项成文的族群政策，联邦政府对在多元文化背景下，如何进行民族建构做出了合理的选择。为落实好多元文化主义政策，联邦政府采取了一系列措施。从1972年开始就专门成立了多元文化部，同时在内阁中相应地增设了一名“多元文化部长”负责执行与监督多元文化主义政策，在各地区也设立了各级地方的“多元文化主义工作部”和各种多元文化非政府机构组织。之后又设立了多元文化协商委员会，在国务秘书部设立多元文化专员来组织和协调多元文化事务。并且联邦政府每年会通过专门的款项支持全国族裔文化组织、多元文化协会组织与开展的公共性活动。这时的多元文化主义政策为的是尊重与保护各族群的差异文化，实际上还仅仅只是一项文化政策。

随着加拿大民主政治的发展及法律的完善，最初制定的多元文化主义政策四项内容已经不能再满足多元文化社会发展的需要。加拿大联邦政府对族群文化多样性有了更清晰的认识，强调用多元文化主义政策来平等的对待、尊重每一种特殊的族群文化。1981年多元文化主义政策的范围进一步扩大，不仅反对种族歧视，尤其要实现民族平等。1982年多元文化主义政策被写进宪法之中，这就是以1982年4月通过的《加拿大宪法》包括《加拿大人权与自由宪章》为代表。《1982年宪法法案》

① Eva Mackey, *The House of Difference: Cultural Politics and National Identity in Canada*, London and New York: Routledge, 1999. p66.

不仅要求个人的自由和权利的平等，而且强调保留和加强多元文化遗产，该宪章从法律上彻底否定了残存的种族歧视，把反对种族歧视的斗争以及废除一切与多元文化主义相矛盾的法规作为多元文化主义政策的重要组成部分。[①] 自此，少数族群在政治、经济和社会上获得了与英、法裔相同的平等权利。为了避免少数族群在社会生活中受歧视的现象，联邦政府在 1987 年又起草了多元文化主义政策的八项原则。[②] 这八项原则与之前的四项原则相比，多元文化主义政策所涉及的范围有所扩大，从主要针对少数群体扩大到所有加拿大人；提出了具体的消除种族歧视和社会平等的政治主张；提出了多元基础上的一体化，符合了社会发展的趋势。因此，多元文化主义政策有了新发展，从对多元文化的保护扩展到涉及社会、政治、经济平等的政治学范畴。

联邦政府在制定了多元文化主义政策八项原则之后，同时建立了相应的机构和增加了推行多元文化主义的经费，最后采用立法手段来推行、发展、完善多元文化主义，1988 年世界上第一部《多元文化法》在加拿大众议院讨论通过，从法律的高度肯定了加拿大各族群平等参与政治、经济、社会生活，以及保存和发展其族群文化的权利，表明了联邦政府消除种族歧视的决心。联邦政府从三个原则出发制定了《加拿大多元文化法》。[③] “首先，多元文化主义是加拿大公民权的主要特征。其次，每个加拿大人都有自由选择、享受、提高和分享本民族传

① ［加］沃尔特·怀特、罗纳德·瓦根伯格、拉尔夫·纳尔逊著，刘经美、张正国译：《加拿大政府与政治》［M］，北京大学出版社 2004 年版，第 266—278 页。

② 阮西湖：《加拿大多元文化主义政策的制定和发展》［J］，《社会科学战线》1989 年第 1 期。

③ 参见 http：//laws. justice. gc. ca/en/C－18. 7.

统的权利。最后，联邦政府有责任通过各部、各机构促进多元文化主义的发展和实行。”[①] 《加拿大多元文化法》所规定的多元文化主义政策从八项增加为十项[②]，从这十项多元文化主义政策的内容中可以看出，《加拿大多元文化法》的核心内容是确保所有加拿大人都能够平等地参到加拿大的政治、经济与社会生活中来，同时把多元文化看作是加拿大无可估量的资源，为保存和加强加拿大的多元文化遗产而努力。为了能够让多元文化主义政策得到全面、彻底的落实，加拿大联邦政府在涉及多元文化的机构设置、公民教育等方面进行了改革，并且加大了对实行多元文化主义的经费支持。

1989 年通过联邦议会的讨论决定创建一个新的机构，这就是 1991 年正式形成的多元文化和公民身份部。这个机构的建立是为了促进族群之间的关系和跨文化之间的交流问题，并且提升所有加拿大人对加拿大政府的认同，使其接受和履行种族平等和多元文化主义政策的原则和规定。这时的多元文化主义政策更为强调跨文化之间的交流与理解，并且力图通过消除各种歧视性的障碍，通过政府机构上的变革、肯定性行动来为少数族群提供更为平等的机会，从而达到社会、经济上的整合目标。多元文化与公民身份部存在的时间非常的短，到 1993 年就被拆分并整合进了加拿大遗产部。随着来自加拿大社会中的不同群体与个人对多元文化主义政策批评的增加，加拿大遗产部通过对 1995 年多元文化主义政策具体计划实施的详细检查，在 1996 年宣布了一个全新的具体计划，这个具体的计划主要关注于三

---

① 胡敬萍：《加拿大民族政策的演进及其启示》[J]，《广西民族研究》2003 年第 1 期。

② 阮西湖：《加拿大多元文化主义政策的制定和发展》[J]，《社会科学战线》1989 年第 1 期。

个目标：社会的正义，也就是要建立一个合理的、公正的社会；公民的参与，要确保所有的加拿大人都能参与到加拿大国家和社会的建设中来；加强认同，培养一个能够承认、尊重、并且反映文化多样性的社会，这样有着不同族群背景的人们就才可能对加拿大有归属感。为了实现这些目标，联邦政府宣布从2005年开始，预算未来5年投入5.6亿美元来推进加拿大反对种族主义的行动计划，在未来3年中投入2.5亿美元到各种承认计划、教育计划中。[①]

（2）多元文化主义政策的特点

加拿大多元文化主义政策在实践中不断发展和完善，直到20世纪90年代末，多元文化主义政策具有以下特点：

第一，加拿大多元文化主义政策把多元文化看作是加拿大社会的主要特征，主张差异的平等，赋予少数群体平等的权利。多元文化主义政策认识到了加拿大多元文化的社会现实，肯定了各族群文化在加拿大社会进步中的作用，把多元文化看作一种宝贵的社会资源。就像加拿大联邦政府认为的那样，“多元文化主义政策是所有加拿大人的政策，其中多元文化主义是加拿大认同的实质，每一个族群都有在加拿大这个民族国家内保留和发展自己独特文化的权利，两种官方语言并没有表示就有两种官方文化，没有任何一种文化比其他的文化更具有官方色彩”。[②] 第二，加拿大多元文化主义政策是针对所有加拿大人的，涉及经济、社会、文化和政治等各方面的族群政策。多元文化主义政策不仅仅包括文化方面的内容，还包括经济、社会、

① Multiculturalism in Canada, http://www.pch.gc.ca/eng/1266364666208/1268165707256.

② Seymour Martin Lipset. *Continental Divide: The Values and Institutions of the United States and Canada*, New York: Routledge, 1990. p180.

政治等方面，同时多元文化主义政策不仅仅针对少数群体，而是适合于所有加拿大人的多元文化主义政策，强调了国家认同的重要意义。多元文化主义政策作为一项扩大了的族群政策，肯定各族群都有保存和发展自己文化的权利，更重要的是它强调并实现了各族群的权利平等，消除固有的种族歧视，突出少数族群的公民身份与政治参与，强化了加拿大的国家认同，巩固族群之间的团结。文化发展的多元化是加拿大社会发展的规律，所以在促进文化多元化基础上巩固民族国家的统一，是包括各个族群和联邦政府在内的全社会的事情。

第三，多元文化主义政策并不是加拿大联邦政府处理国内族群矛盾的唯一方式，而是与族群自治政策相辅相成的。加拿大联邦政府为了维护国家统一，允许以法裔为主要居民的魁北克省自治和拥有各种特权之后，加拿大土著族群也提出了自治要求，要求建立自己的自治政府，以取得其固有的自治权利。现代国家大部分都是民族国家与民主国家的共同体，现代国家在处理族群问题时必然采取民主的方式，族群自治政策就是民主地缓解族群矛盾的一种有效措施。如 1999 年 4 月 1 日，因纽特人的努纳武特自治区的成立，就是通过和平的、民主投票方式产生的，是加拿大联邦政府多元文化主义政策安邦治国的完美体现。

第四，加拿大联邦政府成立了专门的机构来保证多元文化主义政策的全面贯彻实施。设立了许多联邦层级的政府机构来保证多元文化主义政策的实施，同时，联邦政府还每年从财政预算中设立专款来支持多元文化建设。多元文化主义政策的执行并没有局限于联邦层面，各省都有相应的保证多元文化主义政策得以落实的机构，并且每个省都有联邦政府的多元文化主义专员来保障和监督多元文化主义政策的执行，许多非政府组织在这个过程中也起到了举足轻重的作用。

第五，加拿大多元文化主义政策在涉及利益时并不多元，首先满足的是主体族群的利益。加拿大多元文化主义政策实际上是以英、法裔主体民族的利益为中心的。从多元文化主义政策的内容中我们就可以看出，多元文化主义政策有前提性条件，这就是必须在“双语”框架下，在资源许可的情况下，少数族群的要求在不影响主体族群利益前提下才会被考虑。加拿大前总理特鲁多就明确指出过，所谓的资源许可不仅仅指自然资源，还包括在不影响以英、法裔为主的主体族群现有的消费水平、增长速度以及考虑到长远发展的前提下，政府才能为弱小族群提供必要的帮助。[①] 同时，由于少数群体的政治地位不高、政治参与意识也较低，议会和政府中任职的少数群体人数很少，无论在立法机关还是在行政机关中都缺乏有效的代表，比例代表制在理论上与现实中差距很大，所以少数群体的利益得不到有效的保障。

第六，加拿大多元文化主义政策潜在地带有制度性种族主义色彩。[②] 尽管加拿大联邦政府通过《多元文化法》保证了少数族群法律上的平等，但是这种不明显的制度性种族歧视仍然能在加拿大社会领域中找到。这种制度性种族主义，实际上是制度安排对民族的实际影响，与制度设计者的合法性理念初衷

① Joe. R. Mary and Jonason. C. Yang, *Cultural Diversity and Canadian Education: Issues and Innovations*, Ottawa: Carleton University Press, 1984. p519.

② “制度性种族主义”是斯托克利·卡迈尔（Carmichael Stokely）和查理斯·V. 汉密尔顿（Hamilton Charles V.）在他们的著作《黑人的权力》（1967年）中提出的。“制度性种族主义”（Institutional Racism）的概念是指：“制度性种族主义指那些看上去是种族中立的，并且通常不是有意制造歧视的一些政策，但是这些政策实际上有限制少数民族成员机会的作用。”参见戴维·波普诺著，李强译：《社会学》[M]，人民大学出版社1999年版，第313页。

出现差距而产生的。这种制度性种族主义也可以被视为一种新种族主义的产物，不仅体现在政治制度之上、在经济制度、教育制度以及语言上其实都有所体现，其总目的就是为了限制社会的向上流动性，从而可以起到保护掌权的主流族群的特权与地位。

总之，加拿大多元文化主义政策从 1971 年正式提出之后，其内容是一个不断完善和发展的过程，从一开始仅仅涉及保护族群文化方面，只是主张一种文化权利；1985 年在多元文化常务委员会的讨论下，又扩充成为保护不同文化和不同种族出身的所有加拿大人政治、经济、文化平等的民族政策，并且越来越强调不同文化之间的理解和宽容。1988 年加拿大众议院通过的世界上第一部《多元文化法》成为加拿大民族国家建构中处理族群关系问题的指导原则，为制定出处理文化多样性问题的各种措施、政策与方法提供了法律基础。制度化的多元文化主义政策为多族群国家在民族国家建构过程中如何处理族群文化多样性问题提供了一种新的模式以及宝贵的经验。

二、加拿大多元文化主义政策的效果与存在的价值

1. 加拿大多元文化主义政策实施的效果

在民族国家建构的过程中，是否能以民主的方式来缓和国家一体化与族群自我发展之间的矛盾关系到民族国家建构的成败。加拿大多元文化主义政策自 1971 年由联邦政府正式实施以来，有效地缓和了加拿大国内的族群矛盾，维护了国家的统一，为经济的快速发展提供了一个良好的环境。加拿大多元文化主义政策从实施至今也就 30 多年，依然是一个新生事物，仍处于不断的完善和发展过程之中。总之，目前为止对于民族国家建构问题来说，加拿大的多元文化主义政策取得了不错的效果，但仍然留有一些需待解决的问题。

（1）加拿大多元文化主义政策实施的成效

第一，加拿大多元文化主义政策缓和了国内错综复杂的族群矛盾。加拿大国内的族群矛盾主要表现在三个方面：第一是英裔、法裔加拿大人与土著族群之间的矛盾，通常被学者称为“建国民族”与“第一民族”之争。其次是英裔与法裔加拿大之间的矛盾，英、法裔移民共同构成了加拿大联邦成立时人口上的多数，他们之间的矛盾被称为“建国民族”之争。虽然他们都为加拿大联邦的建构做出了巨大贡献，但英裔与法裔之间的地位还是存在差距。三是主体族群同少数族群之间的矛盾，被称为“主流文化”之争。虽然加拿大没有官方文化，也没有一种共同文化，但英、法文化一直充当着加拿大的主流文化，其他多元的族群文化则处在了社会的边缘，随着非英、法移民，土著族群人口数量的不断增加，政治、经济实力的增强，开始要求其特殊文化得到社会的宽容与尊重，并承认他们平等的政治权利。

多元文化主义政策自 1971 年实行以来，第一次在法律上肯定了国民之间由于族群身份存在“差异”的平等。多元文化主义政策强调对所有族群公平对待，规定了加拿大不会以某一种族群文化作为官方文化，多元文化正是加拿大民族文化的特征，族群之间是平等的，否定了种族主义的族群歧视，肯定了少数群体拥有平等的权利，有助于促进族群之间的互相尊重与和平共处。尽管魁北克反对官方的多元文化主义政策，但正是由于加拿大联邦政府实行了多元文化主义政策，把法语定为官方语言之一，并给予了魁北克省诸多的特权，才缓和了魁北克法裔分离联邦的趋势。在面对土著族群的自治与土地问题时，联邦政府采取了土地补偿和权利补偿的方式来解决这一矛盾。联邦政府按规定退还了土著族群在西部、西北部世代居住的土地，并进行相应的财政赔偿；同时对土著族群进行权利上的补偿，也就是给予了他们特殊的权利，不仅允许土著族群自治，并且土著族群在保留地上拥有各种优惠政策。[①] 如 1986—1987 年，“印第安人提出的 12 项土地和资源被非法使用的问题都得到解决，获得经济赔偿 2550 万加元，收回了 1.9 万公顷土地”。[②] 而对非英、法裔移民，多元文化主义政策为他们提供了保存自己文化的权利，如允许他们可以用自己的语言进行广播、出版自己文字的出版物；而且通过举办多元文化节等措施帮助他们展示自己的文化特殊，并且为他们提供一些促进多元文化和谐共存的经费，为了让他们能够更快地融入到加拿大社会中还提供了多语教学和公民教育。根据调查，到 2003 年赞同白人与土著族群、亚裔人通婚的人从 1970 的 69% 和 65% 上升到了 2001 年的 87% 与 85%。[③] 通过一系列的政策与措施，加拿大多元文化主义政策协调了加拿大各族群之间的利益，从根本上缓和了族群矛盾和冲突。

第二，加拿大多元文化主义政策维护了国家政权的稳定和国家的统一。国家政权是否稳定取决于权力是否具有合法性，如果国家权力能够得到广大公民的认同，国家权力也就具备了合法性，这个过程也就是权力上升为权威的过程，吉登斯把这个过程作为民族国家与绝对主义国家的主要区别，也是现代国家的主要特征。他认为“统治体系需要维持从属群体对统治者的信任。由于某种原因，当这种信任开始衰退之时，体系中所

① 阮西湖、王丽芝：《加拿大与加拿大人》[M]（二），中国社会科学出版社 1991 年版，第 114 页。

② 刘军：《列国志：加拿大》[M]，社会科学文献出版社 2005 年版，第 49 页。

③ 参见 Canada Year Book 2001. Statistics Canada, 2003。

产出的权力数量也随之减少，因而会使体系变得‘难以统治’”。[①] 在族群多样和文化多元背景下，为了维护国家政权的稳定和国家的统一，政府不得不寻找一种能够把各个族群都容纳在一个民族国家之内的措施。

联邦制就是一种把多个族群组合到一个民族国家之内的有效方式，一个民族国家究竟采取联邦制还是单一制，族群政治关系是重要的决定性因素之一。如果族群之间的力量对比比较均衡、居住的又相对集中、族际融合程度较低，国家选择联邦制的国家结构形式可能性就比较大。实行联邦制最为关键的就是要处理好中央和地方的关系，不然将会导致多族群国家的分裂。加拿大各族群居住的特点就是居住相对集中，土著族群主要居住在西部和西北的育空地区、西北地区、努纳武特等省，法裔加拿大则居住于北部的魁北克省，中央与地方的矛盾容易由双方利益冲突而加剧，魁北克要求政治上的独立就是典型表现。多元文化主义政策在运行中通过联邦、省级的政府机构，以及各种非政府机构满足加拿大各族群不同的利益诉求，很好地协调了中央和地方的关系，弥补了联邦制的缺陷与不足。

加拿大的议会民主制突出体现了英、法裔加拿大的特殊地位，基本上可以说是这二个主流族群的联合执政，这种英、法裔联合执政的特色尤其体现在国家的立法与行政过程之中。加拿大的政党政治几乎是英、法裔围绕利益分配进行的内部斗争，少数群体基本没有通过议会来进行利益表达的机会，更不要奢望染指公共权力。多元文化主义政策实施以后，少数群体的政治参与程度有所提高，这种尴尬的局面得到了一定的改善，比

① ［英］安东尼·吉登斯著，胡宗泽等译：《民族—国家与暴力》［M］，三联书店 1998 年版，第 246 页。

如少数族群在众议院中获得了比之前更多的席位，并且有的少数族群代表的比例已经超过了其总人口数；另一个更为普遍的指标是，土著族群和移民都竭力保护国家政治上的统一，以及政治架构的完整。比如 1992 年夏洛特城协议之所以没有达成一致，以及 1995 年魁北克法裔分离联邦的公投的失败，都体现了少数族群、移民作为加拿大的公民对加拿大联邦政府的政治认同。通过各种例子我们都可以看到无论是土著族群，还是非英、法裔的移民都接受了加拿大基本的自由、民主价值观和宪法原则，已经不同程度的融入加拿大的政治生活之中。

第三，加拿大多元文化主义政策清除种族歧视思想，有益于实现社会正义与强化国家认同。加拿大多元文化主义政策赋予各族群保存和发展自己文化的权利，实际上等于承认了他们拥有文化上的自治权，现今这种差异的权利实际上已经超出了文化的范围，而扩大到了政治、经济领域，体现了平等与民主的理念，而且代表着一种通过群体权利来达到社会正义的主张。多元文化主义政策的中心议题就是承认差异身份的权利，其主旨是对少数群体和社会弱势群体的承认和扶持。[①] 联邦政府通过这一政策积极地让少数族群可以平等地融入社会生活中来，通过政治参与实现社会管理、平等地分配资源与利益。所以，加拿大多元文化主义政策对种族优越论和文化优越论予以了否定，不仅各族群之间是平等的，不同的文化之间也是平等的，从根本上否定了种族主义的理论基础，可以清除各种种族以及文化歧视思想。金里卡就认为："多元文化主义政策增强了移民介入到主流社会中的权利，禁止了主流社会中的种族隔离以及偏

① ［加］查尔斯·泰勒著，陈燕谷译：《承认的政治》［M］，三联书店 1998 年版，第 290 页。

见行为，从而改善了社会制度对文化差异性的灵敏度，促进了群体间的平等。”[①] 因此，“当少数族裔群体的自尊心得到尊重，争取到平等和合法的社会权利时，他们自然会对这个国家产生认同。”[②]

任何一个民族国家都需要进行民族建构，族群必然要被主流社会不同程度地整合，但民族建构需要在尊重族群平等和尊严基础上（而不是在种族偏见和歧视的压力下）进行，多元文化主义政策强调族群身份的平等性、特殊性，让族群成员在保持对自己族群认同的同时强化对国家的认同感。有的学者就认为一个多族群国家采取怎么样的族群政策往往影响到该国家内各族群对国家的认同感，族群成员对某个政治单位的认同不仅表现在对其政治单位的参与，更表现为对该政治单位的义务感、责任感、支持和效忠。[③] 宣扬族群对国家的义务感、责任感、支持和效忠是强化国家认同的有效途径。在实行多元文化主义政策之后，加拿大的少数族群，土著和移民都可以保存其语言、文化和风俗习惯，同时通过公民身份这种政治纽带，相互之间又形成了一种新的政治联系，从而减轻了因文化差异引起的族群矛盾和冲突。金里卡认为他所提倡的“差异的公民身份”会对加拿大的民族国家建构起到至关重要的作用。[④] 总之，多元文化主义政策不仅符合族群发展的自身利益，为少数族群参与到主流社会的政治、经济生活中提供了有利途径，而且多元文化

① Will Kymlica, *Finding Our Way: Rethinking Ethnocultural Relations in Canada*, Oxford University Press. 1998. p65.

② 高鉴国:《加拿大多元文化政策评析》[J],《世界民族》1999 年第 4 期。

③ 周平:《民族政治学》[M]，高等教育出版社 2003 年版，第 195 页。

④ Will Kymlicka, *Multicultural Citizenship: A Liberal Theory Of Minority Rights*, New York: Oxford University Press, 1995. p21.

主义政策有效地缓和了民族国家建构中族群与国家之间的内在张力，在加强了各族群之间平等尊重与交流的基础上强化了国家认同。

最后，加拿大多元文化主义政策不仅促进了加拿大经济的发展、社会的进步与政治的民主化，而且促进了加拿大多元文化的发展，提高了国家文化竞争力。加拿大经济的飞速发展离不开大量非英、法裔移民带来的劳动力、先进技术和管理方式。加拿大联邦政府官方正式宣布实行多元文化主义政策，尊重各族群独特的文化，改变之前歧视性的移民政策，无疑会吸引世界各国、各民族的高科技精英人才移民加拿大，“越来越多的加拿大人意识到多元文化是他们在国内、国际市场中的一笔财富，是本国经济繁荣的一个重要因素”。[①] 随着加拿大少数族群经济的发展与社会地位的提高，他们进而要求与其地位相当的政治权力来维护其利益，这样就有利于政治民主化程度的进一步提高。“财富既然是一种标准，而任何种族集团都可以通过法律的或其他方式取得财富，因此，一种明显的趋势将是各种族集团要求与其人数相当的政治权力。”[②]

加拿大多元文化主义政策作为一项进行民族国家建构的具体政策，在加拿大处理国际关系中也发挥着积极的作用。加拿大是一个众所周知的移民国家，所以世界各国的文化都构成了加拿大多元文化中的一部分，这就使得加拿大几乎可以从容地与世界上不同文明的国家很好地沟通，很好地彼此尊重，不会像西欧或美国那样以自己文化的标准来评价其他国家的文化，

① 蓝仁哲：《加拿大文化论》［M］，重庆出版社2008年版，第117页。

② ［加］沃尔特·怀特、罗纳德·瓦根伯格、拉尔夫·纳尔逊著，刘经美、张正国译：《加拿大政府与政治》［M］，北京大学出版社2004年版，第30—31页。

带有明显的文化中心论色彩。[①] 实际上，在加拿大的对外交往中也体现出了多元文化主义的色彩，多元文化主义政策的包容性使加拿大优于美国、西欧等主张西方普世主义的国家[②]，更易与非西方基督教文明的国家进行交流，提高了加拿大在世界上的形象，并成为其他实行多元文化主义政策国家学习的典范。

多元文化主义政策提高了加拿大文化竞争力。加拿大多元文化主义政策明确地规定加拿大社会所有成员有权自由保护和发展自己的特殊的文化传统，并把这种多元的文化看成是加拿大不可估价的宝贵资源。在全球化的趋势下，民族国家之间的竞争除了政治、经济之外，最为根本的就是民族国家文化之间竞争，而且这种竞争会变得越来越重要。约瑟夫·奈就认为在当前的国际竞争中，文化作为一个国家中最为稳定的东西异常的重要，文化的因素愈来愈成为综合国力竞争中基础性的、渗透性的、关键性的因素，这就是他所说的“软实力”。在关系到综合国力诸因素中，文化这种“软实力”对于国家认同具有决定性的作用，通过对民族国家公民的塑造和影响来增强或涣散一个民族的凝聚力，最终会影响到综合国力以及影响到一个民族国家的前途和命运。因此，我们可以通过倡导先进的文化理念与价值观来提升国家的核心竞争力。[③] 加拿大多元文化主义政策所倡导的多元文化共存的理念，可以促进加拿大国内、外不同文化之间平等的交流和学习，在借鉴其他文化优越性的基

① ［美］塞缪尔·亨廷顿著，程克雄译：《我们是谁？——美国国家特性面临的挑战》［M］，新华出版社 2005 年版，第 23—43 页。

② 西方普世主义就是一些西方学者认为现代化的过程也就是西方化的过程，参见［美］塞缪尔·亨廷顿著，程克雄译：《我们是谁？——美国国家特性面临的挑战》［M］，新华出版社 2005 年版，第 43—63 页。

③ 张小明：《约瑟夫·奈的“软权力”思想分析》［J］，《美国研究》2005 年第 1 期。

础上不仅可以加快文化创新和进步的步伐，而且带来了多文化社会的和谐及文化竞争力，最终实现提升加拿大综合国力的目的。

（2）加拿大多元文化主义政策的缺陷

在加拿大的民族国家建构过程中，多元文化主义政策取得了一些积极效果，但同时也暴露了一些问题。民族国家建构本身就是一个长期的过程，在这个过程中具体的族群政策随着族群关系的变化需要随时调整。"一切解决少数族群任何问题的尝试，都将是一种政治的解决，它要有一个科学的决策过程，并伴随着族群决策的反馈，纠正和补充。"[①] 加拿大多元文化主义政策，作为一种西方国家解决国家内族群矛盾的创新方法，在其不断发展的过程中是一个不断完善的过程，需要进行必要的纠正和补充，目前来说多元文化主义政策有以下缺陷：

首先，多元文化主义政策并未明显改变加拿大社会各族群之间的结构性不平等状况。"社会分层"是社会学针对社会内部分化与流动问题进行研究的一种理论视角，"社会分层是各类人的结构性的不平等，人们由于在社会等级制度中的地位不同而有着不同的获得社会报酬的机会"。[②] 韦伯早就提出了财富与收入（经济地位）、权力（政治地位）、声望（社会地位），关于社会分层研究的三个维度。用社会分层理论来研究族群身份造成的不同族群集团之间由于结构性差异所引起的不平等，这是研究族群平等、族群之间关系的重要领域。[③] 英裔加拿大

---

① 周星：《民族政治学》［M］，中国社会科学出版社 1993 年版，第 144 页。

② ［美］伊恩·罗伯逊著，黄育馥译：《社会学》［M］，商务印书馆 1990 年版，第 301 页。

③ 1975 年哈佛大学出版的《民族》（*Ethnicity*）一书提出要研究族群之间的"结构性差异"，同时提出了"民族分层"（ethnic stratification）这个重要的概念，这是从社会学的一个重要问题"社会分层"（social stratification）转借过来的。

人、法裔加拿大人、土著族群、外来的非英、法裔移民构成了加拿大多元的社会，这个社会具有“直立马赛克”式的特征。通过加拿大政府机构的统计和调查资料，我们可以看到这些以族群划分的社会集团之间的结构性差异，在多元文化主义政策实行之后并没有太大的改变。土著族群虽然生活水平提高了，经济上得到了改观，但在社会各阶层中仍属于最贫困的阶层，在政府中担任职务的人很少，不仅他们就业层次低，而且就业率也最低，失业率明显高于社会平均水平。加拿大社会学家约翰·波特就把加拿大社会结构特征描述成了“直立的马赛克”，他认为这个特征清晰地反映了加拿大社会的族群和权力关系。一方面法裔和英裔控制了加拿大的绝大部分社会资源，其社会地位居于这个直立型金字塔的顶端，而其他少数族群虽然获得了平等权利，在教育资源、经济收入上也得到改观，但由于受业已形成的社会制度的限制，在一个具有封闭性的社会中，少数族群要向上进行社会流动进入精英阶层是异常困难的，所以英、法裔加拿大人垄断议会决策的精英地位并没有改变。

通过《皇家委员会关于土著居民的报告书》，我们可以充分了解加拿大少数族群中的土著人当前的生活现状。[①] 有学者根据这份报告尖锐地指出：“土著族群已陷入一个永无休止的怪圈，这就是家庭暴力、教育失败、贫困、健康状况恶劣、暴力活动猖獗。”[②] 在多元文化主义政策实行 10 多年之后，不仅在

① 1996 年 11 月，加拿大政府发表了关于土著族群的一份长达 4000 多页的报告，这就是《皇家委员会关于土著居民的报告书》（Report of the Royal Commission on Aboriginal People，简称为 RCAP）。

② John Kendall，“Circles of Disadvantage：Aboriginal Poverty and Underdevelopment in Canada”，in the American Review of Canadian Studies（Spring/Summer），2001. p43.

教育、就业、收入等方面，而且在自杀和犯罪率等方面土著族群与非土著族群之间依然有较大差距。[①] 根据1986年加拿大人口普查数据，具有土著族群身份的加拿大人从事全日制工作比其他加拿大人平均收入低了11%，10年之后收入上的差距并没有太大的变化，仅从11%变为10.4%[②]，即使到了2001年，加拿大总就业人口的平均收入是29769加元，有固定工作土著人的平均收入则低了35%，只有19132加元。[③] 教育程度直接会影响到个体的社会经济地位，根据2001年的加拿大人口普查数据显示，15岁及以上的土著人口中只有52%的青少年能完成中学教育，而同年龄段的非土著人口中这个比率达到了69%[④]，外来的非英、法裔移民处境虽然比土著族群稍好，但他们就业的层次和比率也明显低于英裔和法裔加拿大人。即使外来的非英、法裔移民接受了与英、法裔同样的或更高的教育水平也难以获得相同的收入。1991年加拿大统计局对具有不同族群身份的男性劳动者的年平均收入做了一个调查，“英裔加拿大人年收入为2.99万加元，法裔加拿大人年收入为2.72万加元，而华人移民年收入为2.64万加元，黑人和加勒比海移民年收入为2.33万加元，阿拉伯移民年收入为2.12万加元”。[⑤] 排除了个

---

① Don Qunlan, *Aboriginal People: Building for the Future*, Oxford University Press, 1999. pp60 - 80.

② Paul S. Maxim, Jerry P. White, Dan Beavon, Paul. C. Whithead, “Dispersion and Polarization of Income among Aboriginal and No - Aboriginal Canadians”, in CR-SA/RCSA, 38. 4, 2001. p467.

③ 参见加拿大统计局网站文章：Equity Groups，载 http://142. 206. 72. 67/02/02e/02e_ 008d_ e. html.

④ 参见加拿大统计局网站文章：Equity Groups，载 http://142. 206. 72. 67/02/02e/02e_ 008d_ e. html.

⑤ Anthone. L. Alenh and James. E. Kort, *Richer and Poorer : The Structure of Inequality in Canada*, Toronto: James Lorimer Company Press, 1998. p63.

人素质、技能水平的因素之后，加拿大少数族群与主流族群在社会地位、经济地位、政治地位上的差异，很大程度上是由加拿大社会中结构性不平等所决定的，多元文化主义政策并没有能够改变这一社会现实。

第二，多元文化主义政策并没有促进少数族群经济发展的明确目标，把族群问题与矛盾简单化、文化化的导向容易激发族裔分离主义的产生。虽然多元文化主义政策看到了族群多元文化存在的合理性和必要性，但是却忽视了族群矛盾与冲突产生的最关键因素，这就是族群之间的利益协调问题，特别是国家如何协调好主体族群与少数族群之间的矛盾。多元文化主义政策片面地把族群矛盾主要归结于文化与语言问题，这样就把社会问题简单化，族群政治问题文化化了，企图用一种文化的方案来解决根植于经济与政治基础之上的族群不平等。多元文化主义政策没有任何以促进少数族群经济发展的明确目标，特别是没有提出如何发展土著族群经济的具体主张，如果加拿大联邦政府无法满足土著族群的利益诉求，就很容易激发土著族群的族裔分离主义。

按照多元文化主义政策的逻辑，加拿大社会中的问题主要就是各族群之间文化上的冲突，这种族群矛盾和冲突仅仅是由于文化差异引发的，表现在习俗、语言、节庆、信仰等方面的存在不同。因此，想要解决加拿大各族群之间的矛盾，只需要允许外来移民和土著族群自由保持其特殊文化，给予这些差异文化一定的发展空间。实际上，族群问题实质上就是族群相互间围绕利益问题而引发的矛盾和冲突，不仅是文化的、也是经济的、政治的。换言之，在民族国家建构中无论是处理族群间的关系问题、还是族群与国家间的关系问题，文化的因素固然重要，但也不能忽视或无视隐藏在族际互动背后的经济因素。

当一个族群的利益要求在实现上受到处于一定政治关系中另一族群或其他政治实体的阻碍，或一个族群在实现自己利益的过程中影响到处于一定政治关系中的对方族群的利益要求和情感时，就会生成族群政治问题。[①] 因此，加拿大的多元文化主义政策无法从根本上彻底解决加拿大的族群矛盾和冲突，这些矛盾和冲突不是通过允许各少数群体自由保存和发展其文化特性就能缓和的。

虽然族群之间本质差异与分野在于文化上，但利益是任何政治活动的出发点，族群之间出现矛盾和冲突实际上就是围绕族群利益的争夺而引发的，如果民族国家在处理族群问题时没有处理好族群之间的利益矛盾，那么族群矛盾和冲突得以缓和的局面只能是表面的、短暂的。有社会学家就认为多元文化主义希望用文化方案来解决植根于政治与经济因素之上的族群不平等和种族歧视是不可能的。[②] 在现代政治中族群问题是一个涉及文化、经济、政治的复合体，文化差异问题必然与政治地位的平等、族群经济的发展密切相关，政治、经济地位的提高将会带来更多的社会资源、政治资源与经济资源。所以，族群经济的发展能为他们保存和发展其特殊文化提供坚实的基础，比如在资源分配上占优势地位的族群，他们就会成为在社会中起主导作用的族群，其文化也就随之成为社会的主流文化。对于加拿大少数族群，特别是土著族群来说，因为多元文化主义政

---

① 周平：《民族政治学》[M]，高等教育出版社2003年版，第135页。

② Li Peter S. and Bolaria, B. Singh, 1983, Racial Minorities in Multicultural Canada, Toronto, in Francis, R. D.; Jonas, Richard & Smith, Donald B., 1992, Destinies: Canadian History Since Confederation, Toronto: Harcourt Brace and Company Canada Inc. p462. 转引自韩家炳：《加拿大和美国学者关于多元文化主义的评论》[J]，《国外社会科学》2006年第4期。

策没有提出具体的促进土著族群经济发展的目标、措施，而是任其自我管理、自我发展，仅提供某些政策上的倾斜以及各种优惠政策与社会福利是无法从根本上解决问题的，所以土著族群的文化依然无法摆脱社会边缘化的结果。而随着土著族群文化的边缘化，反过来会让土著族群在社会中的地位越来越低，对自己族群的认同则会越来越强。最后的结果将是土著族群对加拿大国家认同的淡化，而对自我族群的认同会上升到国家认同之上，这种情况将会不可避免地伴随着族裔分离主义的产生。

最后，加拿大多元文化主义政策过于强调多元与差异性，不仅加剧了社会的碎片化与不平等的现实，而且没有建构出一种共同文化，从而弱化了加拿大的国家认同。族群平等一直是世界各族人民追求的目标，加拿大作为一个现代自由、民主国家，多元文化主义政策为的就是在族群平等的基础上加强国家的一体化。但是，由于历史原因、地理环境、社会结构、经济发展等各种原因，加拿大国内各族群间仍存在着不平等的现象。虽然加拿大联邦政府先后通过《自由与权利宪章》和《多元文化法》奠定了族群平等的法律基础，但是法律上的平等与事实上的平等是两回事。多元文化主义政策过分地强调了这种法律上的平等以及各族群文化的差异性，而没有看到文化的同一性。不仅民族国家建构不太成功，而且加剧了社会不平等的现实，使得加拿大越来越成为一个“直立马赛克式”的社会。政府为了缩小事实上的不平等，往往会对少数族群实施一些优惠政策，而这种政策难免会扩大事实上的不平等。加拿大联邦政府对土著族群的优惠政策从本意来说是好的，但这些政策由于使英、法裔主流族群感到自己受到不公平待遇而遭到反对，从而降低了帮助原住民的积极性；另一方面，这些优惠政策也没有让土著族群实现他们希望的那种平等，他们不仅由此被显著地贴上弱者的标签，主流族群对他们的偏见、歧视依然存在。只有土著族群自身真正发展起来，而不是依赖于国家的优惠政策，才能改变他们这种尴尬的地位。霍洛维茨认为随着社会的发展和族群的融合，各个族群发展程度上的差距也在缩小，这就需要考虑从“族群之间利益分配的平等”（即事实上的平等）观念逐步向“个人之间竞争机会的平等”（即法律上的平等）观念过度。[①] 只有这样土著族群才能实现真正的发展，而非靠各种优惠政策的惠及，最终实现加拿大族群间事实上、法律上的平等。

多族群民族国家想要获得长期稳定，必须具备一种各族群都认可的共同文化，这种共同文化超越了任何具体文化，国家的凝聚力就在于全部族群都认同于这个共同文化。共同文化对民族国家建构来说，是一种具有强力的凝聚力和整合力的重要纽带，强大的凝聚力和统一的文化反映了一个民族国家的统一与稳定，以及一个国家的综合实力。所以亨廷顿把文化作为区别族群最为根本的因素，他认为任何一个国家凝聚力的强弱都取决于各族群在多大程度上享有共同的文化模式。多元文化主义政策强调文化的差异性、多样性，强调每一种差异的族群都有存在的价值，这一立场无疑会削弱加拿大形成一种共同文化，使加拿大的文化状况表现为“拼盘”文化，阻碍了统一的共同文化的产生。加拿大多元文化主义政策试图以公民身份这种政治认同来替代族群文化认同之间的差异，从而起到缓和因族群文化差异引起的矛盾和冲突，但文化关系剥离之后民族认同也就失去了原有的凝聚力，从而不利于加拿大的民族国家建构，最终会影响到加拿大的长期稳定。安东尼·史密斯就认为多元

① 马戎编：《西方民族社会学的理论与方法》［M］，天津人民出版社 1997 年版，第 424—453 页。

族群的模式最大的问题就在于不能获得充分的政治内聚力，从而不利于国家认同的形成。[①] 加拿大多元文化主义政策没有使加拿大形成高度统一的民族文化，它以公民身份为纽带把不同的族群联结在一起的理念，难以使加拿大这个多族群国家建构出具有强大凝聚力和号召力的国家认同。以公民身份这种政治认同调和了族群之间的矛盾和冲突，但没有形成一种共同的民族文化，缺少这种文化认同就难以把文化各异的族群真正整合起来，建构出以共同文化为基础的、具有强大凝聚力的国家认同。现在多元文化主义者开始认识到共同文化对于国家认同的重要性，金里卡就认为“族群如想维持自己的文化，就必须发展出统一的文化与语言，以促进社会平等与政治团结”。[②]

2. 加拿大多元文化主义存在的价值

多元文化主义政策是加拿大联邦政府在考虑到本国族群众多、文化多元的实际情况下，汲取了历史上推行同化政策失败教训所采取的一项务实、明智的族群政策。这一政策不仅反映了加拿大多元文化的社会现实，而且体现了加拿大联邦政府在民族建构过程中对族群文化多样性认识在广度和深度上的突破。加拿大多元文化主义政策经过40年来的实践，经过了一个由普通政策上升为国家法律的过程，表明了加拿大民族建构越来越法制化、民主化。随着全球化的推进，民族国家内各族群的文化会变得越来越趋同，但也会同时变得越来越多元，文化多元化已经成为各民族国家的基本特征之一。所以，加拿大多元文化主义思想和政策的产生、形成、完善和实施，既顺应了全球

---

① ［英］安东尼·史密斯著，龚维斌、良警宇译：《全球化时代的民族与民族主义》［M］，中央编译出版社2002年版，第127页。

② Joseph. H. Carens, *Culture Citizenship and Community*: *A Contextual Exploration of Justice as Evenhandedness*, New York: Oxford University Press, 2000. p63.

化的趋势，也满足了民族建构和国家稳定的要求。对于加拿大的多元文化主义政策，许多人都存在不少疑虑和批评，认为多元文化主义主张少数族群可以保存和发展自己的独特文化，会阻碍族群团结和国家统一；过于强调个体的族群身份会影响民族认同和国家认同；多元文化会造成民族国家凝聚力与向心力的弱化；多元文化主义对于族群差异性的强调就是一种新的种族主义，进而引发族裔分离主义的产生等等。这些人对多元文化主义的质疑与批评是偏颇的，加拿大多元文化主义既不是一个神话，也不是一个无法实现的乌托邦，我们应该以辩证的态度、客观地对其进行研究和做出评价，不能无视多元文化主义政策的成就和贡献，也不能忽视它的问题和缺陷。

文化上的多元是人类文明发展的客观结果，也是全人类宝贵的财富，促进文化的多样性不断发展，不仅是人类文化发展的自身要求，也是建设和谐世界的坚实基础。其实，文化的多样性和统一性是相辅相成的："如果只讲统一，不承认或不尊重差别，就不可能有文化的多样性；只有在承认文化统一的前提下谈差别，才是真正意义上的多样性。"[①]"和而不同"或者说"异中求和"是多元文化主义的基本价值取向，也是多元文化主义对民族国家建构做出的巨大贡献和启示。在这种指导思想下，加拿大民族建构至今还是相对成功的，无论是没有共同文化也好、民族认同乃至国家认同如何淡薄也好，起码通过多元文化主义政策缓和了复杂的族群矛盾，保证了加拿大目前比较稳定的"分而不裂"的现状。但总的来说，在民族国家建构的过程中，加拿大需要一种统一的多元文化，也就是需要一种共同文化、统一文化，这样才不至于使加拿大文化上越来越多

① 蓝仁哲：《加拿大文化论》[M]，重庆出版社2008年版，第123页。

元化，社会则越来越碎片化。所以，在我们评价加拿大多元文化主义政策的时候，应看到它在强调各种文化平等共存、各族群权利平等基础上，促进了加拿大各族群的团结、社会的稳定和国家的统一，这才是加拿大多元文化主义政策最为重要的成果。

在民族国家建构的过程中，多元文化主义通过强调“差异公民身份”这个政治纽带来强化族群之间的联系与团结，善意地忽视了不同族群由于文化差异而引起的矛盾与冲突，形成并强化了各族群统一的国家认同，通过这种方法达到了族际整合的目的。金里卡认为，由于多元文化国家内必然会存在多个族群、多个种族，民族国家建构必然会采用各种手段来加强族群联系，巩固和强化族群对国家的归属感和认同，这个时候民族成为“主权的承担者、效忠的对象以及集体团结的基础”。[①] 由此，族群具有了共同的责任感、义务感，通过强调民族身份、公民身份，个人会为生活在一个共同体中的其他没有血缘、种族关系的人做出牺牲，这个时候各个族群就团结在了一个民族国家之中。但多元文化主义却没有在多元文化基础上提出一种各族群都认同的共同文化来支撑国家认同，这就是多元文化主义最大的缺陷，但这种缺陷并不一定就会导致民族国家的分离，因为对文化多样性的肯定正是形成共同文化的基础。由于多元文化主义政策对少数族群差异性的包容，不仅尊重与承认他们独特的文化、语言、生活方式，并且积极鼓励他们融入主流社会。多元文化主义政策的目的就是使各族群保持自己独特的文化，同时又对国家产生认同与归属感，为的就是达到社会整合

① ［加］威尔·金里卡著，刘莘译：《当代政治哲学》［M］，上海三联书店2004年版，第481页。

的目的，并不会导致加拿大联邦的分裂。就如金里卡所认为的：没有任何证据能表明多元文化主义政策会导致巴尔干化、导致新的种族隔离、导致产生族裔分离主义，加拿大和澳大利亚的证据表明这两个国家比其他国家更能把文化多元的族群融入共同的民事和政治机构之中。[①]

在加拿大多元文化主义政策实施和不断完善的过程中，加拿大联邦政府承认了不同族群之间文化差异存在的合理性，承认了各族群不仅有平等权利，有的少数族群还有特殊的权利来保护和发展其独特的文化，对于消除加拿大的种族歧视，实现族群平等的目标，繁荣经济和文化生活等起到了积极作用。无论是政府还是各族群都充分感受到了这个政策的优越性，它有效地缓解了加拿大的种族歧视、族群矛盾和冲突，使得加拿大各个族群能够平等地、无障碍地进行交流与合作，族群关系达到了一个比较和谐的状态。加拿大近 40 年来国际地位的持续提高，国家经济实力、科技实力的增强都与多元文化主义政策密不可分。多元文化主义政策不仅为加拿大未来发展提供源源不竭的力量泉源，也从理论和实践上为世界其他多族群国家的民族建构提供了范例。所以，我们更应该注重的是多元文化主义政策对加拿大国家统一所做的贡献这一方面，而不是把论调定于强调多元文化主义政策在提倡文化多元的前提下，有可能会削弱国家认同和国家的凝聚力，导致国家分裂的问题方面。

三、加拿大民族国家建构面临的挑战

由于加拿大是一个多族群国家，在多元文化主义政策的指导下，各族群的独特文化并没有能够形成一种统一的民族文化，

① ［加］威尔·金里卡著，邓红风译：《少数的权利：民族主义、多元文化主义和公民》［M］，上海世纪出版集团 2005 年版，第 178—179、26 页。

而是发展成一种马赛克式的文化，这就难以建构出高度一致的民族认同，因此加拿大的国家认同具有较大的脆弱性。随着全球化的深入和族群关系变化，虽然加拿大联邦政府一直致力于维护国家统一和社会稳定，但始终被魁北克族裔分离主义、土著族群的自治要求和新种族主义、美国文化侵蚀等问题所困扰，这些问题对加拿大民族国家建构提出了巨大的挑战。

1. 法裔加拿大人的独立要求

当前对加拿大民族国家建构最大的威胁，莫过于魁北克的族裔分离主义。魁北克是法裔加拿大人居住最集中的地区，而且也是加拿大联邦制中最为特殊的一个省，不仅有诸多其他省份没有的权力，而且至今没有承认《1982 宪法法案》，至今魁北克的法裔为了维护其法语文化仍在谋求政治上脱离加拿大联邦，魁北克族裔分离主义运动是加拿大英裔与法裔之间矛盾冲突的产物。魁北克族裔分离主义本质上是以文化为出发点掀起的政治运动，反映了法裔加拿大人对保护其文化和语言的要求，作为加拿大的建国民族之一的法裔加拿大人对自己文化的保护本无可厚非，然而如何在国家认同之下，调和各族群文化之间冲突成为影响加拿大民族国家建构的关键问题。就目前的情形来看，魁北克族裔分离主义很可能会成为一种周而复始的顽症，对加拿大多元文化社会与民族国家的一体化构成长久危害。

魁北克族裔分离主义实质上就是魁北克法裔为维护其文化和语言，同英裔加拿大人进行的“为法语与文化认同的抗争”。[①] 虽然在加拿大联邦建立之初法裔与英裔由于存在着某种协商和民主上的默契，并且法裔主要以追求宗教、文化上的发

① 蓝仁哲：《加拿大文化论》[M]，重庆出版社 2008 年版，第 129 页。

展而没有太多经济、政治上的要求，他们之间的关系还比较融洽、和谐。但是随着法裔加拿大人特别是魁北克的法裔逐渐感觉到在日常生活和工作中语言、文化以及宗教上受到了越来越严重的歧视，并且联邦政府的政策导向也是以加强中央集权与推行盎格鲁化为中心，法裔加拿大人意识到在社会、政治、经济地位上明显低于英裔加拿大人。魁北克法裔认为联邦政府违背了魁北克依据《1867 英属北美法案》所享有的自治权，更违背了法裔与英裔作为“建国民族”理应相互平等的理念。魁北克前总理皮埃尔·沙维奥曾指出：“英裔加拿大和法裔加拿大就好比沿着一个双排楼梯朝预先安排好的目的地攀登，除了还能在政治领域内碰面，在其他的领域内他们谁也看不见谁，谁也不理解谁，与欧洲大陆之上的英国人和法国人相比，他们彼此之间显得更为陌生。”[①] 可见，英裔和法裔加拿大人之间的分歧与矛盾是多么深。

在早期的魁北克民族主义运动中，魁北克法裔要求的只是自治权，主张从政治上脱离联邦的人并不多，但这种状况被 20 世纪 60 年代发生在魁北克的“平静的革命”所打破，魁北克民族主义运动转变为族裔分离主义运动，魁北克分裂倾向日益明显。在 1971 年加拿大多元文化主义政策出台后，法裔加拿大人认为这个政策使得他们的法语文化下降到与其他弱势族群文化相同的地位，更否认了魁北克在加拿大的独特性。[②] 魁北克人

① David. V. Bell, *The Roots of Disunity: A Study of Canandian Political Culture*, New York: Oxford University Press, 1992. p98.

② Joseph H. Carens, *Is Quebec Nationalism Just? Perspectives from Anglophone Canada*, Montreal: McGill – Queen's University Press, 1995. p67.

党在执政后马上颁布了《法语宪章》，即《101 法案》[①]，这个法案对联邦政府希望通过多元文化主义政策来加强民族建构的打算提出了严峻的挑战，成了魁北克族裔分离主义的前奏。1980 年，魁北克人党领导的魁北克省政府对是否与联邦政府就分离问题谈判举行了魁北克全民公决，结果投票者以 59.6% 的反对票否决了魁北克人党谋求政治主权的议案，第一次分离运动以失败而告终。[②] 并且《1982 宪法法案》也没有得到魁北克政府的承认，魁北克成为了独立于联邦宪法之外的“特殊省”。为了彻底解决魁北克要求独立的问题，使联邦宪法得到魁北克政府的承认，加拿大联邦政府与之商讨了修改宪法的事宜。在双方的共同努力之下，先后提出了修宪的五项基本条件[③]，但关于修宪的《米奇湖协议》与《夏洛特城协议》先后在各省通过时遭到了反对。特别是五项基本条件中的“独特社会”这一项成为英裔加拿大人和土著族群投反对票的关键因素，魁北克希望获得在联邦中的特殊地位是其他省所不能容忍的。这两次修宪的失败加剧了魁北克法裔的疏远感，刺激了魁北克法裔分离情绪的高涨，让魁北克法裔意识到想要维护并促进法语文化，建立一个具有独特文化的社会只有通过政治上的独立才有可能。

---

① 法案规定：法语是魁北克唯一的官方语言；魁北克的商业标志要使用法语，有 50 个和 50 个雇员以上的企业只有在得到“法语化”证书后方可开业；魁北克所有新移民的子女必须上法语学校。参见 Charter of the French Language (Bill 101) http://www.oqlf.gouv.qc.ca/english/charter/index.html.

② Jackson. Robert J. & Doreen Jackson, *Politics in Canada: Culture, Institutions, Behaviour and Public Policy*, Scarborough Ontario: Prentice Hall Canada Inc, 1996. pp201 -264.

③ 即需要明确承认魁北克是一个独特的社会；魁北克在移民事务上能够获得更多的权力；获得限制联邦政府的开职权；承认魁北克拥有对修宪的否决权；承认魁北克有权参加对最高法院法官的任命。蓝仁哲：《加拿大文化论》[M]，重庆出版社 2008 年版，第 142 页。

由于要求特殊性“承认的失败”，成为魁北克族裔分离主义运动的主要根源。[①] 魁北克人党于1995年再次举行了关于脱离加拿大联邦的全省全民公决，虽然独立法案又一次遭到了拒绝，但在所有投票者中不赞成独立的50.6%对49.4%的选票以微弱的优势获胜，避免了加拿大民族联邦的分裂。[②]

加拿大联邦虽然又一次避免了分裂，但魁北克法裔要求独立的问题并没有得到彻底解决。联邦政府看到修宪无法达成之后，希望通过法律策略来限制魁北克的独立。一方面联邦政府1997年怀柔地通过《卡尔加里宣言》这个非宪法性的建议，希望在加拿大人民和各个省份之间平等的基础上承认魁北克的独有特质，而不是其特殊的地位，这在一定程度缓和了魁北克法裔失落与愤怒的情绪。另一方面加拿大最高法院在1998年通过了联邦政府呈请的《魁北克分离咨询意见书》，指明了无论是国际法还是加拿大宪法都没有承认单方面分离运动的条款，如果魁北克执意通过公投脱离联邦，那么公投必须明确而且投票的结果也必须获得明确支持。只有符合了上述两个前提条件，联邦政府才有义务和魁北克谈判，并需要通过修宪来承认后者的独立。联邦政府在2000年又制定了《明晰法案》把原来最高法院提出的、比较模糊的“明确原则”条文化，希望通过法律策略来提高魁北克分离的难度。[③] 虽然主张独立的魁北克人党

① Charles Taylor, “Nationalism and the Political Intelligentsia: A Case Study”, In Guy Laforest, ed., *Reconciling the Solitudes: Essays on Canadian Federalism and Nationalism*, Montreal: McGill – Queen's University Press, 1993. pp169 – 171.

② Marc V. Levine, “Canada and the Challenge of the Quebec Independnece Movement”, in Winston A Van Horne, ed., *Global Convulsions: Race, Ethnicity, and Nationalism at the end of the Twentieth Century*, New York State University Press, 1997. p467.

③ Patrick Dumberry, “Lessons Learned from the Quebec Secession Reference Before the Supreme Court of Canada”, In Marcelo G. Kohen, ed., *Secession: International Law Perspectives*, Cambridge: Cambridge University Press, 2006. pp427 – 428.

的执政地位，目前在换届选举中被反对分离的自由党所取代，似乎魁北克族裔分离运动日渐衰退，法裔加拿大并不希望从联邦中分离出去。

但是由于英、法裔之间在文化、语言、权力等问题上根深蒂固的矛盾并没有得到解决，而且加拿大的联邦制、宪法上存在的先天缺陷，使得魁北克法裔对于政治上独立的要求就像活火山一样看似平稳但随时可能爆发。目前魁北克法裔与联邦政府之间的分歧主要在于：首先，是政治上的权力分配问题。不仅要求在联邦中获得相应的权力，而且要求联邦政府给予魁北克政治上更多权力，把联邦制的中央集权取向转为地方分权，实行一种不对称的联邦制。这样才有利于魁北克法裔能够更好地保护自己的文化、语言与法国传统，目前大多数魁北克法裔依然感觉到自己的独特性没有获得应有的尊重，甚至还遭到威胁。其次，是要在文化上承认魁北克是一个民族或独特的社会，这不仅关系到魁北克法语文化的维系，而且也是魁北克法裔自我的社会心理定位。魁北克法裔加拿大人普遍认为联邦制是他们与英裔加拿大人之间的盟约，由于魁北克的法裔在语言、文化上的高度一致性造就了高度凝聚力的族群认同，所以他们不仅应该拥有经济、文化上的自治权，更应该在政治上获得更多自主权，对于联邦制他们与英裔有着不同的理解。泰勒就认为魁北克人有权要求他人尊重法语文化和法裔的族群认同，所以魁北克争取自治的权力来保障这种认同是合理的。[1] 有的学者把法裔的分离主义看成是受到恐惧和自信两种感觉结合的结果：一方面对英语同化的恐惧可能促使魁北克走向独立，另一方面

---

① Charles Taylor, "Nationalism and the Political Intelligentsia: A Case Study", In Guy Laforest, ed., *Reconciling the Solitudes: Essays on Canadian Federalism and Nationalism*, Montreal: McGill – Queen's University Press, 1993. p53 – 56.

则是魁北克政治、经济越发达，魁北克独立建国的可能性就越高。[①]

2. 土著族群对自治权力的诉求

加拿大是一个多族群国家，其中土著族群的文化边缘化以及由此引起的土著族群对自治权力的诉求运动是加拿大民族国家建构中不可忽视的问题之一。土著族群在第二次世界大战后，在捍卫自己文化传统、争取平等身份与合法权利的过程中，改变了以往各自为政、孤立抵抗的方式，通过建立一系列土著族群全国性组织，携手联合避免人数上的劣势，共同向加拿大联邦政府要求属于他们的权利，并为能够更好地保存和发展他们的族群文化，向联邦政府提出更多的特殊权利要求，其中最主要的就是各种形式、不同层级的土著族群自治权利。有学者认为土著族群的自治不仅会影响到加拿大联邦制的前景，而且会对加拿大联邦政府的财政能力提出严谨的考验。[②] 可见土著族群与魁北克法裔加拿大一样，向加拿大的联邦制和民族建构政策提出了挑战。

随着土著族群族群意识的觉醒，经济上也得到了一定的发展，他们逐渐意识到保存和发展自己特殊文化的最佳手段就是自治。为了实现这个目标，土著族群成立了许多全国性政治组织，要求加拿大联邦政府承认他们文化上的独特性，并且允许他们建立自己的自治机构，第一民族大会、加拿大土著理事会等组织一直在为争取土著自治权利而努力。20 世纪 80 年代初，土著族群联合发表了《第一民族宣言》，该宣言表达了土著族

① Stephane Dion, "The Quebec Chanllenge to Canadian Unity", Political Science and Politics, 1993, 26 (1). p38.

② 吴江梅、朱毓朝：《加拿大原住民自治政府：联邦主义下制度建构与政治文化相背离的困境》[J],《民族研究》2003 年第 4 期。

群的心声，这就是由于土著族群有着共同的文化、历史和悲惨的殖民遭遇，并且他们是北美大陆最早的主人，他们理应拥有按照自己的方式来生活和自治的权利。[①] 虽然《1982 年宪法法案》没有明确承认土著族群自治的权力，但是对土著族群平等的权利予以了肯定，从宪法的高度确认了土著族群“已有权利”和“条约权利”，这样就为土著族群为争取他们特殊权利，特别是自治权利提供了更为充分的依据和理由。在这个过程中收益最大的就是梅蒂斯人与因纽特人，他们的权利长期受到忽视与压制的局面得到了很大改观。于是 1984 年在魁北克省内建立了克里人土著自治政府，1986 年在不列颠哥伦比亚省建立了赛卡尔特土著自治政府，之后各个土著族群纷纷要求与联邦政府签订自治协议。

由于缺乏宪法对土著族群自治的明确规定，土著族群争取自治权利的努力并不一帆风顺。1982 年之后的多次第一总理会议都没有对土著族群的自治问题达成一致，更不要说关于自治的宪法修正案。1987 年联邦政府为肯定魁北克的特殊地位，从而解决加拿大联邦和宪法危机，在总理会议上达成了《米奇湖协议》，但在各省公决时没有能够通过，实际造成这一结果的主要原因：一方面是各省之间的博弈所致，另一方面是协议回避了土著族群的自治权。直到 1992 年总理会议为了弥补《米奇湖协议》未能通过的遗憾，再次达成了《夏洛特城协议》，这个协议不仅满足了魁北克法裔的要求，而且承认土著族群的自治权，虽然很遗憾这个协议在公决时由于各方利益的博弈仍然没有获得通过，但却标志着联邦政府对土著自治态度的转变。

① Menno Boldt and Anthony long, *The Quest for Justice: Aboriginal Peoples and Aboriginal Rights*, Toronto University Press, 1985. pp359 – 360.

面对越来越多的土著族群要求获得自治的权力，皇家土著人委员会（Royal Commission on Aboriginal Peoples）加快了对土著族群的调查，根据最终的调查报告联邦政府做出了新的尝试与努力，土著族群自治权问题的解决出现了新的转机。联邦政府在1995年颁布了《加拿大联邦土著自治政策指南》，这个文件成为土著族群谈判的指导性文件。从1995年至2001已有超过10个以上的土著族群签订了自治协议，其中1999年建立的努纳武特省是土著人争取自治权利的最大成果。依据1993年签署的《努纳武特协议》，因纽特人在1999年获得在西北地区建立一个联邦直属的自治区，努纳武特地区成为加拿大联邦的第13个省级行政单位，基本由因纽特人进行管理，主要的工作语言为因纽特语。根据加拿大官方统计，目前还有涉及400多个土著族群的近80项自治谈判在进行中。

土著族群与联邦政府有关自治问题的分歧，本质上是因对自治的理解存在偏差。联邦政府认为土著族群自治必须在加拿大宪法的框架下实施，公民身份是自治的前提，土著政府虽可制定自己的法律，但不能与联邦宪法有冲突，《权利与自由宪章》完全适用于土著自治机构，并要求土著族群要在考虑到其他加拿大人的利益基础之上实施自治。联邦政府还积极鼓励土著自治政府进行市政型模式的改革，也就是把土著自治政府视为地方的市级机构，跟市级政府拥有差不多一样的权力，从属于省和联邦政府。[①] 而土著族群对自治的理解和实践则与联邦政府的要求有很大的区别，他们认为自治政府不仅与省政府具有同等地位，而且还具有更为独特的地位。此外，还存在着联邦

① 丁见民：《二战后加拿大的土著民族自治政策及存在问题》[J]，《山东师范大学学报》2007年第6期。

制与土著族群自治之间具体形式的协调问题，究竟族群自治是以土地为基础的自治，还是以文化为基础的自治并没有法律上的规定，在具体的实施中又难以把这两种自治形式严格的分开。在土著族群看来他们的自治是对居住地以及土著社会的完全控制，这种权力是与生俱来固有的权力，现在只不过是联邦政府偿还其原来早就拥有的权力罢了。有的土著领导人认为“自治就意味着我们有权控制自己的生活，进行本族群的日常事务管理，而没有必要通过外人告诉我们怎么做”。[①] 土著族群因此坚持建立一个有独立主权地位的自治政府，并在他们管辖的自治区域内制定并实施自己的法律制度，他们的主权地位应得到国家社会的承认，联邦政府只能以平等的身份与其交往。

不仅联邦政府与土著族群在自治问题上存在分歧，各省政府与土著族群自治政府间也存在权力上的争夺，这就造成了一些土著族群产生族裔分离主义情绪。至此，土著族群的自治要求实际上已经走向另外一个极端，联邦政府推行的以多元文化主义政策为中心的民族国家建构措施不得不面临新的挑战。多元文化主义政策为了使各族群能够更好地融入国家的政治、社会、经济生活中，不仅强调了宪法规定的全体加拿大都拥有的平等权利，并且赋予他们各种特殊的权利来让他们能够更好地保持和发展自己的文化。但无论是在面对魁北克法裔、还是土著族群的自治要求时多元文化主义政策就显得苍白无力，无法完全满足他们的自治诉求，从而削弱了加拿大的国家认同。联邦政府以及大多数加拿大公民都不能接受土著族群这种过分的自治要求，而是认为自治必须以尊重联邦与宪法框架为前提，

---

① Angie Fleras and Jean L. Elliott, *The Nation Within*: *Aboriginal Rights of Self - government in Canada*, the United States and New Zealand: Oxford University Press, 1992. p24.

否则他们这样做会让加拿大更为分裂。[①]“主流社会对原住民自治政府问题除了原则上认可外，实质上未形成比较强烈的倾向性支持。”[②] 所以，加拿大民族建构面临着在保持族群文化多元的基础上，帮助土著族群改变他们在社会中尴尬的边缘地位，让他们能够平等的融入主流社会中来，这样才能避免族裔分离主义对联邦制的威胁，实现民族建构的一体化目标。

3. 新种族主义的挑战

种族主义指的是“认为人类种族在智力和道德发展能力上不相等，种族差异决定各族历史发展进程以及文化和社会发展水平，‘优秀的种族’就理应凌驾于‘劣等的种族’之上的理论”。[③] 所以种族主义者一般认为不同种族体质上的差异带来文化上的乃至政治上的差异，优秀的种族就该享有特权，通过特权他们就获得可以创建民主体制和主导世界各国的能力，实际成为欧洲白人进行资本主义殖民掠夺的辩护理论。加拿大联邦政府在历史上也制定过各种歧视性政策，在相当长的一段时候内土著族群并没有获得公民资格，更没有投票、选举和被选举的权利，属“二等公民”；在移民政策上也有明显的种族主义倾向，长期实行歧视性的移民政策，移民大门只对欧洲白种人开放，黑人以及亚洲人等由于难以被同化，在很长时间内一直遭到了联邦政府的禁止，直到第二次世界大战后这种歧视性的移民政策才被逐渐废除。

从 1971 年加拿大联邦政府宣布开始实行多元文化主义政策

---

① J. M. Bumsted, *A History of Canandian Peoples*, Oxford University Press, 1998. p424.

② 吴江梅、朱毓朝：《加拿大原住民自治政府：联邦主义下制度建构与政治文化相背离的困境》[J]，《民族研究》2003 年第 4 期。

③ 宁骚：《民族与国家》[M]，北京大学出版社 1995 年版，第 132 页。

开始，到1982年《人权与自由宪章》和1988年的《多元文化法》，都是为了实现族群之间的平等与相互尊重，最终在法律上明确提出消除种族偏见和歧视的条款，使得加拿大的族群关系得到了很大的改善，明显的种族歧视行为几乎消失。但是，由于加拿大各族群经济、政治等方面存在很大差距及由此造成的不平等的现实，实际上种族优越论和种族偏见思想依然存在，种族主义的根源并没有被彻底根除。种族主义并没有消失，而是以一种新的形式出现，即所谓“新种族主义”。新种族主义可以定义为第二次世界大战后在全球反种族主义环境中出现带有较强隐蔽性的种族歧视现象，无法通过传统的方法来验证对少数族群的敌对态度。新种族主义不会公开宣称各种有种族歧视性的观点，而是通过不易察觉的方式，有时甚至是礼貌的语调来表达歧视性态度。所以，这种新种族主义改变了传统的，以明显方式对少数群体的直接攻击，而是采取了隐性的、不易被察觉的方式来表达歧视的态度，其本质上仍旧是以种族、肤色或者文化上的差异基础来进行区别、排斥、歧视的行为。[①]

加拿大学者把这种新种族主义称为“建立在民主主义基础之上的种族主义”[②]，这一理论已经被加拿大的公众所认同。根据加拿大移民部的官方调查报告，自从20世纪80年代开始，由于每年来自亚洲、非洲、拉丁美洲的移民数量已经大大超过了来自欧洲的移民，加拿大族群文化开始越来越多元化，很多英裔、法裔加拿大人开始担心加拿大社会会愈来愈碎片化，所

① Vic Satzewich, *Racism & Social Inequality in Canada: Concepts, Controversies and Strategies of Resistance*, Thompson Educational Publishing, 1998. pp23 –54.

② Henry F, *The Color of Democracy: Racism in Canada Society*, Toronto: Harcourt Brace and Company, 1995. pp124 –135.

以英裔、法裔加拿大人内心中依然存在歧视这些移民的观点。“根据多元文化主义部 1991 年的统计资料，66% 的加拿大人认为，歧视非白人乃是加拿大的社会问题，而且 56% 的人同意，非白人获得成功要比白人困难得多。”[①] 由于很多加拿大人开始对联邦政府的移民政策以及民族建构政策表达了担忧与不满，虽然政府极力主张文化多样性是加拿大社会最显著的特征，但这些人认为如果这些移民仍旧保存和发展自己的语言和文化，这样加拿大将无法形成一种共同文化，这些移民难免会把族群认同置于民族认同之上，国家认同也就无法建构起来。所以，新种族主义已经成为加拿大联邦政府急需解决的一个社会问题，不然将会引发一系列不必要的族群矛盾与冲突。

新种族主义在一定程度上不仅仅是个体之间的歧视现象，也存在于联邦政府的相关制度之中。这就是前面所谈到的制度性种族主义，这种制度上的歧视为的是限制社会的向上流动性，从而可以让掌握国家政权的主流族群能够拥有“特殊”的权力与地位。比如在政治制度上限定议员的标准，使得参议院与众议院都成为富人游戏；同时通过政党政治把少数族群排除在政治生活之外，少数族群的议员要么不是真心代表自己族群的利益，要么成为议会中的旁观者，由于势单力孤不能起到代表的作用；而在行政机构中，通过行政人员的个人素质、职业素质以及受教育程度的要求，可以筑起一道高墙把少数族群中的绝大部分人排除在外。经济制度上，少数群体从事的是工资低、工作不稳定、高危险的职业，失业率、死亡率则大大高于社会平均水平。在就业市场上，他们受到了技术性排斥，他们被认为是缺乏职业技能与职业素质的人群，雇主一般不愿意向他们

① 阮西湖著：《加拿大民族志》[M]，民族出版社 2004 年版，第 253 页。

提供工作职位，慢慢就形成一种制度性的职业结构，少数族群就只能从事高强度的、高危险的、以出卖劳动力为主的职业。从教育制度上看，多元文化政策虽然支持土著族群的自我教育，他们可以在自主学校中开设有关本族历史、语言和文化的课程，但较差的经济、社会基础决定了教育上也与主流族群存在差距，这种差距直接影响他们后代接受高等教育的机会，渐渐成为一种制度性循环。

加拿大新种族主义出现的主要原因在于：第一，旧有白人种族优越论依然存在，加拿大白人仍旧认为自己是“优等种族”，理应凌驾于其他“劣等种族”（如非洲黑人、非白人种族）之上。人人生而平等的观念虽然得到法律承认和世人公认，事实上的种族优越论不可能一夜之间就彻底消失，一种历史延留观念一旦形成，要受益者彻底放弃需要一个长期的过程。其次，多元文化主义政策反而被某些种族分子所利用。多元文化主义政策在实行后，由于加拿大联邦政府的努力，表面上给人的感觉就是各种形式种族主义几乎消失了，于是一些种族主义者在这种表象的掩护下，让少数群体产生了一种主观上的错觉，认为只要通过法律规定人人平等，就可保他们不受他人歧视。比如在应聘工作被拒绝、错失各种就业、教育机会时，少数族群只会认为是自己准备不足、能力不够，而不会意识到是种族歧视所造成的。《多元文化法》虽然在法律上明确规定了反对种族主义，但却无任何具体措施或方案来实施。这样就造成了隐性种族歧视不经意出现在社会生活中，这种现象在美国则更为普遍。根据加拿大就业及移民部对少数群体的提问调查：“你是否感到自己社区的种族和文化群体受到歧视？1980 年约有 50% 的人感受到了不同程度的歧视；到 1995 年有 67% 的人感受到了不同程度的歧视，除不列颠哥伦比亚省之外，其他地区的所有居民认为，1980 年以来种族歧视状况又开始上升。"[①]"归根到底，多元文化主义只触及到加拿大族群关系中的那些最浅层的方面，却并未涉及那些更重要的问题，比如族群不平等（垂直的马赛克）和对显著的少数群体的偏见与歧视。"[②] 所以，在民族国家建构的过程中，加拿大多元文化主义政策虽然通过承认各族群文化、经济、政治平等，促进了族群团结和国家的统一，但在民族国家建构的道路上，依然要面对新种族主义的有力挑战。

4. 美国文化的渗透与侵蚀

由于多元文化主义政策没有建构出一种共同文化，所以在加拿大民族国家建构的过程中，不仅有来自国家内部的挑战，也有来自外部的威胁，这就是强势美国文化的渗透和侵蚀。作为加拿大邻国的美国是世界最强大的资本主义国家，二者之间地理与文化上的相似性以及加拿大政治、经济上对美国的依赖性为美国文化的扩张提供了有利条件。虽然加拿大联邦政府的目标是创建出一个不同于美国的民族国家，但是目前由于缺乏一种共同文化，这就为美国文化在加拿大国内大行其道提供了可乘之机，对加拿大民族国家建构构成了严重的外在威胁。美国的文化帝国主义策略对世界上所有民族国家都造成了程度不同的影响，加拿大由于地缘与文化上的原因受到的侵害最为严重。

加拿大与美国看似相处无比融洽，两国在政治上同为《北大西洋公约》的核心成员国，建立了共同的北美防御体系；经

① 参见 1998 年加拿大和世界百科全书（CD 版），转引自高鉴国：《加拿大多元文化政策评析》[J]，《世界民族》1999 年第 4 期。

② [美] 马丁·N. 麦格著，祖力亚提·司马义译：《族群社会学》（第六版）[M]，华夏出版社 2007 年版，第 464 页。

济上签订《北美自由贸易协定》巩固了两国间经济依赖与互补关系，但政治、经济上的合作乃至经济上一体化并不能改变民族国家彼此间文化、主权上的分野，经济、政治上合作程度更高的欧盟也没能够取代民族国家，也只是欧洲民族国家之间经济一体化以及国家主权在某些共同问题上让渡，诸如环保、共同防御、人权合作等等。实际上，加拿大和美国之间的合作只是出于各自国家利益而做出的选择。在政治、经济、文化上两国间都存在潜在矛盾，在当今和平时代国家间的合作是主流，两国间还有地缘政治的诸多因素在内，于是美国大体控制了加拿大经济之后，更为看重的是文化上的渗透与侵蚀。

加拿大与美国政治上存在着固有的矛盾，此矛盾缘于历史上战争造成的。美国独立战争后一直想吞并北美其他英属殖民地，双方历史上进行过多次战争。1867 年加拿大联邦的成立抵御了美国的兼并，至此北美大陆出现了两个主权国家才改变了美国兼并的野心。经过两次世界大战，以及美苏冷战威胁，两国的政治合作才摈弃前嫌，但也仅是国防问题上的相互依存而已，心理距离并没有因此而拉近。在经济上，加拿大的经济几乎被美国完全控制。美国在加拿大的投资 1988 年就占到了外国对加投资总额的 70% 以上，几乎到了可以控制加拿大经济的程度，加拿大出口产品 70% 销到美国，美国 10% 的产品销到加拿大，却占加拿大进口量的 60% 以上。[①] 以至加拿大在特鲁多时期就一直在寻求改变这种关系，希望发展和加强与其他国家和地区的经济关系，以减少加拿大目前的经济脆弱性。“无论是自由党当权或是保守党执政，加拿大政府都会掂量与美合作需要付出的代价，可能产生的含义与影响。”[②]

---

① 蓝仁哲：《加拿大文化论》[M]，重庆出版社 2008 年版，第 94 页。

② 蓝仁哲：《加拿大文化论》[M]，重庆出版社 2008 年版，第 88 页。

加拿大与美国之间政治、经济上的这些特性，给美国文化的渗透与侵蚀提供了更为便利的条件。美国的大陆主义则对这种趋势起到了推波助澜的作用[①]，美国政府把自己定位于全球领袖，希望通过推广美国文化输出“美国方式”从而造就一个“美国世纪”。[②] 有学者认为美国的扩张主义无处不在，形式无所不包，“尽管美国扩张主义主要是经济性质的，它仍然要依靠不断公开说明的、关于美国自身的文化观念和意识形态并与它同步”。[③] 这种通过文化上的渗透来瓦解对方国家的方式令人防不胜防，就如布热津斯基说的，由于美国主宰了全球通讯、大众娱乐和大众文化，这种巨大而无形的影响可以稳固美国的全球霸主地位，“不管你对美国大众文化的美学价值有什么看法，美国大众文化具有一种磁铁般的吸引力，尤其是对全世界的青年，它在全球的吸引力是不可否认的”。[④] 而加拿大由于没有一种能够抵御美国文化的共同文化，而且由于两国在地缘与经济上的关系，使得加拿大成为世界上受美国文化渗透与侵蚀最深的国家。美国文化的侵入使得加拿大的民族认同更为涣散，以至于有的加拿大人对美加两国合并持中立或赞成的态度。

美国文化对加拿大的渗透和侵蚀在社会生活中随处可见。美国杂志、书籍拥有大批忠实的加拿大读者，美国流行音乐和

---

① 大陆主义（continentalism）实质上是一种扩张主义，使美国人认为他们的文明是最为先进的，随着美国文明输入以及在此基础上对其他国家的教化，这些临近美国的美洲国家随着时间的推移会投入美国的怀抱。参见王晓德：《美国文化与外交》[M]，世界知识出版社 2000 年版，第 178—180 页。

② ［美］奥利维尔·如恩斯著，闫循华等译：《为什么 20 世纪是美国世纪》[M]，新华出版社 2002 年版，“前言”第 7 页。

③ ［美］爱德华·W. 萨义德著，李琨译：《文化与帝国主义》[M]，三联出版社 2003 年版，第 413 页。

④ 苏国勋等著：《全球化：文化冲突与共生》［M］，社会科学文献出版社 2006 年版，第 89 页。

摇滚乐大受欢迎，好莱坞电影几乎霸占了影视业票房，以及可口可乐和麦当劳辉煌的销售业绩。根据相关统计数据，“截止到20世纪90年代，美国电影占加拿大电影市场的95%，英语电视片占75%，出版业占80%”。[①] 美国在政治和经济上的强势地位，其文化对加拿大的长期直接影响，加拿大人形成了美国的价值观和生活方式，实现了“美国的社会化”。历史学家霍杰茨曾在20世纪70年代对加拿大大中学生的一次调查中发现，大部分学生对美国历史的了解超过对自己国家的了解，很多学生都不选修加拿大历史，80年代跟踪调查的结果一样不容乐观。[②] 前总理皮尔逊就认为美国文化的渗透威胁到了加拿大的民族认同，这种文化上的威胁比经济和投资领域上的威胁还要严重。[③] 加拿大前文化遗产部长希拉·科普斯曾警告说：“各国有在全球单一的美国化中散失自我的危险。”[④]

不仅加拿大联邦政府，而且越来越多的加拿大人开始担心，随着与美国经济一体化程度的加深，文化上由于美国文化的渗透会越来越趋同，加拿大会逐步丧失政治上的独立性。加拿大政府开始越来越重视美国文化的威胁，在加美两国的密切合作过程中，转而开始实行文化上的保护主义。加拿大联邦政府主要通过两方面措施来限制美国文化的渗透，一方面是通过树立文化上的壁垒，来限制美国文化的侵入。如成立加拿大遗产部这个无所不包的庞大机构来抵御美国文化的渗透。更有代表性

① ［英］约翰·汤林森著，冯建三译：《文化帝国主义》［M］，上海人民出版社1999年版，第3页。

② David. VJ. Bell, *The Roots of Disunity*: *A Study of Cannadian Political Culture*, Oxford University Press, 1992. p6.

③ Peter C. Dobell, *Canada in World Affairs*, Toronto: Byant Press Limited, 1985. p54.

④ 王晓德：《美国文化与外交》［M］，世界知识出版社2000年版，第223页。

的是在北美自由贸易谈判中，涉及文化产业是否可以像商品一样自由流通的问题时，加拿大联邦政府态度强硬地坚持把文化产业排除在谈判议程之外。另一方面是大力发展本国的文化产业，削弱美国文化产业及其产品的竞争力。为了限制美国文化更进一步的侵蚀，加拿大联邦政府先后建立了很多文化机构，如皇家广播委员会、电视委员会等等，制定了《广播法案》、《版权法》、《投资加拿大法》等法律；规定了电视台在黄金时间播出的节目50%必须是本国的，而且总播放量的60%必须是本国制作的影视片，对音像制品的入口、涉及外国投资加拿大电影的发行都有严格限制。此外，联邦政府每年都从财政预算中拨款来加大对本国影视公司的资助和支持，让这些影视公司制作和播放更多宣传加拿大自有文化的影片，如人物传记、歌舞、风光纪录片等等。这些政策措施所起到的效果就是，到20世纪90年代末虽然美国依旧控制了加拿大的文化生活，但加拿大的文化产业还是在逆境中存活了下来。[①]

由于加拿大至今依然没有建构出高度统一的共同文化，在缺乏有力的民族认同的情况下，很难在民族国家建构的过程中抵御住美国文化的渗透和侵蚀。冰冻三尺非一日之寒，要想改变目前的状况不仅需要建构出统一的共同文化，并且需要一代甚至几代加拿大人的努力。总之，加拿大若想有效地抵御美国文化的渗透和侵蚀，则必须在多元文化政策的基础上，建构出统一的民族文化来强化各族群的民族认同，这样才能实现民族国家建构的目标，并且避免在与美国的交往和竞争中被其文化所吞噬。

---

① 戴晓东：《加拿大：全球化背景下的文化安全》［M］，上海人民出版社2007年版，第185—186页。

第五章　多元文化背景下民族国家建构的理性逻辑与现实路径

在多元文化背景下，加拿大民族国家建构面临着几方面的挑战，这些挑战使得加拿大多元文化主义政策不得不在今后做出新的调整以应对挑战，才能实现民族国家建构的一体化目标。通过分析加拿大多元文化主义政策所面临的这些挑战，我们可以看出在多元文化背景下的民族国家建构过程中，多元文化主义并不是完美无缺的理论，也并非完全适用于任何一个多族群国家。但是，多元文化主义理论中的一些观点以及在加拿大民族国家建构实践中的成效，还是可以为其他多元文化的民族国家提供宝贵经验和借鉴之处。

一、民族国家建构的价值理念分析

在研究民族国家建构问题时，必须要清楚地认识到两个基本事实：首先是民族国家依然是当今世界上基本的国家形态、国际法的基本单元以及地缘政治的实体，其次是族群文化多元化是世界上绝大多数民族国家都普遍存在的客观现实。民族国家建构问题是一个普适性问题，任何一个民族国家在其发展的过程中都会遇到、并需要妥当地处理好这个问题。特别在多元文化的背景下，民族国家建构变得更为复杂，从加拿大的民族国家建构来看，多元文化主义对民族国家建构提供了宝贵的经验和启示，这就是在民族国家建构的过程中，必须要处理好以下几方面因素之间的关系，才能保证民族国家政治的稳定、领土的完整、与凝聚力的强化。

1. 必须协调好族群认同与国家认同之间的关系

通过之前论述，我们知道族群认同和国家认同之间存在固有的内在矛盾，但二者之间这种张力并非是不可调谐的，民族国家可以发挥主动性来改变二者之间的矛盾，使得族群成员把国家认同放在首位，让他们意识到虽然族群认同是最基本的一种认同，固然有其存在的合理性，但是国家认同才是实现族群平等、社会正义的最有效保障。国家认同作为一种共同的国民意识，不仅是一个民族国家凝聚力的来源，也是维系一个民族国家存在和发展的重要纽带。国家认同不仅仅是以政治体制的为基础的政治认同，也包括以共同地域为基础的民族认同。政府由于权力合法性的因素是可以更替的，这样才能产生动态的政治稳定；而国家作为一种历史、地理的政治实体，则可以成为持久的认同对象。多元文化主义对民族国家建构的启示就是，在民族国家建构的过程中，只有采取一种和平、民主的族群理念和政策才能使族群成员在保持族群认同的基础上，把国家认同置于首位。

族群认同是一种以文化为根基的认同，是各种形式认同中最为稳定、最为古老的一种认同。族群认同一旦形成就难以改变且具传承性，在短时间内想要彻底改变这一认同是不可能的，各种族群歧视、民族同化的政策经过历史检验，证明并不能够消除族群认同反而会激发族群意识和强化族群认同，以致族群成员把对本族群的认同居于国家认同之上的情况时有发生，这个时候民族国家就面临分裂的威胁。就像有的学者指出的那样，即使“在最富有、最安定的和最民主的国家中，也到处出现抗议活动，要求明确承认不同社会阶层或不同风俗习惯的少数群体的文化认同和政治权利”[①]，在面对多元文化基础上各异的族

① ［法］阿兰·图海纳著，狄玉明、李平沤译：《我们能否共同生存——既彼此平等又互有差异》［M］，商务印书馆2003年版，第216页。

群认同之间的矛盾，以及族群认同与国家认同之间的矛盾时，多元文化主义给我们的经验就是“平等与包容”的理念，具体说来就是以一种差异的公民身份来缓和各族群之间、族群与国家之间的矛盾与冲突。

在拥有多元文化的多族群国家中，学者们一直在探寻如何在保持各族群成员族群认同的基础上，弱化族群因文化不同而产生的矛盾与冲突，形成并强化国家认同的一种方法。如果一个民族国家没有以传统文化为核心或者难以在短时期内构建出以共同文化为基础的民族认同，那么公民身份这一政治认同就成为最为有效的一种加强国家认同的政治策略。金里卡认为公民身份这个“弱势认同”虽然有着一定的缺陷，但无疑是一种通过政治整合实现民族共同体的有效手段。[①] 通过这种强调个人平等的政治纽带，可以在一定程度上忽视各族群成员之间的文化差异，这样各族群成员就可以在保存各自独特文化身份的同时，通过公民身份这种政治纽带相互联系起来形成统一的国家认同，避免了由于文化差异而引起的矛盾与冲突。以公民身份这种政治认同来建构统一的国家认同，不同于以往以文化、血缘为纽带建构出居于统一文化基础上国家认同的逻辑，在处理多族群国家内族群认同与国家认同的关系上具有一定的进步意义。这种认同模式就是格罗斯所说的：“不分主体民族还是少数民族、尊重所有成员平等权利的多民族公民国家，需要一种更高的认同，所有公民共同拥有的认同。”[②] 这种以公民身份为纽带的认同是一种政治认同，在一定程度上忽视族群之间的文

① Juan. M. Delgado - Moreira, *Multicultural Citizenship of the European Union*, Aldershot: Ashgate Publishing Limitid, 2000. p95.

② ［美］菲利克斯·格罗斯著，王建娥、魏强译：《公民与国家》［M］，新华出版社 2003 年版，第 183 页。

化差异，通过公民身份建构出文化各异的族群对民族国家的认同。公民身份，是一种重要的联系工具，一种绵延政治文化的制度，构成了一种政治文化不可或缺的部分。

但是，随着全球化与现代化的进程，族群意识在这个过程中不断觉醒，在此基础上后现代理论也得到了发展，少数族群意识到传统的公民身份无法满足他们保存自己差异文化的要求，而且这种强调个人平等的公民身份忽视了个人拥有的族群文化背景，这样在现实的社会生活中少数族群成员难免仍会受到各种歧视与不公正的对待。多元文化主义者看到了这一现象，认为要改变以往的公民身份理论才能强化族群成员的国家认同。他们提出了差异的公民身份这一理论来对以往的公民身份加以补充，要求国家以及主流社会改变以前把族群认同、族群文化看作私人事务的观点，不仅要承认文化身份对个人的重要性与合理性，而且要通过制度设计和具体政策来使少数族群能够保存和发展他们的独特文化，在保持国家稳定与统一的前提和范围内，不断满足少数族群各方面的要求。只有给予少数族群一些诸如自治、各种优惠政策、文化上的特殊权利才能纠正普遍平等、国家中立的缺陷，各种文化上的压制以及族群歧视现象才会真正得到改观，这样才能实现真正的社会公正，少数族群也才能认可国家政权，这样国家认同才能避免与族群认同发生冲突，实现在保持族群认同的基础上民主地建构出国家认同。

所以，必须合理利用公民身份的政治纽带作用来协调好族群认同与国家认同之间的关系。这种以差异的公民身份为纽带，来建构出文化各异族群的国家认同的做法，在多族群国家的民族建构过程中有着重要的借鉴意义。通过差异的公民身份可以使少数族群感到他们的族群文化是共同文化的重要成分，从而通过融和而不是从属的方式强化了族群成员对国家的归属感和忠诚感，由于这种包容性的认同是逐渐培养出来的、自发产生的，所以具有高度的凝聚力和统一性。这种公民认同可以维持民族国家稳定与统一所需的那种高度的相互关心、相互包容，以及彼此牺牲。[①] 总之，经济上的援助不一定会培养出少数族群对国家的忠诚意识，而正是这种具有差异的公民身份才能起到关键的融合作用，消解族群认同与国家认同之间的张力，成为一种培养集体意识与共同目的意识的手段。在一个拥有多族群的民族国家中，“只有同时培育一种各民族群体成员都拥护并且认同的超民族认同时，它才可能是稳定的”[②]，这就是要求在维护现有族群认同的基础上，同时建构出具有内在凝聚力的民族认同，以此来协调族群认同与国家认同之间的张力。

2. *妥善处理好文化多元与政治一体之间的关系*

传统理论认为文化多元与政治一体之间具有不可调和的矛盾，这是因为文化多元的局面是与政治一体的目标背道而驰的，政治上的一体必然也会要求文化上的一体。而多元文化主义则认为文化多元并不会导致分离倾向，并且正是由于平等地尊重各种多元的文化，才能有利于政治上的一体化。金里卡就认为保持文化上的多元正是尊重与承认其他文化平等的表现，这样就使得不同族群的成员以非歧视性的方式来进行相互的接触，不仅能够就涉及族群生存与发展的问题进行平等的协商，而且能够通过了解和学习彼此文化而接受新的认同与习俗，这样的话文化的界限将会逐渐消失，最终的目标仍然是一体化。所以，没有任何的证据能够表明，多元文化主义会导致政治上的分裂，

---

① ［加］威尔·金里卡著，马莉、张昌耀译：《多元文化的公民身份——一种自由主义的少数群体权利理论》［M］，中央民族大学出版社 2009 年版，第 247 页。

② ［加］威尔·金里卡著，刘曙辉译：《多民族国家中的认同政治》［J］，《马克思主义与现实》2010 年第 2 期。

或者是文化上的种族歧视与隔离。[①]

文化身份或者说族群身份各异正是文化多元的表现，只有保持文化上的多元才能实现政治上的一体化，文化多元是政治一体的前提，政治上一体化必须要承认并尊重多元的文化才有可能。文化身份对于个人的行为和发展是极其重要的，而且文化身份是根深蒂固的，轻易难以改变。所以"我们不能直接把人们从一种文化移植到另一种文化中，即使我们可以提供学习其他语言和文化的机会"。[②] 如果政府不尊重与承认少数族群文化上的差异性，那么这些弱势文化即使不会消失，也难免会成为主流族群歧视的牺牲者。[③] 这就要求我们在民族国家建构中必须认识到文化多元是难以改变的客观存在，只有认清这种现实才能更好地保持和加强政治一体。另一方面，政治一体是文化多元存在的前提条件，没有政治一体的保障在一个多族群的国家中多元文化也难以存在，要么被外来的或某个强势文化所吞噬，要么相互无法妥协而致使民族国家分崩离析。

这就要求我们尊重与支持族群差异的文化必须以政治上的一体为前提。处理好政治上的一体与文化上的多元的关系，就不存在内在的矛盾与冲突，只有政治一体才能使文化多元得到更好的发展，而文化多元则能为政治一体提供活力和动力。多元共存与政治一体可以相互促进，二者之间的辩证关系并非就是对立的，而是一种具有统一性、相辅相成的关系，这是一个

---

① ［加］威尔·金里卡著，邓红风译：《少数的权利：民族主义、多元文化主义和公民》［M］，上海世纪出版集团 2005 年版，第 170—179 页。

② ［加］威尔·金里卡著，应奇、葛水林译：《自由主义、社群与文化》［M］，上海世纪出版集团 2005 年版，第 168 页。

③ Jeff Spinner, *The Boudaries Of Citizenship*, Baltimore: The Johns Hopkins Univeristy Press, 1994. p10.

"求同存异"的过程。只有通过"存异"来承认与尊重各族群文化上的不同，才能使拥有不同文化的人们平等相处，进而通过平等、民主的商谈，建立出反映人们共识的"同"，最终为各族群的发展、获得平等的权利提供了可能。在多元文化的背景下，无论是民族国家之内还是之外各种文化之间的交流与碰撞，最重要的就是"求同存异"，"'存异'使各种文化间保留了对话的空间和协调的可能，'求同'是所有努力最终要实现的目标。没有'存异'就谈不上'求同'"。[①] 所以在处理"一体"与"多元"的问题时，要合理地对待族群多元的文化，"求同"与"存异"二者不可偏废。虽然族群文化上的差异是相互分野的主要标志，但不同文化之间也是可以相互影响、相互渗透，最终实现文化融合的，尽管这会是一个长期的过程。多元文化主义无论在理论上还是在实践中都过于强调了"存异"的一面，而没有重视文化上"求同"，虽然在短时期内可以有效地化解族群间的矛盾与冲突，但从长远来看对于民族国家建构则是有害的，通过公民身份这种政治纽带显然不足以建构出共同的民族认同，这样具有强大凝聚力的国家认同只能是镜花水月。

因此，在承认多元文化的同时，建构出共同的社会文化是必需的。"多样性的价值只有在确定的共同的规范和共同的制度背景之下才可能生效。"[②] 统一的共同文化对民族国家建构有着重要的作用，不仅可以通过共同文化建构出强有力的民族认同，进而通过这种归属感和忠诚感来强化国家认同；而且可以

---

① 常士訚主编：《异中求和——当代西方多元文化主义政治思想研究》[M]，人民出版社2009年版，第132页。

② Will Kymlicka, *Finding Our Way: Rethinking Ethnocultural Relations in Canada*, Oxford Universiy Press, 1998. p16.

通过共同文化加强民族国家的凝聚力，从而抵御外来文化的侵蚀。加拿大正因为没有建构出统一的共同文化，不仅没有形成高度凝聚力的国家认同，而且被美国文化侵蚀的程度越来越深。所以，无论从理论还是实践上看，共同文化对于政治一体是必不可少的，文化认同与政治认同在民族国家建构中缺一不可。这是因为民族文化具有巨大的凝聚力，这种凝聚力根深蒂固地存在于民族的价值观和传统习俗中。[①] 本迪克斯认为，民族共同体必须具备两个标准：政府必须拥有合法的权威，民众必须享有对国家的文化认同。哈贝马斯也认为现代公民具有双重特征，一种是政治上的公民身份，一种是文化上的民族认同，民族国家通过二者的协力才能实现社会的一体化。[②] 在一个多民族、文化多元的国家中，社会联结的纽带是不可或缺的。这种纽带按照格罗斯的观点，可以分为政治和文化两个方面。[③] 政治纽带可以是强制性的，如军队或一些暴力的国家机器，同时也可以是非强制性或规范性的，如各种社会机构和政治体制、法律制度等。除此之外，还包括文化纽带，如共同的语言、归属感、共同的民族认同等。在人的各种认同中，文化认同的生命力是最为顽强的，与之相适应，以共同文化认同为基础的民族国家能够长久地存在。所以，共同的观念、目标和原则是社会凝聚力的前提，没有一种为大多数人同时接受的程序规则和共同的最高价值核心，文化多元社会将处于一种瘫痪的状态。如果没有

---

① ［美］菲利克斯·格罗斯著，王建娥、魏强译：《公民与国家》［M］，新华出版社2003年版，第197页。

② ［德］尤尔根·哈贝马斯著，曹卫东译：《包容他者》［M］，上海人民出版社2002年版，第133页。

③ ［美］菲利克斯·格罗斯著，王建娥、魏强译：《公民与国家》［M］，新华出版社2003年，第25页。

民族国家层面上的共同文化与观念，不同的文化就难免会彼此冲突，无法和谐相处。

总之，政治一体化是民族国家建构的主要目标，而共同文化可以加强各族群的国家认同，通过共同文化的社会化作用来整合文化各异的族群，以民族认同这种高度统一的文化认同来强化民族国家的凝聚力，这种文化上的整合能力是公民身份这种政治上的整合能力所欠缺的。固然族群文化具有稳定性和传承性的特点，每个族群成员必然会被自己的族群文化所影响并烙上深深的印记，但随着时间的推移人们文化上的差异必定会越来越小，国家层面或者超国家层面最终将实现政治、文化、经济上的一体化。阿克顿就认为一个民族的性格在很大程度上决定着国家的形式和生命力。[①] 这就意味着共同文化是一个民族国家生存和发展的关键因素，也是世界上民族国家各不相同的根本原因。在民族国家建构的过程中，只有通过民主、平等的方式协调好多元文化和政治一体之间的关系，才能产生强大的民族凝聚力；反之如果忽视多元文化的社会现实，采取压迫式、同化的策略来保证政治上的统一则会引发不必要的族群矛盾与冲突，难免会导致民族国家的分裂。虽然多元文化主义强调文化多元并不会削弱国家认同，多元文化主义强调的是制度范围内的多元整合，而绝不是政治上的分离。但我们也应该看到在要求各种文化共存的基础上，还是需要构建一种共同文化，否则像加拿大那样成为一个“分”而不“裂”的马赛克式的社会，显然不是多元文化主义者希望看到的。

金里卡意识到共同的社会文化是必要的，他认为这种共同

---

① ［英］阿克顿著，侯建、范亚峰译：《自由与权力》［M］，商务印书馆2001年版，第133页。

文化能“为民族成员提供所有范围内行为的有意义的生活方式”[1]，国家和文化之间有着内在的必然联系，民族国家的稳定与发展离不开特定的民族认同与文化支持，这种文化就是国家层面的共同文化。[2] 这种共同文化不仅是经济发展的要求、政治稳定的需要、也是民族国家团结的需要。就如格罗斯指出的：“国家总要发展或培育一种自己的文化，特别是政治文化。这种国家—公民文化，是从构成国家根基或核心的建国者们原先的本土文化中生长出来的。”[3] 我们应该看到在一个拥有多元文化的多族群国家中，要实现各个族群之间的沟通与团结、维护民族国家政治上的稳定，以及完成民族建构的一体化目标，不仅仅需要一种共同的语言，而且需要建立起一种共同的文化，以及居于这种文化之上的民族认同，这样才能够把族群文化各异的人们凝聚起来，以一种共同的价值观为基础通过共同文化这一文化上的纽带把相互信赖的各族群联结在一个民族国家之内。如果只是片面地强调各个族群“与生俱来”的差异文化以及族群认同，那么将会削弱民族认同以及国家认同，难免会加剧国内的族群冲突，为族裔分离主义提供可乘之机。

3. 承认并给予少数族群一定的特殊权利以实现社会正义

多元文化主义所主张的尊重族群差异的文化，并且给予其保存与发展自我文化的特殊权利对于实现社会正义而言是十分有益的。多元文化的这种进步不仅对于各种不民主、不人道的“种族灭绝”以及“强迫同化政策”而言是有历史进步意义的，

---

① Will Kymlicka, *Multicultural Citizenship*, Oxford University Press, 1995. p76.

② ［加］威尔·金里卡著，邓红风译：《少数的权利：民族主义、多元文化主义和公民》［M］，上海世纪出版集团 2005 年版，第 264—277 页。

③ ［美］菲利克斯·格罗斯著，王建娥、魏强译：《公民与国家》［M］，新华出版社 2003 年版，第 198 页。

而且对于完善传统的强调个人法律上的平等、对于文化问题国家中立的自由主义理论也具有很大的理论贡献。当前政治学面临的一个重要课题就是，如何在文化和族群多样性的国家中通过政治理念、具体政策来维护族群之间关系的稳定、以实现社会正义为目标，在此基础上建构出高度统一的国家认同与社会向心力。总的来说，在处理多族群国家国内族群关系的问题上，国内外学界的主张，无论是“政治化”还是“文化化”，都是为了通过民主的方式来实现族群关系的和谐，进而才能实现民族国家建构的目标。

多元文化主义认为只有以包容的心态来对待拥有不同族群身份个人之间的差异，才有可能真正尊重和承认这种族群差异，这也是实现社会正义的必然要求。西方传统的民族建构理论都是以自由主义的个人主义理论、国家中立理论、宪政理论为核心，在这些理论的指导之下族群文化问题被归结为个人的私人生活领域，国家对多元的文化与族群问题保持中立，但随着民主制的发展以及在全球化背景下族群意识的觉醒，传统的自由主义理论变得越来越捉襟见肘。由于个人在法律上的平等并不能保证族群在现实中也是平等的，所以，在自由主义理论的指导之下，不仅没有使得族群意识与族群身份减弱与消亡，反而在有的国家进一步强化了族群意识的发展，从而不利于民族国家的建构。从历史上看，面对文化与族群多元存在的现实，在民族国家建构的过程中主要有两种建构的途径：一种是排斥性的，具体表现为种族灭绝、种族歧视以及各种强制同化政策，这些政策以族类群体的非你即我为目标，忽视了弱势族群的权利与利益诉求，被历史证明是不人道的、不民主的。另一种是包容性的，这就是多元文化主义要求的，必须平等的承认族群之间的差异，肯定差异存在的合理性，并且通过各种政治制度与具体政策来保障少数族群的这种差异性，通过赋予他们特殊的权利，配合以调节机会平等与结果平等相结合的分配政策，来促进文化各异的族群对国家的政治认同，从而起到巩固国家政权合法性，增强国家统一性的作用。

可见，多元文化主义对民族国家建构的启示不仅体现在政治意识方面，而且体现在具体的政治制度的建构方面。从政治意识上说，自由主义所主张的个人在法律之上的平等，并不能保证拥有族群身份的个人在事实中的平等。特别在民族国家的权力一般是由多数族群控制的情况下，难免这种个人平等以及代议制都不能避免“多数人对少数人的暴政”，这个时候“必然会影响到种族和文化上的少数民族，歧视和迫害政策就会变成‘正确的’，而不是‘错误的’，并且在这种理论的意义上具有法律上的正当性”。[①] 所以，要改变这种不正义的情况就必须要以包容差异的心态来追求一种居于差异之上的平等，这就是所谓的“异中求和”、“求同存异”的族际治理理念。从具体的政治制度与政策上来看，就是要求给予少数族群相应的保存与发展其独特文化为中心的特殊权利，这是实现社会正义的要求，不仅需要民主制度的进一步发展为依托，也需要以法律制度的不断完善为保障。塔利认为，需要在承认彼此独特文化的基础上，在依托民主的协商的程序上达成宪法上的协议，否认文化上的多样性就会造成宪法上的不民主。[②] 这些特殊的权利与政策涉及国家福利、税收、医疗、教育等政策上的倾斜；一定的文化、政治上的自治权，比如联邦制、北美的土著居住地政策，

① ［美］菲利克斯·格罗斯著，王建娥、魏强译：《公民与国家》［M］，新华出版社2003年版，第109页。

② ［加］詹姆斯·塔利著，黄俊龙译：《陌生的多样性——歧异时代的宪政主义》［M］，上海译文出版社2005年版，第29—61页。

和我国的民族区域自治制度等；以及通过协商民主、特殊代表制来保证少数族群有相应的政治参与与利益表达的渠道，在涉及其核心利益的问题上有否决权。这些政策不仅在于调节机会平等，缩小族群之间在政治、经济上的差异，并且还要注重通过再分配来调节结果平等，这样才可能真正处理好族群之间、族群与国家间的矛盾与冲突。

无论是把族群问题“政治化”还是“文化化”①，都是为了实现民族国家建构的目标，以及实现社会正义，从而起到维护国家稳定与统一的目的。但我们应该看到民族国家建构问题不是把族群问题理解为政治问题或文化问题就能简单解决的。族群问题是一个复杂的综合体，不同族群之间以及族群自我发展与民族国家建构之间的矛盾与冲突根源于文化之上，但随着人类社会的发展这种由文化引发的张力早已扩张到了政治、经济方面。“文化公正与政治和经济上的社会公正是不可分的。文化上的不公正不仅是经济和政治不公正的一种表现形式，也会进一步加深经济和政治上的不公正。”② 所以，当代民族国家建构中的族群问题实际上围绕权力的分配、利益的诉求、文化上的平等涉及政治、经济、文化方面，必须综合起来考虑。在具体的族群政策、国家结构形式以及政治制度的设计上，要把政治、经济、文化因素结合起来加以考虑，把族群问题单纯地政治化、经济化、文化化的做法都是片面的，最终都无法彻底解决族群问题。因此把族群问题或者说民族主义“‘放回’到任

---

① 马戎：《理解民族关系的新思路——少数族群问题的“去政治化”》［J］，《北京大学学报》2004 年第 6 期。陈建樾：《多民族国家和谐社会的建构与民族问题的解决——评民族问题的“去政治化”与“文化化”》［J］，《世界民族》2005 年第 5 期。

② 关凯：《族群政治》［M］，中央民族大学出版社 2007 年版，第 138 页。

何领域，即使是文化领域的想法，都不仅是天真的，而且是根本错误的”。[①] 族群差异与矛盾在经济发展到一定程度之后就会还原为政治与文化问题，“发展”并不能解决一切问题；而把族群问题视为文化问题不仅难以满足族群对集体权利的要求，而且会加剧少数族群的边缘化与不平等的社会现实；把族群问题政治化虽然可以满足族群对于政治权力的要求，但难免会强化族群意识从而形成不利于民族国家统一的族裔民族主义。在处理族群问题时，必须考虑到民族国家不同的历史和现实国情，不能一味地把族群问题看成是单独的政治问题、经济问题或文化问题。总之，族群问题“涉及到政治权力结构、文化差异处理、经济利益分配和资源环境保护开发等各个层面的问题”[②]，其根源是文化问题，而核心是政治问题，外在表现为利益问题。所以，必须在平等承认与尊重差异的基础上，以政治民主的方式来处理族群问题，探索出符合本国国情的族际政治民主体制。

当然，我们也应该清楚地认识到承认和尊重族群的差异性，必须要以维护民族国家的政治稳定与统一为前提。忽视或者过分强调差异性的做法都会使得族群意识不断强化，从而不利于民族国家的建构。沃尔泽就认为如果过分地强调族群身份，可能会使得少数族群放弃自己的公民身份，从而从主流社会中自我隔离出去而边缘化，这样就会加剧社会的分化。[③] 所以民族国家建构中，国家需要在族群文化多元性与民族国家的一体性之

---

① ［英］安东尼·史密斯著，龚维斌、良警宇译：《全球化时代的民族与民族主义》［M］，中央编译出版社 2002 年版，第 14 页。

② 王建娥：《族际政治民主化：多民族国家建设和谐社会的重要课题》［J］，《民族研究》2006 年第 5 期。

③ ［加］威尔·金里卡著，应奇、葛水林译：《自由主义、社群与文化》［M］，上海世纪出版集团 2005 年版，第 215 页。

间找到一种动态的平衡。在国家统一的前提下，以尊重国家的普遍性原则为基础，平等的承认与尊重少数族群的特殊性，给予他们保存和发展独特文化的特殊权利，这样就可以既满足了少数族群的权利及利益诉求，又保证了国家统治的合法性，从而体现了族际关系民主化的特征，是处理族群问题“政治化”与“文化化”的有效集合，能够有效地促进民族国家建构和社会正义目标的实现。

4. 发挥市民社会在协调国家与族群之间关系的纽带作用

市民社会独立于国家，具有行为上的自主性，是由社会成员自愿组成的社会组织，为的是保护自身的利益或者推广某种特定的价值观。在民族国家内，族群活动基本上都是以维护和发展其特殊文化为目的，围绕公共权力的争夺而开展一系列以实现和维护自身权利和利益的活动。随着全球化、现代化的扩展，实际上民族国家的权力也在不断地让渡，很多国家权力让渡给了超国家组织、非政府组织以及市民社会。在现代社会中，“属于国家的社会责任和属于社会的责任之间的关系处在不断的变化之中”[①]，在这个放权的过程中随着市场经济的发展与壮大，市民社会成长最为迅速，市民社会承担了许多以往国家对社会进行管理的职责。所以，在国家与族群发生矛盾和冲突的时候，市民社会可以起到很好的缓冲作用，可以有效地调节国家与族群之间的关系。

市民社会的兴起主要是民族国家的社会管理职能让位给社会而产生的，正是由于市民社会所具有的自我管理能力，这才起到了调节国家与族群之间固有的张力。“由各种社团自愿组

① ［美］菲利克斯·格罗斯著，王建娥、魏强译：《公民与国家》［M］，新华出版社2003年版，第29页。

成的社会，由自然权力及法令强制性集合在一起的国家，既是必要的社会适应性和社会平衡的前提，也是社会连续性和必要的社会控制的前提”。[①] 一方面，当民族国家的公共政策不利于某一族群的生存与发展之时，市民社会可以起到一定的自我调节与缓冲作用，对国家的行政权力加以限制，从而把这种不利的影响缩小到最低程度，以减弱族群身份在社会生活中对个体的影响。另一方面，市民社会不仅可以起到调节社会再分配的作用，有利于缩小族群之间的差异和不平等的社会现实，而且个体可以通过市民社会反映其利益诉求，从而可以通过市民社会加强社会上下之间的流动性，改变以往固有的社会分层与不变的社会地位。在这个过程中，属于不同族群的个体文化素质会不断得到提高，民主意识也会不断加强，通过不断参与各种社会活动他们的社会地位会发生明显的改变，从而他们的族群身份会被各种不同的社会身份慢慢取代，族群认同会被个人多重的认同所弱化乃至取代，这样统一的民族认同、国家认同就得到了强化。

市民社会与国家之间的划分正反映了公共领域和私人领域之间的界限，随着全球化和现代化的深化，实际上公共领域与私人领域之间的界限越来越清晰。在市民社会不断地发展与成熟过程中，人们在社会生活中形成了共同的价值观念与规范，这些观念和价值不断的传播使得国家对社会的渗透无处不在，同时个体在社会化的过程中也形成了共同的价值观、人生观、加强了个人与国家之间的联系，族群身份就会变得越来越模糊，而个体对国家的认同也会超过对自己族群的认同。帕森斯认为

① ［美］菲利克斯·格罗斯著，王建娥、魏强译：《公民与国家》［M］，新华出版社2003年版，第175—176页。

这种价值观念和规范成为构建社会的关键性因素，而市民社会作为个人社会化的主要场所，市民社会及其传播的社会基本规范对于调节国家与族群张力起着重要的作用。[①] 总之，市民社会这一纽带可以起到缓和族群和国家之间张力的作用，“通过不同族群间的交流促进族群归属感指向职业群体、居住社区、各种社会组织等，以实现不同族群间融合的发展”[②]，从而避免社会成员的族群归属感过于集中。

市民社会也体现了族群身份的凝聚力，同时也起到了加强社会流动性与减少制度性歧视的作用。社会流动可以让少数族群的成员通过个人的努力，通过一定的条件与渠道，从社会的底层流动到社会的高层。由于市民社会的发展，促使许多具有族群背景的社会组织形成，体现了族群身份的凝聚力，这些族群文化、经济、政治性团体为族群成员争取和维护自己的平等权利、利益提供了合法、有效的途径。只要民族国家能够合理地、平等地进行分配权力和利益，公共政策不仅能够顾及主流族群，也能满足少数族群的要求，采取民主的族群政策来进行民族建构那么族群与国家之间的关系就可能是和谐的。市民社会的成长可以加强社会的流动性，从而使少数族群有机会流动到社会的上层从而改变其所处的较低的社会地位；改变主流族群既得的优势地位与社会权利、资源分配的绝对控制，减少和避免主流族群通过制度性歧视来限制社会流动，保持其优势社会地位的各种新种族歧视手段的运用。“流动机制有利于减少一个分层社会中处于底层人们的不满情绪，使他们把对‘上

① ［美］安东尼·奥罗姆著，张华青等译：《政治社会学导论》［M］，上海人民出版社2006年版，第82—84页。

② 常士訚：《异中求和：当代族际和谐治理的新理念》［J］，《中国行政管理》2009年第7期。

层'的不满与愤恨转变为自己积极努力进取的动力。"①

比如，在加拿大由于实行了多元文化主义政策，少数族群获得了平等的权利，不仅可以通过特殊代表制表达自己的要求并参与管理国家事务，而且在涉及自己族群利益的问题上具有否决权。魁北克分离加拿大联邦之所以没有成功，与加拿大市民社会的成熟有很大的关系。魁北克市民社会随着经济的发展而成熟，各族群之间在文化、经济上的交流与融合，一方面加强了魁北克与加拿大其他省的联系，另一方面弱化了魁北克法裔加拿大人的族群认同。所以，魁北克政府为了分离举行的全民公投之所以失败，正是由于市民社会的成熟在其中起了很大作用，不仅魁北克的非法裔居民，而且大多数法裔加拿大人也不希望切断与其他省在政治、经济、文化上的联系。多元文化主义政策正是确立了族群成员对政治与社会生活的参与权利，这样政治与社会生活得以向所有不同的族群开放，而不再仅仅向主流族群或统治族群开放。

总之，市民社会是民族国家调整族群关系问题的一个重要方面，市民社会可以将国家与族群的张力控制在合理的范围之内。在国家建构与族群自我发展问题上，民族国家应该充分发挥市民社会的纽带作用，以更为理性、更为制度化的政策来协调二者之间的关系。

5. 强化国家在民族建构中的主导作用，改变族群政策的价值取向

民族国家建构的目标就是实现民族一体化，推行这个目标的主体就是民族国家，客体就是国家中的各个族群，所以必须

---

① 马戎编著：《民族社会学——社会学的族群关系研究》［M］，北京大学出版社2004年版，第286页。

强化政府在民族建构中主导作用的有效途径。在全球化与现代化不断深化的今天，一方面国家的主权在不断地让渡，同时对社会的监控也越来越密集化[①]；另一方面现代化并不一定就会带来社会的同质性，同时也会造成社会的异质与多元。这就要求在民族国家的建构中，为实现文化多元、政治一体这个目标，政府应充分发挥主导作用，促进各族群的整合。这种主导作用必然需要相关的政策来运作，这就是所谓的族群政策，任何一个民族国家的族群政策各不相同，而且有许多具体的内容、措施相结合形成一个具体的族群政策体系。在制定这些族群政策时，核心就是族群政策的价值取向问题，不同价值取向的族群政策会导致不同的结果，为了维护国家稳定、实现国家一体化目标，必须把族群政策的价值取向导向国家主义。

政府在民族建构中的主导作用，是由其领导地位决定的，这就要求政府必须充分利用一切合理的因素来强化其统治的合法性、加强族群的整合。多元文化主义对少数族群的多元文化予以承认，强调民族国家文化的多样性，突出了平等的价值与多元的价值，把文化多样性看成是民族国家的生命力的主张引发了许多学者对它的批判。学者们争论在于保持族群文化多样性与族群认同的基础上，强调族群之间的差异性是否会削弱民族凝聚力和国家认同。金里卡看到了加拿大过于强调“分”，而没有建构出一种共同的加拿大文化带来的困境，所以他认为多样性的价值只有在一体的政治制度、共同的规范中才能体现出来。[②] 这就是说多元文化必须以整合为基础，通过一定的制度

① ［英］安东尼·吉登斯著，胡宗泽等译：《民族—国家与暴力》［M］，三联书店1998年版，第305—390页。

② Will Kymlicka, *Finding Our Way, Rething Ethnocultural relations in Canada*, Oxford University Press, 1998. pp16 -25.

和政策将各不相同的族群结合在一起。在各种有利于族群整合的因素中，民族主义实际上是最为有效的手段。

很多人都把民族主义看成是洪水猛兽，把民族主义定义为一种贬义词，其实民族主义不一定就会导致国家的分裂，民族主义作为一把“双刃剑”关键看一个多族群的国家如何利用它。只要政府能够民主地、平等地对待每个族群，能够满足和保障每个族群的利益和合理要求，这个时候族群就会把国家视为其政治屋顶，国家就可以充分利用民族主义对民族国家建构的有利之处。安东尼·史密斯就认为“民族主义所具有的分裂性与破坏性，仅仅是硬币的一面，这枚硬币的另一面是大众化、统一的特征”。[①] 民族主义这种统一特征主要是因为：首先，民族主义可以为政权的合法性提供辩护作用；其次，民族主义具有强大的号召能力，能够激发出统一的民族情感与信念；再次，民族主义可以作为一种有效的社会规范而起作用，这种意识形态的规范可以弥补法治规范的不足；最后，民族主义的整合与凝集功能是民族国家建构所不可或缺的，这种社会内聚力是任何其他因素所不可比拟的。在现代民族国家的政治生活中，国家为了实现民族一体化所宣扬的民族主义，实际上是以“民族精神”、“爱国主义”等名义出现的，虽然它们之间也存在一定概念上的差异，但所起的作用具有同工异曲之效，与极端的民族主义有本质上的差别。

在民族国家建构的过程中，族群政策的价值取向有的偏重于国家的统一和发展、有的偏重于主体族群的利益、有的偏重于少数族群的利益，归纳起来主要是两种基本类型：一种以各

---

① ［英］安东尼·史密斯著，龚维斌、良警宇译：《全球化时代的民族与民族主义》［M］，中央编译出版社 2002 年版，第 184 页。

族群的利益为主，可以称为“民族主义”的价值取向；另一种以国家利益为主，可以称为“国家主义”的价值取向。从而形成两种不同的族群政策观，即“民族主义”的族群政策观与“国家主义”的族群政策观。[①] 这两种族群政策价值取向的效果从短期上看不出差异，但长期却是截然不同的。“民族主义”的价值取向以照顾族群利益为中心，可以起到缓和族群之间、族群与国家之间的矛盾，“国家主义”的价值取向以国家利益为中心，重心在于民族国家建构问题，有利于实现民族一体化。从多元文化主义理论和实践中来看，虽然多元文化主义向我们展示了一种民主的、包容的、平等的、差异性的族群政策，但加拿大族群政策的价值取向却摇摆于“民族主义”与“国家主义”之间，即使能有效地处理复杂的族群矛盾，并且保证国家的统一与稳定，但最大的缺陷同时也因此产生，这就是无法有效地实现族群融合，这样民族国家建构一体化的目标就变得遥遥无期了。

所以，在多元文化背景下的民族国家建构中，族群政策的价值取向必须导向“国家主义”，由“民族主义”的价值取向转为“国家主义”的价值取向。民族国家建构是由政府主导的一个民族一体化的过程，建构的成败最重要的就是族群政策的价值取向问题、制度安排是否合理、符合具体的国情。“民族主义”的取向有利于在短时期内实现对少数族群特殊权利的保障，以及提出各种族群优惠政策、措施，但族群问题的本质还是在于文化问题，利益上的补偿并不能彻底解决族群问题，反而会加剧族群意识的觉醒，使得族群提出更大的经济、政治上

① 周平：《民族政策的价值取向及我国民族政策价值取向的调整》[J]，《学术探索》2002 年第 6 期。

的诉求。少数族群经济、社会、政治地位得到改善后，难免会提出具有明确目标的政治权利的诉求，表明了少数族群在发展起来之后对政治权利的追求是一种必然现象，这是由于政治权利是人们最高利益追求的必然性所决定的。[①] 此时，族群政策“民主主义”取向的局限性就出现了，不仅会加剧族群之间利益、权利方面的矛盾和冲突；而且少数族群会变得不思进取，他们利益诉求最终也会超出国家力所能及的范围，族群与国家之间的矛盾就会激化，从而国家就会丧失统治的合法性基础。

总之，文化多元背景下的民族国家建构中，不仅要充分发挥国家的主导作用，充分利用民族主义的凝聚作用来加强族群之间的融合；而且要把族群政策的价值取向实现“国家主义”的转变，这样才能淡化族群之间的差异，从而强化共同的公民身份，通过建构起共同的民族认同与国家认同，在保证国家利益的前提下，充分考虑各族群的利益诉求，在政治一体、文化多元的基础上更好更快地实现民族一体化这个目标。

二、民族国家实现民族一体化的现实路径

当代多族群国家实现民族一体化的路径必须在平等、民主思想指导下，把“文化多元”与“政治一体”二者结合起来，采取既尊重少数族群的多元文化，又兼顾民族国家建构的多元一体的格局，从政治、经济、文化方面全面协调族群的关系。

1. 建构出民族国家的统一民族

统一的民族对于多族群国家的民族一体化具有促进作用，这个“想象的共同体”不仅是民族国家建构的目标，也是实现这个目标的必要条件。民族共同体所具有的政治性，决定了民

---

① 周平：《中国民族政策价值取向分析》［J］，《当代世界与社会主义》2010年第2期。

族的产生是由国家建构出来的，这个建构过程必然是一个长期过程。“民族国家既是一种国家形态，也是一套复杂的制度安排。取得民族国家形式的国家，在完成民族的建构后立即面临民族国家建设的任务。只有通过长期的民族国家建设，才能完善民族国家制度，使民族国家这种制度模式的优势得到充分发挥。”① 由前面的分析我们可知民族国家建立的历史背景决定了民族共同体建构的差异，在有的国家民族先于国家产生，而有的国家在建立之后却没有建构出统一的民族。无论是哪种情况，我们都可以看到民族建构需要很长的时间，而且需要持续地进行，并不是一蹴而就的，比如中华民族的建构实际上持续了上千年，至今族群间的差异并没有消失、族群问题依然存在，因而仍然处于民族建构的过程中。

首先，统一的民族可以起到促进族群平等交流，加快族群融合的作用。在多族群国家中，各族群之间由于交流增多，出现自然同化的现象是历史的必然，但自然的族群融合大多数情况只会出现强势族群同化其他弱势族群的情形，并不一定就会产生民族共同体；而民族共同体的产生则可以有效地促进族群之间的融合，这是由民族所具有的政治属性所决定的。统一的民族共同体是多种因素结合的必然产物，人类经济发展而促成的一体化加强了各族群之间的必然联系，这种联系必然需要一种共同语言，而共同语言的出现就促进了文化上的趋同，经济与文化上的一致进而促进了人们政治上联系，同时也需要一定的政治纽带来协调经济、文化关系。民族共同体的政治性通过公民身份显示出来，公民身份所要求的权利与义务不仅加强了人们之间政治上的联系，也强化了族群与国家之间的关系。格

① 周平:《国家建设与国族建设》[J],《社会科学研究》2010 年 3 月。

罗斯认为统一的民族是通过政治纽带、文化纽带而建构起来的，任何民族国家的正常运转都离不开起码的同化，不能忽视民族共同体对族群融合所起的作用[①]，加拿大马赛克式的社会，以及错综复杂的族群矛盾与没有建构出统一的加拿大民族有直接关系。

其次，建构统一的民族共同体需要以民主的、平等的方式来进行，发挥国家在其中的主导作用。民主的、平等的方式意味着要平等地承认及尊重族群的多元文化，并且给予他们保存和发展自己文化的权利，通过民主、包容性的族群政策，因势利导地促进族群整合，在“政治一体”维护国家统一的前提下，采取“异中求和”这种包容性的路径。承认和保护族群文化的多元性是族群团结的关键，对多元文化的强调并不是要无限制的扩大族群之间的差异，而是为了更好地促进族群之间的交流与融合，并在其中发挥国家的主导作用。金里卡认为多族群国家的团结离不开共同的价值观和令人振奋的历史[②]，民族共同体价值观、文化、历史、政治上的统一性正是多族群国家团结所需要的。在一个拥有多种信仰、多种行为方式、多种肤色以及多种语言的国家或民族之内，如果想要达到一种平等状态，就必须在多样性中寻求同一性，就如哈贝马斯所说的：“民族的自我理解形成了文化语境，过去的臣民在这个语境下会变成政治意义上的积极公民，民族归属感促使以往彼此生疏的人们团结一致。”[③]

---

① ［美］菲利克斯·格罗斯著，王建娥、魏强译：《公民与国家》［M］，新华出版社2003年版，第242页。

② ［加］威尔·金里卡著，马莉、张昌耀译：《多元文化的公民身份——一种自由主义的少数群体权利理论》［M］，中央民族大学出版社2009年版，第268页。

③ ［德］尤尔根·哈贝马斯著，曹卫东译：《包容他者》［M］，上海人民出版社2002年版，第131页。

最后，我们也应看到民族共同体的稳定性是可变的，这就决定了民族国家建构是一个长期过程。在多元文化和全球化的背景下，在民族国家主权受到冲击的同时民族共同体的统一性也会被削弱，全球化加剧了族群意识的觉醒，在这种情况下需要适时地、不断地对民族国家的族群政策进行适调，在“国家主义”的价值取向下尽量通过诸如族群自治、优惠政策等民主的措施来满足族群各方面的诉求。历史经验已经向我们表明，民族可以在一定的条件下转变为族群，族群也可以在一定的条件下转变为民族，二者之间并不存在天然的鸿沟。南斯拉夫共和国的分裂就是一个典型的例子，其国内的塞尔维亚人、斯洛文尼亚人、马其顿人等族群在独立建国之后就转变为民族。由于民族国家之内的族群关系是动态的、多元的，决定了民族共同体并不是固定不变的，只要相关条件具备就可以使一些族群从现有的民族国家中分裂出去，从族群转变为民族。[①] 所以，民族国家建构需要持续不断地进行，通过族群政策的适时调整来保证民族共同体的稳定。

2. 完善民族国家的民主政治制度

民主政治制度的完善有利于加快民族国家建构的速度，特别在多元文化的背景下可以有效地调节族群关系、缓和族群矛盾。民主政治制度的完善，不仅是实现多元文化社会公正的要求，也是国家权力保持其合法性统治的需要。“一个国家是否具有合法性，关键取决于政府与共同体之间的‘符合’程度。也就是说，政府究竟在何种程度上代表了人民的政治生活。”[②]

---

① 马绒：《理解民族关系的新思路——少数族群问题的“去政治化”》［J］，《北京大学学报》2004 年第 6 期。

② ［德］尤尔根·哈贝马斯著，曹卫东译：《包容他者》［M］，上海人民出版社 2002 年版，第 171 页。

如果国家只考虑主流族群的利益，而忽视少数族群的利益诉求，那么将会出现合法性危机，为了维护其权力的合法性，需要建立并完善民主政治制度，这样才能保证平等地对待每一个人及每一个族群，而且在某些情况下还需要给予少数族群政策上的倾斜来改变其不利的社会地位。

传统的民主政治所保障的是个人的平等，注重的是法律上的平等，并只关注政治和公共生活领域。少数族群所要求的文化上的权利被视为属于私人生活领域从而被善意地忽略了，这样的主张导致的结果就是虽然法律上规定了个体是平等的，很多少数族群的成员在事实上则遭受了不平等的对待。多元文化主义看到了这种社会不公，要求完善以往的民主政治制度来保障少数族群法律上的平等及事实上的平等。少数族群在事实中的不平等现象在任何一个民族国家中都可以见到，法律上的平等无论是针对个体还是针对一个族群，要求平等在执行中都是绝对的，不能打任何的折扣；但是，在现实生活中这种“事实上”的平等只能是相对的，而不平等是绝对的。所以，有的学者认为尽管各族群在法律上得到了普遍的平等，但是在现实的社会生活中由于族群结构性差异的存在，事实上的不平等依然会存在。[①] 因此，不仅要从法律层面上强调族群平等，更为重要的是追求事实上的族群平等，而要实现这个目标就必须完善民主政治制度。

首先，要保证少数族群能够有效地进行政治参与，并建立更多利益表达的机制。传统的民主表达沟通机制，如代议制、多数原则等等不仅没有能够使少数族群实现有效的政治参与和利益表达，反而成为主流族群对少数族群实行控制的有效手段，

① 马戎著：《民族与社会发展》[M]，民族出版社2001年版，第21页。

而且难免伴随着利益上的轻视与侵害。在这种“多数人的暴政”机制下，少数族群很容易被排除在外，从而“没有机会表达自己对国家这个庞大组织的好恶，没有权利要求国家不合理的支配逐步改善，那么他的国民身份只是一种负担，一种梦魇”。① 面对这样的状况，少数族群无论是自我孤立，放弃自己的公民身份而与世隔绝；还是伴随着族群意识的高涨发展出族裔分裂主义，通过分离的手段来实现其政治上的要求都不利于民族国家的一体化建构。所以，必须完善民主政治制度，建立起更多的民主表达沟通机制，比如实行民主协商基础上的比例代表制、群体代表制就是一种可行的方式，不仅扩宽了少数族群参政议政、进行利益表达的渠道，而且可以保证其权利与利益能够得以真正的代表与实现。在多元文化主义者看来，民主协商基础上的群体代表制是保证少数族群利益得到有效表达最合理的一种方式。②

其次，完善民主制度还意味着给予少数族群一定的特殊权利。这些特殊的权利为的是让少数族群保存和发展自己的特殊文化，但这种文化民主由于族群问题的复杂性，早已扩展到了政治和经济领域。金里卡认为个人平等并不足以防止少数族群遭受各种不公正对待，甚至可能会因为多数人做出的经济与政治决定使情况变得更糟。③ 所以，只要不威胁到民族国家政治统

① 江宜桦：《自由主义、民族主义与国家认同》［M］，台北：扬智文化事业股份有限公司 1998 年版，第 192 页。

② Will Kymlicka, *Finding Our Way: Rethinking Ethnocultural Relations in Canada*, Oxford Universiy Press, 1998. p12.

③ ［加］威尔·金里卡著，马莉、张昌耀译：《多元文化的公民身份——一种自由主义的少数群体权利理论》［M］，中央民族大学出版社 2009 年版，第 155—162 页。

一，可以在政治、经济、文化上给予少数族群相应的特殊权利，诸如实行各种形式的联邦制、族群自治、经济补偿与社会救助、文化的自我教育等。在保证政治统一的前提下，给予少数族群特殊的权利并不会带来政治上的不稳定，比如政府拒绝给予少数族群自治权的做法，或者是像在科索沃那样取消原有的自治权，而不是承认少数族群权利的做法，才是导致政治不稳定的原因。[①] 所以，少数族群的集体权利具有正当性，在许多民主国家、欧盟及联合国都可以找到肯定少数族群集体权利的法律条文，这是现代国家完善政治民主制度的内在要求，只有满足少数族群合理的权利要求才能加强族群团结，促进政治稳定。

最后，需要通过法律来保障民主制度的运行，并且让少数族群认识到特殊权利并不是永恒存在的。良好的民主政治制度的运行需要有法律来保障，在保持法律至上的前提下才能避免“人治大于法治”现象的出现，否则各种为了保护少数族群权利而设定的制度安排就失去了其应有的作用，在现代国家中法制是防止不平等现象在自由和平等的原则下继续存在最为有效的手段。族群融合从而实现民族一体化是历史发展的必然，哈贝马斯提出的后民族时代具有前瞻性，虽然民族国家目前仍然是国际社会中的主体，也是当前基本的国家形态，但全球公民社会并非遥不可及。给予少数族群特殊的权利为的是通过民主的方式来处理民族国家建构与族群自我发展之间的矛盾，一经某个少数族群被其他的族群所自然同化，少数族群通过自身的发展缩小了与主流族群的差距，或者族群经过族际政治整合形成了一个统一的民族共同体，这些集体权利也就没有存在的必

---

① ［加］威尔·金里卡著，邓红风译：《少数的权利：民族主义、多元文化主义和公民》［M］，上海世纪出版集团 2005 年版，第 26 页。

要了，如果继续保留这些特殊权利就会对多数人形成新的不公，所以这些特殊权利并非具有永恒性。

3. 提高民族国家的经济发展水平

族群的分野基本上是通过文化上的差异来界定的，但经济因素也是影响族群关系的重要因素之一。在一个多族群国家中，由于各个族群发展的不同会决定其成员拥有不同的社会地位，其中经济地位是最为重要的，马克思就有“经济基础决定上层建筑”这样著名的论断，经济地位优越的族群通常会掌控更多的政治权力与社会资源，也就能为发展其族群文化提供更多的条件。少数族群为了能更好地保存和发展其族群文化，必然会提出相应的利益诉求，民族国家作为族群利益的代表者和保障者，有责任满足族群合理的利益诉求。为了能够满足不同族群的各种诉求，民族国家只有通过提高经济发展的水平，这样才能满足族群与日俱增的利益诉求。总之，族群矛盾与冲突，首先要从经济上来解决，当族群在经济得到了一定的发展，才能缩小不同族群在经济上的差距与社会地位的高低，才能缓和由于社会分层过大而引发的心理上的自卑、歧视。

族群关系涉及社会生活的方方面面，与族群经济、文化、政治等方面的社会活动密切相关。民族国家内族群矛盾与冲突归根到底在于文化上的差异，但直接原因却是文化各异的族群为了获得更多的利益而引发的。少数族群在经济上与主流族群之间存在着差距，少数族群一般经济比较落后，这种经济上的落后地位决定了文化上、政治上也会属于弱势地位，只有提高经济的发展水平，国家向社会提供更为丰富的物质条件，才能调和与彻底解决由利益引发的族群矛盾与冲突。从国家的角度来看，政治权力合法性的维护也离不开经济的发展，这种合法性在很大程度上在于保持经济的持续发展，主要取决于能否维系社会稳定和推动社会发展[①]，经济发展对强化族群的国家认同有重要作用，这一效用不仅在于国家在多大程度上能满足他们的要求，而且也在于与其他国家的经济发展相比本国的经济政绩。当代经济因素对各国民族一体化的作用越来越大，在消弭国内族群差异方面，最有力的是经济因素；在国内族群分离不得不发生时，最不容易断裂的也是经济联系，经济因素是维系族群关系最主要的因素，建立在密不可分经济联系基础上的族群关系是最稳固的。[②] 总之，民族国家经济上的发展，特别是促进少数族群地区的经济发展，在缩小各族群经济差异的基础上加强各族群之间的联系与交流，可以避免发生族群冲突并促进各族群之间的融合，从而可以有效地增强族群的归属意识，强化国家认同与族群认同的和谐与统一。

当代民主国家已经意识到了经济因素在协调族群关系中的重要性，并且越来越注重协调法律上的平等与事实上的平等、机会平等与结果平等之间的关系，改变之前只注重个人平等、机会平等、国家中立的做法。少数族群对差异权利的要求正是由于在“平等”的幌子下，他们曾经以及正在遭受不公对待，而国家给予他们各种政策上的倾斜，特别是通过经济上的扶持与救助帮助他们改变目前的不利地位，通过强调一种结果上的平等来达到事实上的平等，有利于建立一个相对公平的社会来实现民族国家建构的目标。多元文化主义认为在民族国家建构的过程中，要正视少数族群所要求的群体权利，通过给予他们一种差异的公民身份，这样才能在保证国家统一与族群和平的

---

① ［美］马丁·李普塞特著，刘钢敏、聂蓉译：《政治人——政治的社会基础》［M］，商务印书馆1993年版，第53页。

② 王希恩：《多民族国家和谐稳定的基本要素及其形成》［J］，《民族研究》1999年第1期。

关系中实现民族一体化的目标，金里卡认为“除非对少数群体权利加以补充和制约，否则国家式民族国家建构就可能是压迫的、不公正的”。[①] 实际上，只要在保持国家统一的前提下，给予少数族群一些特殊的群体权利既不会来带不稳定，也不会导致国家的分裂，而是有助于民族国家建构的合法化。

当然，也应该看到通过促进少数族群的经济发展也不能完全解决族群问题。这是因为族群问题具有复杂性，解决族群问题需要把政治、经济、文化因素综合起来考虑；而且要意识到为了促进少数族群经济发展而实行各种政策上的倾斜，只是一种注重结果平等的短期行为，真正要达到一种事实上的平等，实现一个公平正义的社会只有通过少数族群自身发展起来才有可能。在民族国家建构的过程中，经济因素对于协调族群关系与处理族群矛盾固然是很重要的，但族群之间的差异最根本还是在于文化上，所以民族文化或统一文化的建构对于消解族群之间的差异，促进族群融合的作用是经济发展所不能取代的；同时经济发展促进族群融合的成果也需要在政治上加以保障，一种民主的、平等的、以促进民族一体化的族群政策才可能保证经济因素促进族群融合而取得的成果。

金里卡认为对于不同的族群要采取不同的公共政策，这就意味着不同的族群所获得特殊权利是不同的，国家不可能给予他们相同的特殊权利，否则就不利于国家的稳定与统一。而且一些为实现事实上的平等而实行的族群优惠政策，在一定的条件和历史阶段内可能会起到缓解族群矛盾和冲突的作用，“但优惠政策不会淡化族群意识，可以在一定时期内避免族群冲突，

---

① ［加］威尔·金里卡著，邓红风译：《少数的权利：民族主义、多元文化主义和公民》［M］，上海世纪出版集团2005年版，第3页。

但是无法真正推进族群融合”[1]，长期实行族群优惠政策不仅会使得主流族群感到他们受到了不公平对待，少数族群也可能在优惠政策下不思进取，进而认为这些特权是其应得的而要求更多的特权，就如图海纳所说：“对某些阶层的人实行配额或补贴政策，这实际上是鼓励差别化行为即肯定性行为，人们愈是强词夺理地用这种行为来回答事实上的不平等，则个人只根据自己与社群的从属关系来定位和估价就愈具有危险性。”[2] 而且族群优惠政策会固化族群身份的差异性，族群身份的清晰化不利于族群融合，会使得少数族群觉得他们出生就低人一等，永远是社会生活中的弱势群体。由于文化上的差异，提供物质福利及各种政策倾斜并不一定就能缩小族群差异与化解族群矛盾，保证各族群能融入共同文化[3]，经济发展并不一定就会带来族群对国家的认同。马戎教授就认为促进少数族群地区发展的政策，以及投资政策比各种族群优惠政策更利于族群融合。[4] 总之，只有依靠少数族群自己发展起来，才能摆脱当前尴尬的社会地位，从而建构出一个平等公正的社会。

4. 促进民族国家统一文化的产生

统一文化对于民族国家建构来说是必不可缺的，通过这种超越族群之上的文化认同可以有效地缓和族群矛盾与冲突，起到促进族群融合实现民族一体化的目标。公民身份这种包容性的政治认同有其合理的因素，但我们还是要看到共同的文化认

① 马戎编著：《民族社会学——社会学的族群关系研究》［M］，北京大学出版社2004年版，第612页。

② ［法］阿兰·图海纳著，狄玉明、李平沤译：《我们能否共同生存——既彼此平等又互有差异》［M］，商务印书馆2003年版，第45页。

③ ［加］威尔·金里卡著，马莉、张昌耀译：《多元文化的公民身份——一种自由主义的少数群体权利理论》［M］，中央民族大学出版社2009年版，第250—256页。

④ 马戎著：《民族与社会发展》［M］，民族出版社2001年版，第21—25页。

同对于民族国家建构仍然有不可或缺的作用。不仅仅要用公民身份这种政治纽带来把多元的族群联系起来，一种以共同的价值核心和共同信仰为基础的民族文化依然是必要的。民族国家培育出一种统一文化或民族文化，可以促进各个族群以开放的心态相互交流与融合，并且可以加强族群成员对国家政权的认同，从而通过文化纽带的凝聚力建构出高度统一的民族认同和国家认同。多元文化主义在强调保持族群差异文化的同时，并没有忽视统一文化在民族国家建构中的作用，金里卡认为一种共同的文化可以增强族群对民族国家的归属感，这种共同文化意味着族群之间的互相承认关系，并且民族国家的存在与发展不仅需要民主原则的指导，而且需要一种共同的文化或特定民族认同的支持。① 这种文化纽带的作用是公民身份那种政治纽带所不具备的，通过统一文化而形成的文化认同具有天然、稳定的内在凝集力，建构出统一的文化是强化族群团结与实现民族国家建构目标的关键。

统一文化可以促进民族认同的形成，而现代民族国家的稳定与发展在很大程度上取决于这种文化认同。在多元文化背景下，高度统一的文化认同不仅是民族国家建构的推进器，可以提供无穷的情感和精神力量，而且一旦形成就会具有强大的凝聚力和稳定性；也是民族国家建构程度高与低的体现，只有民族一体化程度比较高的国家才会有这种高度统一的文化。比如加拿大作为一个实行多元文化主义的多族群国家，在主张族群文化多元化的基础上没有能够建构出统一的加拿大文化，这也是加拿大“马赛克”式社会出现危机的主要原因之一，无论是法裔加拿大主导的魁北克社会在一定程度上游离于加拿大联邦

① ［加］威尔·金里卡著，邓红风译：《少数的权利：民族主义、多元文化主义和公民》［M］，上海世纪出版集团 2005 年版，第 274—277 页。

之外，还是美国通过其强势文化对加拿大的侵蚀都与加拿大没有统一的民族文化有关。金里卡在看到了加拿大社会这种现象后也意识到了加拿大多元文化主义政策的缺陷，那就是民族国家的建构离不开一种共同文化的支持，单靠公民身份这种政治纽带可以实现制度上的统一，但由于没有文化上的统一却无法彻底消除由族群文化差异引发的矛盾与冲突，所以他呼吁加拿大在保持族群文化多元的同时应该建构出一种统一的加拿大文化，不仅可以扭转魁北克希望从联邦中分离出去的趋势，也是加拿大实现民族一体化的内在需求。①

统一的文化不仅是多族群国家经济发展的需要，也是政治民主化的需要。统一的文化会加强各族群学习共同的语言，这种共同语言为经济发展和政治民主化提供了沟通的基础，最终可以促成一种强有力的民族认同，没有这种共同文化就难以有效的协调各个族群之间的关系，族群之间也就难以产生能为彼此牺牲的公民意识。哈贝马斯认为这种建立在共同文化之上的“新型的集体的认同”可以有效地把混杂的人民在文化上整合在一起，从而民族的观念就实现了，如果没有这种统一的民族文化，差异的族群文化难免就会彼此冲突，并且无法和谐共处。② 在全球化的背景中文化因素在国家层面变得越来越重要，统一的民族文化不仅关系到一个国家的文化安全，而且可以为一个国家的发展提供源源不竭的动力，以至于亨廷顿认为“当今的世界之受文化的或宗教的战争的制约，其程度远比它们过去受民族或阶级对抗的战争的制约大得多。经济及其制度的统

---

① Will Kymlicka, *Finding Our Way*: *Rethinking Ethnocultural Relations in Canada*, Oxford Universiy Press, 1998.

② ［德］尤尔根·哈贝马斯著，曹卫东译：《后民族结构》［M］，上海人民出版社 2002 年版，第 74—86 页。

一为一方，文化认同的分裂为另一方”。[①] 所以，民族国家内文化各异的族群非常需要一种“共同文化”，正是这种民族文化的内在凝聚力，才能把各个族群联系在一起能否彼此包容、彼此牺牲，从而为建设一个富强、稳定的国家而共同努力；也正是由于这种统一的文化，少数族群才能够在吸收自己传统文化营养的同时容纳其他文化的精华，这样他们的文化才能发展的更有活力、更为丰富多彩。[②]

民族国家建构中建构统一文化最有效的途径就是推行公民教育，通过政治社会化的方式来宣传共同的语言、习俗、道德、价值观，建立起宽容、包容、忠诚的美德从而起到族群整合的作用。公民教育可以培养出民族国家建构所需要的公民美德，使族群成员在保持其族群认同的同时也能认识到自己是国家这个政治共同体的一员，多元文化主义主张给予少数族群差异的公民身份，这意味着少数族群获得了更多的权利，此时少数族群作为民族国家的一员也应该为维护这个政治共同体的稳定与统一尽自己应尽的义务，这是由权利与义务的辩证统一关系所决定的。在文化多元的背景下，民族国家不仅是一个政治共同体、利益共同体，也是一个文化共同体，在一个由不同族群组成的民族国家中，通过公民教育培育出一种包容差异、热爱国家的公民美德是建构共同文化的一种有效手段。总之，通过公民教育可以培养出国家利益至上的“国家主义”，以建构出的共同文化将各个族群结合为一个整体，通过这种超越族群的忠诚来建立与强化民族认同与国家认同，最终实现民族一体化这一民族国家建构的目标。

---

① ［法］阿兰·图海纳著，狄玉明、李平沤译：《我们能否共同生存——既彼此平等又互有差异》［M］，商务印书馆 2003 年版，第 34 页。

② ［加］威尔·金里卡著，马莉、张昌耀译：《多元文化的公民身份——一种自由主义的少数群体权利理论》［M］，中央民族大学出版社 2009 年版，第 145 页。

结 语

多元文化背景下的民族国家建构问题十分复杂，这个问题是十分值得我们深入分析与探讨的，在保护文化多样性的同时如何维护社会和谐一直是一个难题，从理论上来说多元文化主义为民族国家处理国内族群文化多样性与族群关系提供了一种新的方式。多元文化主义从实现社会正义的角度，强调以一种民主、平等的方法来处理族群问题，这种政治理念满足了现代民主国家实现民族一体化的要求，是一种人类时代进步的表现。

由于民族国家建构与族群自我发展之间存在着内在的张力，多元文化主义认为只有在保持文化多元的基础上，通过一种民主、包容的族群政策给予少数族群差异的公民身份，才能协调好由民族国家建构引发的族群矛盾与冲突。当然，多元文化主义所宣扬的“文化多元”，必须以保障“政治一体”为前提。在民族国家建构中，族群在一个层面上，民族与国家则在另外一个层面上。从社会正义的角度，族群层面应该保持文化上的多元，而从社会发展的角度，国家层面应该强调政治上的统一。所以，“我们可以简略地把这个思路归纳为‘文化多元’与‘政治一体’有机结合的完整体系”。[①]

多元文化主义这种以指导民族国家建构的政治思想，为我们以民主的方式处理族群问题提供了新的思路，“族际政治民主化”的要求意味着面对差异的族群文化，我们要采取“异中

---

① 马戎编著:《民族社会学——社会学的族群关系研究》［M］，北京大学出版社 2004 年版，第 511 页。

求同”的方法，在平等地承认与尊重族群文化的基础上，建构出一种统一的文化来实现民族国家的民族一体化目标，维护国家的统一和政治稳定。多元文化主义的代表人物金里卡认为给予少数族群特殊的权利，让他们获得差异的公民身份，这不仅是避免他们受到歧视与偏见，实现社会公正的内在要求所在，也是民族国家建构的必然选择。这意味着只有通过民主的、平等的族群政策，才能在维护国家权力合法性的基础上实现民族一体化的建构目标，因为“社会的统一，是既不能靠某种传统，也不能靠全球化经济来实现的；统一，只能是民主的统一，千方百计使大家尽量紧密地凝聚在一起，同时又尊重每一个人的公民权利、社会权利和文化权利”。[①]

虽然从加拿大的实践经验来看并不完美，目前对多元文化主义的评价可谓是有利有弊，但任何理论都不可能十全十美，还远没有到盖棺定论的地步，政治理论的完善需要一个长期的实践过程。同时，政治理论的理念在实践的具体执行中总会存在差别，我们应该清楚地认识到这一点，不要因为实践执行中出现某些问题就全面否定多元文化主义的价值。但是，通过对多元文化主义的理论研究和实践经验的总结，我们应该看到在民族国家建构过程中，必须处理好族群认同和国家认同、文化多元和政治一体之间的关系，这样才能维持民族团结和国家统一。应该用“一体多元”、“异中求同”的观念来解决族群文化与国家一体之间的矛盾，把“多元”与“一体”理解为一种相辅相成的关系。民主、平等、差异、包容的政治理念和联邦制、协商民主、特殊代表制、族群自治等政治主张都是多元文化主

① ［法］阿兰·图海纳著，狄玉明、李平沤译：《我们能否共同生存——既彼此平等又互有差异》［M］，商务印书馆2003年版，第318页。

义为协调各族群之间、国家与族群之间矛盾而提出来的，这些政治理念和主张对于当前任何一个民族国家处理族群问题、实现民族一体化建构的目标都是一笔宝贵的财富，代表着当代西方政治理论家的智慧结晶。

所以，民族国家在处理国内族群问题时，一定要处理好族群认同与国家认同之间的关系，在维护国家一体的前提下争取最大限度地实现各族群文化之间的多元化，只有这样才能最终形成一个丰富多彩、和而不同的和谐社会。就如费孝通教授所说的："多元"与"一体"是可以同时并存的，"多元"指的是差异性，表现了族群和文化的多样性；而"一体"强调了国家和文化上的整合。[①] 多元文化主义的启示就是在民族国家建构的过程中，需要把文化多样性与政治一体化、族群认同与国家认同之间的关系协调好，经过"各美其美、美人之美、美美与共、天下大同"这几个多族群国家社会发展的必经阶段[②]，通过承认与尊重族群差异来建构一个公平正义的理想社会，以和谐的族群关系加强族群之间的融合来实现民族的一体化，总之，只要把"文化多元"与"政治一体"二者结合起来，既尊重多元文化又兼顾政治上的统一，从政治、经济、文化方面全面协调族群关系，实现"天下大同"这个多族群国家所追求的终极目标将指日可待。

---

① 费孝通主编：《中华民族多元一体格局（修订本）》［M］，中央民族大学出版社2003年版，第295—311页。

② 费孝通著：《学术自述与反思》［M］，三联出版社1998年版，第141—142页。

参考文献

1. 中文著作：

[1]《马克思恩格斯选集》(1—4卷)[M]，北京：人民出版社1995年版。

[2] 王彩波：《个人权利与社会正义——西方当代政治学名著导论》[M]，北京：中国社会科学出版社2007年版。

[3] 周光辉：《论公共权力的合法性》[M]，长春：吉林省出版集团有限责任公司，2007年版。

[4] 王惠岩：《政治学原理》[M]，北京：高等教育出版社1999年版。

[5] 王浦劬：《政治学基础》[M]，北京：北京大学出版社1995年版。

[6] 周平：《民族政治学》[M]，北京：高等教育出版社2003年版。

[7] 周平：《民族政治学导论》[M]，北京：中国社会科学出版社2001年版。

[8] 周星：《民族政治学》[M]，北京：中国社会科学出版社1993年版。

[9] 张小劲、景跃进著：《比较政治学导论》[M]，北京：中国人民大学出版社2008年版。

[10] 宁骚：《民族与国家——民族关系与民族政策的国际比较》[M]，北京：北京大学出版社1995年版。

[11] 马戎：《民族社会学——社会学的族群关系研究》

[M]，北京：北京大学出版社2004年版。

[12] 马戎：《民族与社会发展》[M]，北京：民族出版社2001年版。

[13] 马戎：《西方民族社会学的理论与方法》[M]，天津：天津人民出版社1997年版。

[14] 马戎、周星主编：《21世纪：文化自觉与跨文化对话(一)》[M]，北京：北京大学出版社2001年版。

[15] 常士訚主编：《异中求和——当代西方多元文化主义政治思想研究》[M]，北京：人民出版社2009年版。

[16] 常士訚：《政治现代性的解构：后现代多元主义政治思想分析》[M]，天津：天津人民出版社2001年版。

[17] 王希恩：《全球化中的民族过程》[M]，北京：中国社会科学出版社2009年版。

[18] 关凯：《族群政治》[M]，北京：中央民族大学出版社2007年版。

[19] 吴仕民主编：《民族问题概论》[M]（第三版），成都：四川人民出版社2007年版。

[20] 张瑞才：《民族自治地方行政生态研究》[M]，昆明：云南大学出版社，1999年版。

[21] 费孝通：《学术自述与反思》[M]，上海：三联书店1998年版。

[22] 费孝通：《中华民族多元一体格局》[M]，北京：中央民族大学出版社2001年版。

[23] 金炳镐：《民族理论与民族政策概论（修订本）》[M]，北京：中央民族大学出版社2006年版。

[24] 王希恩：《全球化中的民族过程》[M]，北京：社会科学文献出版社2009年版。

[25] 姚大志：《何谓正义：当代西方政治哲学研究》[M]，北京：人民出版社2007年版。

[26] 李宏图：《西欧近代民族主义思潮研究——从启蒙运动到拿破仑时代》[M]，上海：上海社会科学出版社1997年版。

[27] 苏国勋等著：《全球化——文化冲突与共生》[M]，北京：社会科学文献出版社2006年版。

[28] 贾英健：《全球化背景下的民族国家研究》[M]，北京：中国社会科学出版社2005年版。

[29] 王晓德：《美国文化与外交》[M]，北京：世界知识出版社2000年版。

[30] 张海洋：《中国的多元文化与中国人的认同》[M]，北京：民族出版社2006年版。

[31] 俞可平：《全球化与国家主权》[M]，北京：社会科学文献出版社2001年版。

[32] 徐迅：《民族主义》[M]，北京：中国社会科学出版社2005年版。

[33] 汪晖、陈燕谷：《文化与公共性》[M]，上海：三联书店1998年版。

[34] 郝时远、阮西湖主编：《当代世界民族问题与民族政策》[M]. 成都：四川民族出版社1994年版。

[35] 王建娥、陈建樾等：《族际政治与现代民族国家》[M]，北京：社科文献出版社2004年版。

[36] 江宜桦：《自由主义、民族主义与国家认同》[M]，台北：扬智文化事业股份有限公司，1998年版。

[37] 陈鸿瑜：《政治发展理论》[M]，台北：桂冠图书股份有限公司1987年版。

［38］石之瑜：《后现代的国家认同》［M］，台北：世界书局1995年版。

［39］林善浪：《中国核心竞争力问题报告——21世纪中国发展问题报告丛书》［M］，北京：中国发展出版社2005年版。

［40］联合国教科文组织：《世界文化报告——文化的多样性、冲突与多元共存（2000）》［R］，关世杰等译，北京：北京大学出版社2002年版。

［41］联合国教科文组织、世界文化与发展委员会编，张玉国译：《文化多样性与人类全面发展——世界文化与发展委员会报告》［M］，广州：广东人民出版社2006年版。

［42］高鉴国：《加拿大文化与现代化》［M］，沈阳：辽海出版社1999年版。

［43］阮西湖：《加拿大民族志》［M］，北京：中国社会科学出版社2004年版。

［44］阮西湖、王丽芝：《加拿大与加拿大人》［M］，北京：中国社会科学出版社1990年版。

［45］阮西湖、王丽芝：《加拿大与加拿大人（二）》［M］，北京：中国工人出版社1991年版。

［46］阮西湖主编：《加拿大与加拿大人（三）》［M］，北京：中国工人出版社1994年版。

［47］阮西湖：《20世界后半叶世界民族关系探析》［M］.北京：民族出版社2004年版。

［48］陈林华主编：《加拿大大探索》［M］，长春：吉林大学出版社1992年版。

［49］陈国贵、丹尼丝·赫丽：《挣脱枷锁——加拿大华人反种族百年史》［M］，北京：中国社会科学出版社1996年版。

［50］刘军著：《列国志——加拿大》［M］，北京：社会科

学文献出版社 2005 年版。

［51］王丽芝：《加拿大移民史初探》［M］，北京：中国社会科学出版社 1990 年版。

［52］加拿大地平线丛书：《加拿大与加拿大人》［M］，哈尔滨：哈尔滨工业大学出版社 1998 年版。

［53］储建国：《当代各国政治体制——加拿大》［M］，兰州：兰州大学出版社 1998 年版。

［54］宋家珩：《枫叶国度——加拿大的过去与现在》［M］，济南：山东大学出版社 1989 年版。

［55］陈林华：《加拿大探索》［M］，长春：吉林大学出版社 1992 年版。

［56］寻找加拿大丛书编辑组：《加拿大文化的碰撞》［M］，长春：吉林教育出版社 1992 年版。

［57］寻找加拿大丛书编辑组：《加拿大成功的启迪》［M］，长春：吉林教育出版社 1991 年版。

［58］李剑鸣、杨令侠：《20 世纪美国和加拿大社会发展研究》［M］，北京：人民出版社 2005 年版。

［59］蓝仁哲：《加拿大文化论》［M］，重庆：重庆出版社 2008 年版。

［60］姜梵主编：《加拿大：社会与进步》［M］，北京：中国社会科学出版社 1996 年版。

［61］姜梵：《加拿大民主与政制》［M］，北京：社会科学文献出版社 1993 年版。

［62］姜梵主编：《加拿大文明》［M］，北京：中国社会科学出版社 2001 年版。

［63］寻找加拿大丛书编委会：《加拿大：文化的碰撞》［M］，长春：吉林教育出版社 1992 年版。

[64] 戴晓东：《加拿大——全球化背景下的文化安全》[M]. 上海：上海人民出版社 2007 年版。

[65] 陈云生：《超越时空——加拿大文化多元主义》[M]. 河北：河北人民出版社 2000 年版。

[66] [加] 唐纳德·克莱顿著，山东大学翻译组译：《加拿大近百年史》[M]，济南：山东人民出版社 1972 年版。

[67] [加] 沃尔特·怀特、罗纳德·瓦根伯格、拉尔夫·纳尔逊著，刘经美、张正国译：《加拿大政府与政治》[M]，北京：北京大学出版社 2004 年版。

[68] [美] 戴维·波普诺著，李强等译：《社会学》[M]，北京：中国人民大学出版社 1999 年版。

[69] [美] 伊恩·罗伯逊著，黄育馥译：《社会学》[M]，北京：商务印书馆 1990 年版。

[70] [美] 安东尼·奥罗姆著，张华青、何俊志等译：《政治社会学导论》[M]，上海：上海人民出版社 2006 年版。

[71] [美] 马丁·N. 麦格著，祖力亚提·司马义译：《族群社会学》（第六版）[M]，北京：华夏出版社 2007 年版。

[72] [英] 厄内斯特·盖尔纳著，韩红译：《民族与民族主义》[M]，北京：中央编译出版社 2002 年版。

[73] [以色列] 耶尔·塔米尔著，陶东风译：《自由主义的民族主义》[M]，上海：上海人民出版社 2005 年版。

[74] [美] 斯塔夫里阿诺斯著，吴象婴、梁赤民译：《全球通史》[M]，上海：上海社会科学院出版社 1999 年版。

[75] [英] 埃里克·霍布斯鲍姆著，李金梅译：《民族与民族主义》[M]，上海：上海人民出版社 2000 年版。

[76] [美] 本尼迪克特·安德森著，吴叡人译：《想象的共同体：民族主义的起源与散布 》[M]，上海：上海人民出版

社 2003 年版。

[77] [英] 安东尼·吉登斯著，赵旭东、方文译：《现代性与自我认同》[M]，北京：三联书店 1998 年版。

[78] [英] 安东尼·吉登斯著，胡宗泽、赵力涛译：《民族—国家与暴力》[M]，北京：三联书店 1998 年版。

[79] [英] 安东尼·吉登斯著，郑戈译：《第三条道路：社会民主主义的复兴》[M]，北京：三联书店 2000 年版。

[80] [英] 安东尼·吉登斯著 田禾译：《现代性的后果》[M]，南京：译林出版社 2000 年版。

[81] [英] 安东尼·吉登斯著，尹宏毅译：《现代性——吉登斯访谈录》[M]，北京：新华出版社 2001 年版。

[82] [英] T. H. 马歇尔、安东尼·吉登斯等著，郭忠华、刘训练编：《公民身份与社会阶级》[M]，南京：江苏人民出版社 2008 年版。

[83] [英] 安东尼·史密斯著，龚维斌、良警宇译：《全球化时代的民族与民族主义》[M]，北京：中央编译出版社 2002 年版。

[84] [英] 安东尼·史密斯著，叶江译：《民族主义》[M]，上海：上海人民出版社 2006 年版。

[85] [美] 乔纳森·弗里德曼著，郭建如译：《文化认同与全球性过程》[M]，北京：商务印书馆 2003 年版。

[86] [美] 塞缪尔·亨廷顿著，王冠华等译：《变化社会中的政治秩序》[M]，北京：三联书店 1989 年版。

[87] [美] 塞缪尔·亨廷顿著，程克雄译：《我们是谁？——美国国家特性面临的挑战》[M]，北京：新华出版社 2005 年版。

[88] [美] 加布里埃尔·A. 阿尔蒙德、小 G. 宾厄姆·

鲍威尔著，曹沛霖等译：《比较政治学：体系、过程和政策》[M]，上海：上海译文出版，1987 年版。

[89] [美] 戴维·伊斯顿，王浦劬译：《政治生活的系统分析》[M]，北京：华夏出版社 1999 年版。

[90] [英] C. W. 沃特森著，叶兴艺译：《多元文化主义》[M]，长春：吉林人民出版社 2005 年版。

[91] [加] 威尔·金里卡著，刘莘译：《当代政治哲学》[M]，上海：上海三联书店 2004 年版。

[92] [加] 威尔·金里卡著，邓红风译：《少数的权利：民主主义、多元文化主义和公民》[M]，上海：上海世纪出版集团 2005 年版。

[93] [加] 威尔·金里卡著，应奇、葛水林译：《自由主义、社群与文化》[M]，上海：上海世纪出版集团 2005 年版。

[94] [加] 威尔·金里卡著，马莉、张昌耀译：《多元文化的公民身份——一种自由主义的少数群体权力理论》[M]，北京：中央民族大学出版社 2009 年版。

[95] [英] 莫迪默、法恩主编，刘泓、黄海慧译：《人民·民族·国家——族性与民族主义的含义》[M]，北京：中央民族大学出版社 2009 年版。

[96] [美] 菲利克斯·格罗斯著，王建娥、魏强译：《公民与国家——民族、部族和族属身份》[M]，北京：新华出版社 2003 年版。

[97] [美] 罗伯特·A. 达尔著，尤正明译：《多元主义民主的困境》[M]，北京：求实出版社 1989 年版。

[98] [美] 罗伯特·A. 达尔著，王沪宁、陈峰译：《现代政治分析》[M]，上海：上海译文出版社 1987 年版。

[99] [美] 查尔斯·泰勒著，韩震等译：《自我的根源——

现代认同的形成》[M]，南京：译林出版社2001年版。

[100][加] 查尔斯·泰勒著，董之林、陈燕谷译：《承认的政治》[J]，载汪辉、陈燕谷主编：《文化与公共性》[M]，北京：三联书店2005年版。

[101][美] 约翰·罗尔斯著，何怀宏等译：《正义论》[M]，北京：中国社会科学出版社1988年版。

[102][美] 迈克尔·J. 桑德尔著，万俊人等译：《自由主义与正义的局限》[M]，南京：译林出版社2001年版。

[103][美] 迈克尔·沃尔泽著，褚松燕译：《正义诸领域——为多元主义与平等一辩》[M]，南京：译林出版社2002年版。

[104][美] 迈克尔·沃尔泽著，袁建华译：《论宽容》[M]，上海：上海人民出版社2000年版。

[105][英] 亚当·斯威夫特著，萧韶译：《政治哲学导论》[M]，南京：江苏人民出版社2006年版。

[106][德] 尤尔根·哈贝马斯等著，王学东等译：《全球化与政治》[M]，北京：中央编译出版社2000年版。

[107][德] 尤尔根·哈贝马斯著，曹卫东译：《后民族结构》[M]，上海：上海人民出版社2002年版。

[108][德] 尤尔根·哈贝马斯著，曹卫东译：《包容他者》[M]，上海：上海人民出版社2002年版。

[109][德] 马克斯·韦伯著，冯克利译：《学术与政治》[M]，北京：三联书店1998年版。

[110][德] 马克斯·韦伯著，林荣远译：《经济与社会》[M]，北京：商务印书馆1998年版。

[111][德] 卡尔·施密特著，冯克利、刘锋译：《政治的浪漫派》[M]，上海人民出版社2004年版。

[112][英] 阿克顿著，侯建、范亚峰译：《自由与权力》[M]，北京：商务印书馆2001年版。

[113][美] 西摩·马丁·李普赛特著，张绍宗译：《政治人——政治的社会基础》[M]，上海：上海人民出版社1997年版。

[114][意] 巴蒂斯塔·维柯著，朱光潜译：《新科学》[M]，北京：商务印书馆1989年版。

[115][英] 以赛亚·柏林著，冯克利译：《反潮流——观念史论文集》[M]，南京：译林出版社2002年版。

[116][英] 以赛亚·柏林著，胡传胜译：《自由论》[M]，南京：译林出版社2003年版。

[117][美] 马克·里拉、罗纳德·德沃金等编. 刘擎、殷莹译：《以赛亚·伯林的遗产》[M]，北京：新星出版社2006年版。

[118][加] 詹姆斯·塔利著，黄俊龙译：《陌生的多样性——歧异时代的宪政主义》[M]，上海：上海译文出版社2005年版。

[119][古希腊] 亚里士多德，苗力田译：《尼各马科伦理学》[M]，北京：中国社会科学出版社1999年版。

[120][法] 孟德斯鸠著，张雁深译：《论法的精神》[M]，北京：商务印书馆1963年版。

[121][美] 鲁思·本尼迪克特著，吕万和、熊达云、王智新译：《菊与刀》[M]，北京：商务印书馆1990年版。

[122][美] 奥利维尔·如恩斯著，闫循华等译：《为什么20世纪是美国世纪》[M]，北京：新华出版社2002年版。

[123][英] 汤林森著，冯建三译：《文化帝国主义》[M]，上海：上海人民出版社1999年版。

[124]［美］爱德华·W. 萨义德著，李琨译：《文化与帝国主义》[M]，北京：三联书店2003年版。

[125]［英］E. B. 泰勒著，连树声译：《原始文化》[M]，上海：上海文艺出版社1992年版。

[126]［英］齐格蒙特·鲍曼著，欧阳景根译：《共同体》[M]，南京：江苏人民出版社2007年版。

[127]［美］哈罗德·伊罗生著，邓伯宸译：《群氓之族——群体认同与政治变迁》[M]，南宁：广西师范大学出版社2008年版。

[128]［美］特瑞·伊格尔顿著，方杰译：《文化的观念》[M]，南京：南京大学出版社2003年版。

[129]［法］阿兰·图海纳著，狄玉明等译：《我们能否共存？——既彼此平等又互有差异》[M]，北京：商务印书馆2003年版。

[130]［法］让·马克·夸克著，佟心平、王远飞译：《合法性与政治》[M]，北京：中央编译出版社2002年版。

[131]［英］约翰·汤姆林森著，郭英剑译：《全球化与文化》[M]，南京：南京大学出版社2002年版。

[132]［英］罗兰·罗伯森著，梁光严译：《全球化——社会理论和全球文化》[M]，上海：上海人民出版社2000年版。

[133]［美］约瑟夫·奈著，吴晓辉、钱程译：《软力量——世界政坛成功之道》[M]，北京：东方出版社2005年版。

[134]［美］弗朗西斯·福山著，黄胜强、许铭原译：《国家构建世纪的国家治理与世界秩序》[M]，北京：中国社会科学出版社2007年版。

[135]［美］弗朗西斯·福山著，黄胜强、许铭原译：《历史的终结及最后之人》[M]，北京：中国社会科学出版社2003

年版。

[136]［美］科恩著，聂崇信、朱秀贤译：《论民主》［M］，北京：商务印书馆 1988 年版。

[137]［美］彼得·布劳著，王春光等译：《不平等与异质性》［M］，北京：中国社会科学出版社 1991 年版。

[138]［美］卡尔·博格斯著，陈家刚译：《政治的终结》［M］，北京：社会科学文献出版社 2001 年版。

[139]［美］曼纽尔·卡斯特著，曹荣湘译：《认同的力量》（第二版）［M］，北京：社会科学文献出版社 2006 年版。

2. 中文论文：

[1] 常士訚：《西方多元文化主义争论、内在逻辑及其局限》[J]，《政治学研究》2006 年第 1 期。

[2] 常士訚：《超越多元文化主义——对加拿大多元文化主义政治思想的反思》[J]，《世界民族》2008 年第 4 期。

[3] 常士訚：《多元文化与民族共治——凯米利卡多元文化主义政治思想研究》[J]，《天津师范大学学报》（社会科学版）2004 年第 1 期。

[4] 常士訚：《异中求和：当代族际和谐治理的新理念》[J]，《中国行政管理学术论坛》2009 年第 7 期。

[5] 常士訚：《民族和谐与融合：实现民族团结与政治一体的关键——兼析多元文化主义理论》[J]，《天津社会科学》2007 年版第 2 期。

[6] 蔡英文：《认同与政治：一种理论之反省》[J]，《政治科学论丛》1997 年第 8 期。

[7] 陈建樾：《多元一体：多民族国家内部的族际整合与合法性》[J]，《中央民族大学学报》2003 年版第 5 期。

[8] 陈建樾：《多民族国家和谐社会的建构与民族问题的解决——评民族问题的“去政治化”与“文化化”》[J]，《世界民族》2005 年第 5 期。

[9] 丁见民：《二战后加拿大的土著民族自治政策及存在问题》[J]，《山东师范大学学报》2007 年版第 6 期。

[10] 戴晓东：《当代民族认同危机之反思——以加拿大为例》[J]，《国际政治与国际关系》2005 年第 5 期。

[11] 高鉴国：《加拿大多元文化政策评析》[J]，《世界民族》1999 年版第 4 期。

[12] 郝时远：《美国等西方国家社会裂变中的“认同群体”与 ethnic group》[J]，《世界民族》2002 年第 4 期。

[13] 郝时远：《民族认同危机还是民族主义宣示？——亨廷顿〈我们是谁〉一书中的族际政治理论困境》[J]，《世界民族》2005 年第 3 期。

[14] 郝时远：《对西方学界对族群释义的辨析》[J]，《广西民族学院学报》2002 年 7 月。

[15] 郝时远：《中文语境中的“族群”及其应该泛化的检讨》[J]，《思想战线》2002 年第 5 期。

[16] 韩家炳：《加拿大和美国学者关于多元文化的评论》[J]，《国外社会科学》2006 年第 4 期。

[17] 韩家炳：《多元文化、文化多元主义、多元文化主义辨析—以美国为例》[J]，《史林》2006 年第 5 期。

[18] 韩家炳：《加拿大与美国多元文化主义异同略论》[J]，《中国社会科学院研究生院学报》2007 年版 7 月。

[19] 黄力之：《多元文化主义的悖论——对亨廷顿理论的再评价》[J]，《哲学研究》2003 第 9 期。

[20] 胡敬萍：《加拿大民族政策的演进及其启示》[J]，

《广西民族研究》2003年版第1期。

［21］贺金瑞、燕继荣：《论从民族认同到国家认同》［J］，《中央民族大学学报》2008年第3期。

［22］李素华：《政治认同的辨析》［J］，《当代亚太》2005年第12期。

［23］李晶：《西方多元文化主义政策评析》［J］，《马克思主义与现实》2006年第6期。

［24］李明欢：《“多元文化”论争世纪回眸》［J］，《社会学研究》2001年版第3期。

［25］李宏图：《论近代西欧民族主义和民族国家》［J］，《世界历史》1994年第6期。

［26］刘晓春：《从维柯、卢梭到赫尔德——民俗学浪漫主义的根源》［J］，《民俗研究》2007年版第3期。

［27］刘丽达、傅利：《加拿大多元文化的主流文化倾向》［J］，《世界民族》1998年第4期。

［28］梁茂春：《加拿大土著人口的特点及生存状态》［J］，《世界民族》2005年第1期。

［29］马戎：《美国的种族与少数民族问题》［J］，《北京大学学报》1997年第1期。

［30］马戎：《试论“族群”意识》［J］，《西北民族研究》2003年版第3期。

［31］马戎：《理解民族关系的新思路——少数族群问题的“去政治化”》［J］，《北京大学学报》2004年11月。

［32］马戎：《世界各国民族关系类型特征浅析》［J］，《社会科学战线》2008年第1期。

［33］幕良泽、高秉雄：《现代国家构建：多维视角的述评》［J］，《南京社会科学》2007年版第1期。

［34］南刚志、季丽新：《加拿大政治文化的主流与暗礁》［J］，《当代世界与社会主义》2004年第2期。

［35］马德普、柴宝勇：《多民族国家与民主之间的张力》［J］，《政治学研究》2005年第3期。

［36］潘蛟：《“族群”与民族概念的互补还是颠覆》［J］，《云南民族大学学报》2009年1月。

［37］庞金友：《族群身份与国家认同：多元文化主义与自由主义的当代论争》［J］，《浙江社会科学》2007年版第4期。

［38］庞金友：《身份、差异与认同：当代多元文化主义的公民观》［J］，《教学与研究》2010年第2期。

［39］阮西湖：《加拿大多元文化主义政策的制定和发展》［J］，《社会科学战线》1989年1期。

［40］阮西湖、刘晓丹：《加拿大的土著民族》［J］，《世界民族》2006年第1期。

［41］肖滨：《两种公民身份与国家认同的双元结构》［J］，《武汉大学学报》2010年1月。

［42］肖滨：《民族主义的三种导向——从吉登斯民族主义的论述出发》［J］，《开放时代》2007年版第6期。

［43］沈桂萍：《民族问题的核心是国家认同问题》［J］，《中央社会主义学院学报》2010年第4期。

［44］沈桂萍：《对多民族国家一体化建构若干问题的思考》［J］，《中央社会主义学院学报》2004年6月。

［45］沈桂萍：《民族问题的核心是国家认同问题》［J］，《中央社会主义学院学报》2010年4月。

［46］施兴和：《加拿大民族政策的嬗变》［J］，《世界民族》2002年第1期。

［47］王彩波：《亨廷顿的政治发展理论及其发展文化观》

[J],《吉林大学学报社会科学版》1999 年版第 3 期。

[48] 王彩波:《论制度化政治整合》[J],《吉林大学学报社会科学版》2003 年版第 4 期。

[49] 王建娥:《现代民族国家中的族际政治》[J],《世界民族》2004 年第 4 期。

[50] 王建娥:《族际政治民主化:多民族国家建设和谐社会的重要课题》[J],《民族研究》2006 年第 5 期。

[51] 王建娥:《族际政治视野中的自治、共治和多元文化主义》[J],《民族研究》2009 年第 3 期。

[52] 王建娥:《国家建构与民族建构:内涵、特征及联系——以欧洲国家经验为例》[J],《西北师大学报》2010 年 3 月。

[53] 王希恩:《多民族国家和谐稳定的基本要素及其形成》[J],《民族研究》1999 年版第 1 期。

[54] 王希恩:《“现代民族”的特征及形成的一般途径》[J],《世界民族》2007 年版第 2 期。

[55] 王希恩:《民族形成和发展的三种状》[J],《世界民族》1999 年版第 2 期。

[56] 王希恩:《民族国家认同与民族意识》[J],《民族研究》1995 年版第 6 期。

[57] 王缉恩:《民族与民族主义》[J],《欧洲》1993 年版第 5 期。

[58] 王丽芝:《神话与现实——对加拿大多元文化主义政策的再思考》[J],《世界民族》1995 年版第 1 期。

[59] 吴江梅、朱毓朝:《加拿大原住民自治政府:联邦主义下制度建构与政治文化相背离的困境》[J],《民族研究》2003 年版第 4 期。

[60] 王鉴、万明钢:《多元文化与民族认同》[J],《广西民族研究》2004 年第 2 期。

[62] 徐勇:《现代国家建构中的非均衡性和自主性分析》[J],《华中师范大学学报》2003 年版 9 月。

[62] 徐勇:《“回归国家”与现代国家的建构》[J],《东南学术》2006 年第 4 期。

[63] 徐丹:《二战后加拿大新种族主义的态势剖析》[J],《世界民族》2005 年第 6 期。

[64] 杨洪贵:《文化多样性及其处理模式》[J],《贵州社会科学》2007 年版第 1 期。

[65] 杨洪贵:《多元文化主义的产生与发展探析》[J],《学术论坛》2007 年版第 2 期。

[66] 叶江:《当代西方“族群”理论探析》[J],《华东师范大学学报》2005 年 9 月。

[67] 叶江:《解读安东尼·D. 史密斯相关著术中的几个关键性术语》[J],《世界民族》2006 年第 5 期。

[68] 杨雪冬:《论现代合法性及其实现》[J],《中国人民大学学报》2007 年版第 3 期。

[69] 周光辉:《社会持续发展需要理性化公共权威》[J],《吉林大学社会科学学报》1995 年版第 2 期。

[70] 周平:《民族政策的价值取向及我国民族政策价值取向的调整》[J],《学术探索》2002 年第 6 期。

[71] 周平:《民族国家与国族建设》[J],《政治学研究》2010 年第 3 期。

[72] 周平:《中国族际政治整合模式研究》[J],《政治学研究》2005 第 2 期。

[73] 周平:《对民族国家的再认识》[J],《政治学研究》

2009年第4期。

[74] 周平:《论中国的国家认同建设》[J],《学术探索》2009年第6期。

[75] 周平:《边疆治理视野中的认同问题》[J],《云南师范大学学报》2009年1月。

[76] 周平:《中国民族政策价值取向分析》[J],《当代世界与社会主义》2010年第2期。

[77] 朱伦:《自治与共治:民族政治理论新思考》[J],《民族研究》2003年版第2期。

[78] 朱联壁:《"多元文化主义"与"民族—国家"的建构——兼评威尔·金里卡的〈少数的权力〉》[J],《世界民族》2008年第1期。

[79] 张友国:《族群认同与国家认同:和谐何以可能》[J],《首都师范大学学报》2008年第5期。

[80] 张小明:《约瑟夫·奈的"软权力"思想分析》[J],《美国研究》2005年第1期。

[81] [美] 圣·胡安:《全球化时代的多元文化主义症结》[J],《马克思主义与现实》2003年版第1期。

[82] [加] 威尔·金里卡著,黄文前译:《自由的多元文化主义:西方模式、全球趋势和亚洲争论》[J],《马克思主义与现实》2006年第1期。

[83] [美] 郝瑞:《再谈"民族"与"族群"——回应李绍明教授》[J],《民族研究》2002年第6期。

[84] [加] 威尔·金里卡著,刘曙辉译:《多民族国家中的认同政治》[J],《马克思主义与现实》2010年第2期。

[85] [英] 安东尼·吉登斯著,郭忠华、何莉君译:《全球时代的民族国家》[J],《中山大学学报》2008年第1期。

[86] [英] 安东尼·史密斯著，涂文娟译：《文化、共同体和领土——关于种族与民族主义的政治学》[J]，《马克思主义与现实》2009 年第 4 期。

[87] [美] 王希：《多元文化主义的起源、实践与局限性》[J]，《美国研究》2000 年第 2 期。

3. 英文著作

[1] Anthony D. Smith, *National Identity* [M]. Reno, Nevada: University of Nevada Press, 1991.

[2] Arthur M. Schlesinger. Jr., *The Disuniting of America: reflections on a Multicultural Society* [M], New York: W. Norton & Company, 1991.

[3] Angie Fleras and Jean L. Elliott, *The Nation Within: Aboriginal Rights of Self – government in Canada, the United States and New Zealand* [M], Oxford University Press, 1992.

[4] Anthone. L. Alenh and James E. Kort, *Richer and Poorer: The Structure of Inequality in Canada* [M], Toronto: James Lorimer Company Press, 1998.

[5] Bendix Reinhard. *Nation – building & Citizenship: studies of our changing social order* [M], / Reinhard Bendix; with a new introduction and bibliographic addendum by John Bendix, New Brunswick, NJ: Transaction Publishers, 1996.

[6] Conard William Watson, *Concepts in the Social Science: Multiculturalism* [M], Buckingham: Philadelphia Open University Press, 2000.

[7] C. Willett. *Throrizing Multiculturalism: A Guide to the Current Debate* [M], Cambridge University Press, 1998.

[8] Charles Taylor, *Multiculturalism: Examing the Politics of Recognition* [M], Princeton NJ: Princeton University Press, 1994.

[9] Charles Tilly, *The Formation of National States in Western Europe* [M]. Princeton: Princeton University Press, 1975.

[10] *Canada Year Book* [Z], Statistics Canada, 2003.

[11] David Bennett, *Multicultural States: Rethinking Difference and Identity* [M], Routledge, 1998.

[12] Donald H. Roy. *The Reuinting of American: Eleven Multiculturalism Dialogues* [M]. New York Peter lang Publishling, 1996.

[13] David Miller, *On Nationality* [M], Oxford: Oxford University Press, 1995.

[14] Daniel J. Elazar, *Exploring Federalism* [M], Tuscaloosa: University of Alabama Press, 1987.

[15] Don Qunlan, *Aboriginal People: Building for the Future* [M], Oxford University Press, 1999.

[16] David V. J. Bell, *The Roots of Disunity: A Study of Cannadian Political Culture* [M], Oxford University Press, 1992.

[17] Eli Mandel and David Taras, *A Passion for Identity* [M], Methuen Co. Ltd., 1987.

[18] Eva Mackey, *The House of Difference: Cultural Politics and National Identity in Canada* [M], London and New York: Routledge, 1999.

[19] Gutamnn, A. *Muticulturalism* [M], Princeton University Press, 1994.

[20] Horace M. Kallen, *Culture And Democracy in the United States* [M], New York: University Of British Columbia

Press, 1998.

[21] Harry H. Hiller, *Canadian Society: A Macro Analysis* [M], Scarborough: Prentice Hall Canada Inc, 1996.

[22] Henry F, *The Color of Democracy: Racism in Canada Society* [M], Toronto: Harcourt Brace and Company, 1995.

[23] Henry Bischoff, "How Does Immigration Affect National Identity", *In Immigration Issue* [M], Connecticut: Greenwood Press, 2002.

[24] Iris M. Young, *Justice and the Politics of Difference* [M], Princeton: Princeton University Press, 1990.

[25] J. M. Bumsted, *A History of the Canadian Peoples* [M]. Toronto: Oxford University Press, 1998.

[26] Joppke. C and Lucks. S, *Muticultural Questions* [M], Oxford University Press, 1999.

[27] James. H, *The Canadian Encyclopedia* [M], Edmonton Hurting Publishers, 1998.

[28] Joseph Roshschild, *Ethnopolitics: A Conceptual Framwork* [M], New York: Columbia University Press, 1981.

[29] Joseph H. Carens, *Culture, Citizenship, and Community: A Contextual Exploration of Justice as Evenhandedness* [M], Oxford University Press, 2000.

[30] Joseph H. Carens, *Is Quebec Nationalism Just?: Perspectives from Anglophone Canada* [M], Montreal: McGill – Queen's University Press, 1995.

[31] Jackson. Robert J. & Doreen Jackson, *Politics in Canada: Culture, Institutions, Behaviour and Public Policy* [M], Scarborough Ontario: Prentice Hall Canada Inc, 1996.

[32] Jennifer Smith, *Federalism* [M], Vancouver: University of British Columbia Press, 2004.

[33] Joe R. Mary and Jonason C. Yang, *Cultural Diversity and Canadian Education: Issues and Innovations* [M], Ottawa: Carleton University Press, 1984.

[34] Juan M. Delgado – Moreira, *Multicultural Citizenship of the European Union* [M], Aldershot: Ashgate Publishing Limitid, 2000.

[35] JeffSpinner, *The Boudaries Of Citizenship* [M], Baltimore: The Johns Hopkins Univeristy Press, 1994.

[36] Kincheloe, J. L & S. R. Steinberg, "*Introduction: What is Multiculturalism*" *in Changing Multiculturalism* [M]. Buckingham Philadelphia: Open University Press, 1997.

[37] Kenny Michacel, *The Politics of Identity: Liberal Polititcal Theory and the Dilemmas of Difference* [M], Cambridge UK: Malden MA Polity Press, 2004.

[38] Leo Driedger. *Multi – Ethnic Canada: Identities and Inequalities* [M], Ontario: Oxford University Press, 1996.

[39] Michael Walzer, *Politics and Passion* [M], New Haven and London: Yale Univercity Press. 2005.

[40] Menno Boldt and Anthony long, *The Quest for Justice: Aboriginal Peoples and Aboriginal Rights* [M], Toronto University Press, 1985.

[41] Nathan Glazer, *We Are All Multiculturalists Now* [M], Cambridge: Harvard University Press, 1997.

[42] Nathan Glazer and Moynihan. P. Daniel, *Ethnity: Theory and Experience* [M], Cambridge: Harvard University Press,

1975.

[43] Palmer H, *Ethnicity and Politics in Canada Since Confederation* [M], Ottawa: Canadian History Association, 1991.

[44] Peter J. Katzenstein, *The Culture of National Identity* [M], New York: Columbia University Press, 1996.

[45] Peter C. Dobell, *Canada in World Affairs* [M], Toronto: Byant Press Limited, 1985.

[46] Raymand Breton, *Ethnic Identity and Equality* [M], University of Toronto Press, 1990.

[47] Seymour Martin Lipset, *Continental Divide: The Values and Institutions of the United States and Canada* [M], New York: Routledge, 1990.

[48] *The Canadian Encyclopedia* [M], Edmonton: Hunting Publishers, 1988.

[49] Vic Satzewich, *Racism&Social Inequality in Canada: Concepts, Controversies and Strategies of Resistance* [M], Thompson Educational Publishing, 1998.

[50] Will Kymlicka, *Liberralism, Community and Culture* [M], Oxford University Press 1991.

[51] Will Kymlicka, *Multicultural Citizenship: A Liberal Theory Of Minority Rights* [M], New York: Oxford University Press, 1995.

[52] Will Kymlicka, *Finding Our Way: Rethinking Ethnocultural Relations in Canada* [M], Oxford University Press. 1998.

[53] Will Kymlicka, Wayne Norman, *Citizenship in Culturally Diverse Societies: Issues, Contexts, Concepts* [M]. Oxford University Press 2000.

[54] W. E. B. DuBois, *The Souls of Black Folk* [M], Boston: Bedford Books, 1997.

4. 英文论文

[1] Brendan. O'Leary, Federations and the Management of Nations [J] in Daniele. Conversi, ed., Ethnonationalism in the Contemporary World: Walker Connor and the Study of Nationalism, London: Routlegde, 2004.

[2] Charles Taylor, Nationalism and the Political Intelligentsia: A Case Study [J], In Guy Laforest, ed., Reconciling the Solitudes: Essays on Canadian Federalism and Nationalism, Montreal: McGill - Queen's University Press, 1993.

[3] Dell Hymes, Linguistic Aspect of Comparative political Research [J], in R. T Holt and J. E. Turner, The Methodology of Comparative Research, New York, 1970.

[4] Donald V. Smiley, "Executive Federalism", Canada in Question: Federalism in the eighties [J], 3rd ed, Toronto: McGraw - Hill Ryerson, 1980.

[5] Dennis Wrong, Adversarial Identities and Multiculturalism [J], Society, 2000.

[6] Fred W. Riggs, The Minority of Ethnic Identity and Conflict [J], Inernational Political Science Review, Vol. 19, No. 3, Ethnic Nationalism and the World Systemic Crisis, Sage Publications, Ltd. Jul., 1998.

[7] Iris M. Young, Polity and Group Difference: A Critic of the Ideal of Universal Citizenship [J], Rthic 99, 1989.

[8] Timy M. Sanders, Ethnic Boundaries and Identity in Plu-

ral Societies [J], Annual Review of Sociology, Vol 28, 2002.

[9] John Kendall, Circles of Disadvantage: Aboriginal Poverty and Underdevelopment in Canada [J], in the American Review of Canadian Studies (Spring/Summer), 2001.

[10] Jurgen Habermas, Citizenship and National Identity: Some Reflections on the Future of Europe [J], Praxis International 12, 1992.

[11] Leo Driedger, Changing Visions in Ethnic Relations [J], The Canadian Journal of Sociology, Vol. 26, No. 3, Legacy for a New Millennium (Summer, 2001).

[12] Michael Burgess, Federalism and Federation: A Reppraisal [J], in M. Burgess and A. Gagnon (eds), Comparative Federalism and Federation, Harverster, New York, 1993.

[13] Marc V. Levine, Canada and the Challenge of the Quebec Independnece Movement [J], in Winston A Van Horne, ed., Global Convulsions: Race, Ethnicity, and Nationalism at the end of the Twentieth Century, New York State University Press, 1997.

[14] Nancy Fraser, Rethinking Recognition [J], 3 New Left Review, 2000.

[15] Paul S. Maxim, Jerry P. White, Dan Beavon, Paul. C. Whithead, Dispersion and Polarization of Income among Aboriginal and No-Aboriginal Canadians [J], in CRSA/RCSA, 38.4, 2001.

[16] Patrick Dumberry, Lessons Learned from the Quebec Secession Reference Before the Supreme Court of Canada [J], In Marcelo G. Kohen, ed., Secession: International Law Perspectives, Cambridge: Cambridge University Press, 2006.

[17] Stephane Dion, The Quebec Chanllenge to Canadian U-

nity [J], Political Science and Politics, 1993.

[18] Will Kymlicka, The Right of Minoiry Cultures: Reply to Kukathas [J], Political Theory, Vol. 20, No1, 1992.

[19] Will kymlicka and wayne Norman, A Survey of Recent Work on Citizenship Theory [J], Ethics, Vol. 104, No. 2 Jan., 1994.

5. 电子文献

[1] http://www.pch.gc.ca/eng/1266364666208/1268165707256

[2] http://www.cic.gc.ca/english/index.asp

[3] http://uni.ca/dialoguecanada/trent-guide.html

[4] http://laws.justice.gc.ca/en/C-18.7

[5] http://www.fedcan.ca/english/formold/breakfast-kymlicka1198.cfm

[6] http://laws.justice.gc.ca/en/charter/.

[7] http://www.justice.gc.ca/eng/pi/const/lawreg-loireg/p1t16.html

[8] http://142.206.72.67/02/02e/02e_008d_e.html.

[9] http://www.oqlf.gouv.qc.ca/english/charter/index.html.

[10] Will kymlicka, The Theory and Practice of Canadian Multiculturalism, From Canadian Federation for the Humandities and Social Sciences. http://www.fedcan.ca/english/formold/breakfast-kymlicka1198.cfm

后　记

本拙著是我在导师王彩波教授的悉心指导下构思、撰写的博士论文基础上修改、补充而形成的。在此向所有关心、帮助我的人表示衷心的感谢。

在云南大学公共管理学院政治学系攻读硕士学位阶段，让我树立了研究民族政治学核心问题的志向，经过各位老师的教导，开始学会带着问题去读书、去思考。2008 年 9 月，我考入了吉林大学行政学院，师从王彩波教授攻读政治学理论专业博士学位。2011 年 5 月，通过论文评审和答辩，我顺利从吉林大学毕业，论文评审专家及答辩会员会专家对论文的学术水平和学术价值给予了充分肯定，在此对天津师范大学常士訚教授、云南大学周平教授、北京大学王浦劬教授、中国社科院政治学所杨海蛟教授、东北师范大学政法学院刘彤等教授表示深深的谢意。

博士学习生涯令人难忘，孔子说过：“立世先立身，为学先为人。”吉林大学 3 年博士学习生涯是我人生中的一段宝贵经历。经过行政学院各位老师的指导，学术上得到了明显进步，回顾博士论文的写作过程实属不易，论文成稿之时让人感受到一种人生境界的提升。书山有路勤为径，学海无涯苦作舟，作为一名知识分子我会在以后的工作、学习之中继续努力工作、刻苦学习，以期取得更大的进步。

首先我要感谢我的导师——王彩波教授。学高为师，身正为范，言传身教，三年教导终身受益。论著的出版倾注了老师大量的心血，老师在百忙之中对论文的选题、结构与最后的修改给予了我悉心指导；老师在学习与生活中给予了我们慈母般的关爱，从老师的言传身教中我学到了许多为人治学之道和乐观的生活态度，能够成为老师门下的学生甚感欣慰，在此特向老师致以深深的敬意和谢意。

我还要感谢吉林大学行政学院周光辉、张贤明、宝成关、王家福等各位老师对我的指导和关怀。特别是周光辉老师对学术的追求、宽广的胸怀，令我感触颇深；张贤明老师严谨的治学态度、敏捷的学术思维让我难忘；宝成关、王家福两位老师，古稀之年依然勤奋耕耘，博古通今，润物无声。感谢亦师亦友的殷冬水夫妇、彭斌、杨健潇、潘洪洋、任明强师兄对我人生、学术上的启迪和指导。

本书的顺利出版，要感谢我的硕士导师张瑞才老师。张老师厚重的人格魅力，严谨的治学态度，渊博的知识底蕴深深地影响了我，在追求学术的路上张老师一直鞭笞、鼓励着我。云南大学周平、方盛举等教授，在论文的出版过程中也给了我极大的鼓励和帮助，在此对各位老师表示衷心的感谢。

我要感谢我的父母，父亲和母亲在我 20 多年求学路上操劳所付出的心血令我无以回报，他们对我的期待和鼓励是莫大的动力，一直激励着我不断前进。同时要感谢所有关心和支持我的亲人，没有他们的理解和支持我将很难完成自己的学业。

最后要感谢云南省哲学社会科学规划办公室的各位领导认可了拙著的质量，并能同意资助出版，感谢云南人民出版社各位编辑为拙著的出版所付出的辛勤劳动。

我在撰写本著作时，参阅了很多文献。其中诸多有价值的思想给了我良多的启发，有些观点也被我吸收并构成了我这篇论文的某些部分，为此，我特别向这些作者致谢。由于本人才疏学浅，对一些重要问题的论述有待进一步深化，分析问题的思路、观点可能不全面，但是学术永远是有争论的。希望拙著的出版能对民族国家建构的研究起到抛砖引玉的作用，书中难免存在疏漏，望各位专家、读者批评指正。

张寅

2014 年 3 月 15 日于昆明